아동미술

아동미술

고선옥 · 고진옥 · 박주희 · 백연희 · 임경례

동문사

아동미술 강의계획서 (예시)

0000년도 0학기

교과목명	아동미술	학과/학년	0000학과/0학년
요일/시간	0요일/000교시	학점/교과목 구분	3시간 3학점/전공선택

1. 교과목의 개요

일상에서 아름다움과 경이감을 느끼고 즐기며 표현하는 풍부한 감성을 지닌 영유아가 다양한 예술 감상을 통해 상상력을 키우고 예술표현이 가지는 고유의 가치를 존중하도록 지원하는 영유아교사로서의 역량을 함양하는 데 있다. 이를 위해 아동미술의 이해, 미술표현 발달, 영유아의 미술경험의 이해, 교수-학습방법 및 평가에 대한 내용을 탐색한다.

2. 교과목의 목표

- 미술이론과 영유아기의 미술표현 특성 이해를 통해 아동미술에 대한 기초지식을 함양한다.
- 영유아가 일상에서 느끼는 다양한 경험과 표현 등을 지닌 존재로 이해한다.
- 영유아의 미술경험과 표준보육과정(누리과정 포함)의 각 영역을 통합적으로 연계하여 지원하는 방법을 실행한다.
- 예비교사도 일상경험에서의 미술표현과 문화를 즐기는 사람으로 성장한다.

3. 수업방법

이론강의, 실기수업, 견학 및 토의, 사례연구

4. 과제물

매 수업시간마다 전개하는 내용을 포트폴리오로 담기

5. 성적평가

출석: 20%, 과제물: 20%, 중간고사: 30%, 기말고사: 30%

6. 유의사항

수업시간에 출석, 조별활동은 자발적 참여, 실기 수업 후에 정리정돈

장애학생지원: 장애유형에 따른 학생의 입장에서 자리배치, 기자재 사용, 다양한 지원

7. 주차별 강의계획

주	학습주제 및 학습내용	실기내용
1	아동미술의 개념과 중요성 –아동미술의 개념 및 목적, 아동기 미술경험의 중요성에 대해 안다.	영유아기의 미술경험
2	아동미술의 역사적 배경 –미술의 역사와 미술이론에 대해 안다.	아동미술의 역사
3	아동기 미술표현 발달단계 –아동기 미술표현 발달, 아동기 그리기 발달, 아동기 입체표현 발달에 대해 안다.	미술표현단계
4	미술의 기본요소 및 원리 –미술의 기본요소, 미술의 원리, 영유아미술교육접근법에 대해 안다.	미술의 기본요소
5	국가수준의 보육·교육과정에서의 영유아미술 –0~만 1세 예술경험, 만 2세 예술경험, 만 3~5세 예술경험에 대해 안다.	표준보육과정 누리과정
6	지원을 위한 교사 역할 –미술경험을 지원하는 교사역할, 영유아의 연령특성, 영유아의 개별특성을 고려한다.	교사의 역할
7	실내외 환경구성 –미술경험을 지원하는 영아반과 유아반의 실내외 환경구성을 이해하고, 다양한 미술재료와 도구에 대해 안다.	실내외 환경구성
8	그리기 –다양한 그리기 활동, 종이와 도구를 활용한 평면활동을 전개한다.	중간고사, 그리기
9	만들기와 꾸미기 –다양한 만들기와 꾸미기를 활용한 입체활동을 전개한다.	만들기
10	조소, 판화, 직조, 염색 –다양한 점토와 흙을 활용한 표현활동, 다양한 판화 찍기 활동 직조와 염색을 전개한다.	조소, 판화, 직조, 염색
11	감상 및 공유 –다양한 예술을 감상하며 상상, 미술표현의 과정과 결과물, 작품을 공유한다.	명화 감상
12	통합적 경험 –통합적으로 영유아의 경험과 연계해 본다.	동화를 통한 통합적 연계
13	평가와 지원계획 –아동미술 평가, 미술경험 지원계획을 수립한다.	평가요소
14	실기수업을 통한 포트폴리오 의견나누기 및 작은 전시회	포트폴리오
15	기말고사, 소감 나누기	기말고사

즐겁고 행복한 미술시간은 자신의 마음에서 출발합니다.

아동미술은  이다.

미술교사는  이다.

아동미술은 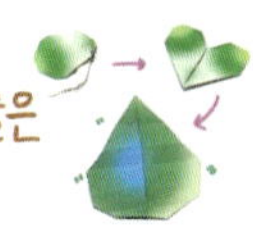 이다.

미술교사는  이다.

아동미술 대면수업 강의계획서 (예시)

운영방안

- 학습자가 다양한 미술재료와 도구를 자유롭게 표현하며 즐기는 경험을 진행해 본다.
- 영유아가 아름다움과 예술에 관심을 가지고 창의적 표현을 즐기도록 지원하는 교수-학습방법을 익히도록 한다.
- 표준보육과정(누리과정)에서 추구하는 인간상으로 성장해가도록 공간, 일과, 자료, 상호작용, 안전 등을 지원할 수 있는 역량을 갖추도록 한다.

대면수업 운영 시 유의점

- 학습자들의 일상에서 아름다움과 예술에 관심을 가지고 창의적으로 표현하는 과정을 즐기며 다양한 예술표현을 존중하는 경험을 할 수 있도록 돕는다.
- 학습자들이 특정한 미술개념이나 기술적인 측면에 치우치지 않도록 주의를 기울여야 하고, 영유아의 일과에서 미술경험이 통합적으로 이루어져야 함을 강조한다.
- 미술작품 완성보다 학습자들의 미술경험에 자유롭고 즐겁게 참여할 수 있도록 격려한다.

대면수업 운영내용: 8시간 이상의 출석수업과 1회 이상의 출석시험을 실시해야 한다.

시간	주제	교과목표 및 교과내용
1교시 2교시 3교시	1. 대면수업 O.T 2. 그리기	영유아의 표현을 지원하는 그리기 재료 및 도구를 알아보고, 다양한 그리기 활동에 대한 지원방법을 통한 창의적으로 표현하는 과정을 즐기도록 지원하는 역량을 갖춘다.
4교시 5교시 6교시	3. 만들기 4. 꾸미기	영유아에게 적절한 만들기와 꾸미기 자료를 알아보고, 활동에 대한 구체적인 지원방법을 통한 영유아의 만들기 & 꾸미기 과정을 즐기도록 지원하는 역량을 기른다.
7교시 8교시 9교시	5. 조소, 판화 6. 직조, 염색 7. 대면수업 평가	영유아에게 적절한 조소, 판화, 직조, 염색활동의 재료와 도구를 알아보고, 활동에 대한 지원방법을 통한 영유아의 조소, 판화, 직조, 염색활동을 즐기도록 지원하는 역량을 갖춘다.

※ 대면수업을 실시하는 기관형태에 따라서 달라질 수 있습니다.

머리말

영유아는 크레파스나 사인펜, 색연필 등으로 돌이나 벽, 나무 의자, 종이 등에 끼적이거나 그림 그리기를 한다. 또한 물감놀이와 색종이 접기 등을 좋아하기도 한다. 영유아는 비가 올 때 나는 소리와 냄새, 바람 소리와 이에 흔들리는 나뭇잎의 움직임에 호기심을 나타낸다. 또한 다채로운 자연으로부터 모양이나 색채를 접하면서 이를 자율적으로 탐색하고, 표현하고 감상한다. 교사는 이러한 영유아 미술의 세계를 이해하고 존중하며, 이를 적절하게 지원할 수 있어야 한다.

아동미술은 영유아가 예술경험을 통해 건강한 사람, 자주적인 사람, 창의적인 사람, 감성이 풍부한 사람, 더불어 사는 사람으로 성장하도록 지원하는 교과목이다. 영유아는 일상에서 아름다움과 경이감을 느끼고 즐기며, 이를 표현하는 풍부한 감성을 지닌 존재이다. 따라서 영유아가 자연, 생활, 예술에서 아름다움을 느끼고 즐기며, 창의적으로 표현하면서 풍부한 감수성을 기르도록 지원하는 교사로서의 역량을 기르는 데 목적이 있다. 또한 영유아가 다양한 예술 감상을 통해 상상력을 키우고 예술표현이 가지는 고유의 가치를 존중하도록 지원하는 교사로서의 역량을 함양하는 데 목적이 있다.

이를 위해 본 교재는 아동미술의 이해, 미술표현 발달, 영유아 미술경험의 이해, 교수-학습방법 및 평가 등 아동미술 전반에 걸친 내용을 총 4부 13장으로 구성하였다.

이에 제1부 '아동미술의 이해'에서는 제1장 아동미술의 개념과 중요성, 제2장 아동미술의 역사적 배경을 통해 아동미술의 개념 및 목적, 아동미술경험의 중요성, 아동미술의 역사와 미술이론을 그 내용으로 다룸으로써 아동미술에 대한 이해를 높일 수 있다.

제2부 '미술표현 발달'에서는 제3장 아동기 미술표현 발달단계를 통해 영유아 미술표현의 특징 및 그림 이해를 내용으로 다룸으로써 아동미술에 대한 기초지식을 함양한다.

제3부 '영유아 미술경험의 이해'에서는 제4장 미술의 기본요소 및 원리, 제5장 국가수준의 보육 · 교육과정에서의 영유아미술을 통해 영유아가 일상에서 아름다움과 경이감을 느끼고 즐기며 표현하는 풍부한 감성을 지닌 존재임을 이해한다. 또한 영유아의 미술경험과 표준보육과정의 각 영역을 통합적으로 연계하여 지원하는 방법을 알고 이를 실행한다.

제4부 '교수-학습방법 및 평가'에서는 제6장 지원을 위한 교사 역할, 제7장 실내외 환경 구성, 제8장 그리기, 제9장 만들기와 꾸미기, 제10장 조소, 판화, 직조, 염색, 제11장 감상 및 공유, 제12장 통합적 경험, 제13장 평가 및 지원계획을 그 내용으로 다룬다. 이를 통해 교사는 영유아가 아름다움과 예술에 관심을 가지고 창의적 표현을 즐기도록 지원하는 역량을 기를 수 있다. 또한 영유아의 놀이, 일상생활, 활동에서 영유아의 예술경험을 이해하고 영유아의 배움과 성장을 돕기 위한 평가방법을 모색하고 지원계획을 세울 수 있다. 아울러 이 과목을 수강하는 학습자 역시 일상에서 경이감과 아름다움을 느끼고 이를 미술로 표현하면서 문화를 향유하는 삶을 영위하도록 한다.

집필진은 이 책이 강의실과 영유아교육현장에서 효율적인 교재이기를 바란다. 집필진 나름의 축적된 교육 경험에도 불구하고, 이 교재에서 다루는 내용이 급변하는 시대의 흐름에 적합하도록 부응했는지, 꿋꿋이 지켜야 하는 본질을 유지하고 있는지 등에 대한 고민이 크다. 단지 더욱더 노력을 기울이겠다는 다짐의 결정체일 뿐.

이 책이 나오기까지 도움을 주신 동문사의 대표님을 비롯하여 편집관계자분들께 깊은 감사를 드린다. 더불어 사진자료의 제공과 함께 교육 경험을 나누어주신 영유아교육기관의 원장님과 손서경 교사, 김효정 학생, 이희정 학생에게 감사의 마음을 전한다.

2022년 3월

집필진 올림

차 례

우리들의 여름풍경

우리들의 가을풍경

Part 04 | 교수-학습방법 및 평가

우리들의 봄풍경

봄은 생동감 넘치는 자연의 연속이다.

까만 크레파스(2002).	하양깜장 색깔 공장(2020).	쪽빛을 찾아서(2005).
글/그림 나카야 미와. 웅진닷컴.	글 에릭 텔친 그림 디에고 펑크. 에듀앤테크.	유애로. 보림.
크레파스 상자에서 다양한 색을 가지고 그림을 그리고 놀이하는 즐거운 풍경(크레파스의 친근함)	하양과 깜장만 가진 공장에 다양한 색이 들어오게 되는 과정을 통해 융통성과 포용력을 길러줌(흑백과 알록달록의 색의 조화)	전통염료를 만드는 과정과 그 색의 아름다움을 보여줌(염색기법과 색채문화)

PART 01

아동미술의 이해

CHAPTER 01

아동미술의 개념과 중요성

영유아는 미술을 통해 의사소통을 한다. 자신의 생각과 느낌을 표현하고 이를 다른 사람과 교류하는 과정에서 삶이 풍요로워진다. 그러하기에 영유아에게 미술경험의 결여는 상상하기조차 어렵다. 이는 미술경험이 영유아의 삶의 일부분이기 때문이다. 미술활동은 영유아의 감각을 활용하는 것을 통해 제 발달과 성장을 가져온다. 이 장에서는 아동미술의 개념과 중요성에 대하여 알아보고자 한다.

확신을 가져라, 아니 확신에 차 있는 것처럼 행동하라.
그러면 차츰 진짜 확신이 생기게 될 것이다.

– 빈센트 반 고흐 –

1. 아동미술의 개념

1) 아동미술의 개념

인간은 예술을 통해 자신의 감정과 정서의 조절이 가능하며, 삶의 태도나 가치에 대하여 체험할 수 있다. 따라서 예술은 인간의 삶과 자연스럽게 융화되어 개인의 행동으로 드러날 수 있다는 점에서 그 가치가 크다고 할 수 있다. 예술은 미술활동의 확장된 개념(원영미, 2018)으로, 단순히 미적인 가치만을 추구하는 조형활동뿐만 아니라 삶에서 경험하는 다양한 표현활동은 물론 미술을 활용한 직·간접적 경험을 포함한다.

아동이 사물의 형상이나 정감을 선이나 색채로 시각을 통해 평면이나 공간 속에 미를 표현하는 예술을 아동미술이라고 한다(박현일, 2012). 아동미술(Child Art)이란 개념은 치젝(Cizek)이 73세의 나이로 은퇴하기 2년 전인 1936년에 지은 그의 저서 <아동미술과 프란츠 치젝(Child Art and Franz Cizek)>에서 시작되었다. 치젝은 1904년 비인미술공예학교 내에 아동을 대상으로 치젝 학교를 열었다. 1906년 치젝 학교는 국립이었던 빈공예학교에 통합되어 만 4~14세 까지의 유아와 아동을 대상으로 한 미술교육이 이루어졌다. 이에서 치젝은 자유로움을 기반으로 한 예술로서의 아동화를 발견하게 되었다. 이를 바탕으로 하여 치젝은 임화, 모사, 원근법 등의 지도를 배제하고, 상상력의 자극, 표현 의욕을 고취시키기와 같은 미술교육의 혁신을 주장하였다. 치젝의 자유로운 자기표현에 의한 미술교육은 아동 중심 미술교육으로 그 흐름을 바꾸었다.

1975년 브리테인(Brittain)과 로웬펠드(Lowenfeld)는 그들의 저서 <창조와 정신 성장>에서, 아동의 미술교육에 대하여 언급하였다. 그 내용은 아동의 미술교육은 아동과 환경과의 사이에 의미 있는 관계를 형성하도록 자극을 주는 일이라는 것이다. 또한, 모든 감각이 깨어 있을수록 학습 기회가 더욱 많으며, 아동에게 있어서 그림 그리는 일은 지극히 자연발생적인 것으로 중요한 역할을 할 수 있다고 제시하였다. 그것은 성인 자신이 원하는 것을 하듯이 아동 역시 자신의 욕구를 조형활동을 통하여 발산하며 성장함을 의미한다. 따라서 교사는 영유아를 이해하기 위해 그들의 그림을 자주 감상하며 영유아의 생각을 묻고 듣는 것이 필요하다.

영유아기는 동일 연령집단 내에서도 영유아들 간 개인차가 크다. 그러므로 영유아를 위한 미술은 영유아의 연령에 적절하고 영유아 개인의 다양한 욕구, 흥미, 발달수준에 초점을 맞추어 진행하여야 한다. 이렇듯 발달적으로 적합한 실제는 영유아의 신체적 · 정서적 · 사회적 · 인지적 성장과 발달이 이루어지도록 기여한다.

영유아는 느낌과 생각, 경험 등을 숨김없이 표출하려는 성향이 강하므로 미술활동을 통해 자유로운 표현을 보장해 주는 것이 영유아의 성장과 발달에 크게 도움이 될 수 있다. 영유아는 미술활동을 통해 시 · 지각을 개발하고, 세계를 새롭게 보게 되며, 자유 속의 질서의식을 갖게 되고, 개성을 발달시키게 된다(이찬미, 2016). 따라서 교사는 영유아가 미술을 매체로 하여 느낌, 감정, 인상을 표현함에 있어서 다양한 방법으로 체험해 볼 수 있도록 재료를 충분히 제공해야 한다.

영유아에게 있어서 미술은 삶의 중요한 부분이라고 할 수 있다. 미술활동을 통해 영유아는 사물을 보고, 느끼고, 소리를 듣고 연상한다. 또한, 사물을 만져보고, 생각하고 알게 되며, 그리거나 만들면서 손과 발을 움직인다. 이러한 과정을 통해서 사고력, 감수성, 지각이 균형 있게 발달된다. 이를테면 영유아가 일상에서 쉽게 접할 수 있는 토마토를 가지고 미술활동을 할 수 있다. 즉, 토마토를 잘라 눈으로 겉과 속 관찰하기, 냄새 맡기, 맛보기, 손과 발로 으깨기, 토마토 위에 눕기, 던지기 등을 할 수 있다. 이와 함께 그림 그리기, 도장 찍기, 물들이기 등과 같은 미술활동을 진행하는 과정에서 영유아는 탐구력이 길러지고, 이는 곧 다른 학습에 전이되어 후속 학습에 바람직한 태도를 형성하게 된다.

또한, 질 높은 미술교육을 통해 아름다운 것 만들기, 즐거움 느끼기, 민감성과 감상력을 가지고 미술작품 보기, 창의적으로 문제 해결하기, 모든 교과에 미술을 통합 적용하기, 감정의 표출 및 정서의 순화, 지각적 민감성 기르기 등이 이루어지게 된다. 따라서 교사는 영유아 자신의 느낌이나 생각에 의한 내적 욕구를 표상할 수 있도록 기회를 제공하여 영유아로 하여금 미술활동을 통해 즐거움, 긴장해소, 자존감의 향상이 이루어질 수 있도록 지원해야 한다.

2) 아동미술교육의 목적

미술의 궁극적인 목적은 미적 체험을 통한 전인적인 인간을 형성하는 데 있으며, 미술교육의 목적은 인간의 내면세계를 구체화하고 아름다움을 추구하는 활동으로 대상이 지닌 가치나 의미를 인식하고 표현하는 데 있다. 아동미술교육의 목적은 아동을 미적 인간으로 만드는 것이다. 여기서 의미하는 미적 인간은 조화로운 인격을 지닌 인간을 가리킨다. 아동의 미적 능력은 자연을 이해하고 또한 자연을 수용하게 하므로, 자신이 속한 공동체에 관심을 가지고 참여하도록 이끈다. 아동은 미술활동을 통해 재료를 탐색하고 조작해 봄으로써 아동의 감정과 이해를 표현하며, 그러한 과정을 통해 예술적이고 창조적인 발달이 이루어진다.

아동미술교육의 목적이 무엇인지에 대한 견해는 각 시대마다 다르다. 하지만 대체로 다음에 제시하는 목적에 의견이 모일 수 있으며, 이에 대하여 살펴보면 다음과 같다 (이동건, 2020).

첫째, 창의력을 기른다. 미술교육은 영유아의 창의적인 사고를 중시한다. 따라서 다양한 재료를 통해 독창적인 표현을 할 수 있는 기회를 제공하는 교육이 되어야 한다.

둘째, 감정을 표출하고 정서를 함양하는 능력을 기른다. 영유아로 하여금 미술활동을 통해 긴장을 해소시키며, 심리적 안정을 유지하도록 한다.

셋째, 미술을 생활에 활용하는 태도를 기른다. 영유아를 위한 미술교육은 일상생활에서 활용될 수 있는 미적 감각과 응용력, 합리적인 생활태도 등을 길러주어야 한다.

넷째, 다양한 작품을 감상하고 다른 사람의 표현을 존중하는 태도를 함양한다. 영유아로 하여금 다양한 예술작품을 감상함으로써 미적 감각을 키우며, 다른 사람의 표현을 존중하는 태도를 지니도록 한다.

다섯째, 문제해결력을 기른다. 영유아는 미술활동을 하면서 색깔, 재료, 질감, 크기, 표현방법 등을 선택해야 하며, 재료를 다른 사람과 나누어 사용해야 하는 것을 비롯하여 다양한 문제와 직면하게 된다. 이러한 과정에서 스스로 해결할 수 있는 능력이 향상된다.

여섯째, 책임감을 갖는다. 영유아는 자신이 선택한 도구와 재료를 활용하면서 영유아 자신이 선택하고 판단한 것에 대하여 스스로 책임질 수 있는 능력을 기르도록 한다.

미술교육을 통해 기르고자 하는 '미적 의식'의 신장이라든가, '미적 인간의 육성' 등은 궁극적인 미술교육의 목표로 함축되어 있다. 다시 말하면, 미술교육을 통한 미의식 또는 미적 안목의 육성, 조형능력의 신장, 창의성의 개발, 감성의 함양 등이 이에 해당한다고 할 수 있다. 따라서 미술교육의 일반 목표는, 미술의 표현활동이 인간의 감정을 표출하는 창조활동이라는 점에서 미술교육이 정서교육에 있어서 중요한 교육임을 말해준다(황현영, 2007).

2020 제4차 표준보육과정 예술경험의 목표는 '아름다움을 느끼고 경험하며 즐긴다.'이다. 이에 교사는 영아로 하여금 자연과 생활에서 아름다움을 느끼고 관심을 가지며, 감각을 통해 미술을 경험하도록 지도하고, 이를 미술을 통해 자유롭게 표현하도록

해야 한다. 즉, 미술 재료와 도구로 표현하는 것을 통해 영아가 일상에서 아름다움에 관심을 가지고 감성을 기르도록 이끌어주어야 한다.

2019 개정 누리과정 예술경험의 목표는 '아름다움과 예술에 관심을 가지고 창의적 표현을 즐긴다.'이다. 따라서 교사는 유아로 하여금 자연과 생활 및 예술에서 아름다움을 느끼고, 이를 미술을 통해 창의적으로 표현하는 과정을 즐기며, 다양한 미술표현을 존중하는 삶을 살아가도록 지도하는 것이 바람직하다.

따라서 영유아 미술교육의 궁극적인 목적은 영유아에게 미술표현의 다양한 기회를 제공하여 미술에 대한 감상과 이해 능력을 함양하는 것에 있다. 또한, 영유아로 하여금 호기심을 가지고 주변과 자연에 대해 탐색하는 태도를 기르도록 하는 데 있다.

3) 아동미술교육의 내용

아동미술교육의 내용으로는 탐색, 표현, 감상을 들 수 있으며, 이에 대하여 살펴보면 다음과 같다(김중기, 2017).

(1) 탐색

영유아는 호기심을 가지고 사물과 주변 상황을 탐색한다. 즉, 사물을 만져보고, 찢어보고, 두드려보고, 냄새를 맡는 등 오감을 통해 영유아 자신의 주변 세계를 탐색한다. 이러한 영유아의 탐색은 사물에 있어서 미술적 요소들에 대한 인식과 지각력을 증진시키고, 재료의 특성과 표현기법에 대한 이해를 통해 자유롭고 자신 있는 표현활동을 이끈다.

(2) 표현

표현은 영유아가 보고, 느끼고, 생각한 것을 다양한 재료와 기법을 활용하여 나타내는 것을 의미한다. 표현활동은 영유아 개개인의 감정이나 생각이 존중되는 가운데 감정이나 생각을 창의적으로 표현함으로써 영유아의 정서적 안정과 자유로운 표현이 이루어지도록 하는 데 중점을 둔다. 이는 영유아의 주도적 활동에 가치를 두고 창의적인 표상이 이루어지는 과정으로, 미술교육에 있어서 핵심이 되는 부분이라고 할 수 있다.

표현 유형에는 평면표현과 입체표현이 있다. 평면표현은 2차원의 평면에 선, 면, 색채, 명암, 입체감, 공간감 등이 표현되며, 선, 색, 형 등 미술의 기본요소나 구성원리 등이 강조된다. 입체표현은 표현하고자 하는 것을 3차원적인 형태로 만드는 것이다. 미술활동 시 다양한 도구를 활용하고, 영유아가 다루기 쉬운 재료를 사용하여 자신이 생각한 형태를 입체적으로 표현하는 것을 말한다.

(3) 감상

감상은 자연, 사물, 작품 등을 보고 듣고, 느끼는 경험을 가지는 것을 말한다. 작품감상의 예를 들면 2011년 이순구의 '웃는 얼굴' 작품에서 영유아는 노란색과 붉은색의 배경에서 웃고 있는 아이의 모습을 통해 다정하고 따뜻한, 잔잔한 느낌을 가질 수 있다. 미술감상을 통해 영유아는 감정을 순화시키고 자신의 감정을 바람직한 방향으로 표출함으로써 마음의 안정과 자신만의 개성을 구축할 수 있다(임경례, 2007). 이렇듯 일상에서 이루어지는 미술작품 감상을 통해 영유아는 아름다움을 느끼고, 작품의 미적·문화적·역사적 가치를 즐거운 마음으로 인식하고 이해하게 된다.

4) 아동미술교육의 종류

(1) 회화

회화는 캔버스와 같은 지지재(支持材)나 장소, 각종 안료를 사용하여 형상을 표현한 예술을 일컫는 것으로, 선 · 형태 · 색채 · 명암 · 재질감 등의 구성요소를 표현적 형태로 배열하는 시각적 구성이다. 회화는 종이, 벽면, 캔버스 등의 2차원적 평면에 구체적인 형상이나 이미지를 표현한 미술로 유채화, 수채화, 소묘, 판화 등이 있다.

(2) 조각

조각은 공간 속에서 입체감을 표현하는 예술로 조소(彫塑)라고도 한다. 즉, 형태를 갖추고 있는 입체물을 이용하여 공간에 표현하는 미술을 말한다. 또한, 여러 가지 물질을 소재로 하여 다양한 도구를 사용하여 3차원의 형태를 만들어낸다는 의미를 지닌다.

(3) 공예

공예는 여러 가지 일상 용구를 아름답게 만드는 것을 말하며, 장식용이나 실용적인 물건에 아름다운 장식을 함으로써 그 가치를 부여한다. 공예에는 도자공예, 목칠공예, 금속공예 등이 있다.

(4) 디자인

디자인은 일상생활에 필요한 미술품이나 공예품을 만들 때 그 용도에 따라 모양 · 색깔 · 무늬 · 배치 등을 그림으로 나타낸 것을 말한다. 좁은 의미로는 도안이라고 한다. 디자인은 라틴어 합성어인 데지그나레(designare)에서 유래되었으며, 계획과 설계, 의장(意匠), 지시하다, 표현하다, 성취하다의 의미를 가지고 있다(박현일, 2012). 디자인의 종류에는 시각디자인, 제품디자인, 광고디자인 등이 있다.

(5) 판화

판화는 나무 · 금속 · 돌 등의 판에 그림을 새긴 뒤 잉크나 물감을 칠하여 종이 · 천 등에 찍어 낸 그림이다. 즉, 금속, 나무, 돌 등의 입체적인 면에 밑그림을 그린 후 도구를 이용하여 조각을 한 뒤 면 위에 잉크나 물감 등의 염료를 칠하여 종이나 천 등을 위에 덮어 인쇄하는 것으로 회화의 장르이다.

(6) 퍼포먼스

퍼포먼스는 그림을 표현하는 대신 신체의 특성을 이용하여 시각적으로 보여주는 행위이다. 퍼포먼스로 미술활동을 하는 경우 영유아의 정서지능에 긍정적인 발달을 주며, 자신에 대한 표현, 인식, 자기조절 능력, 타인 조절 능력, 타인인식 등에 긍정적인 영향을 준다.

(7) 염색

염색은 여러 가지 염료를 사용하여 실이나 천, 종이, 나무껍질, 금속 등 다양한 재료에 색을 입히는 것을 말한다. 즉, 염료를 이용하여 실이나 천에 물을 들이거나 무늬를 놓는 것으로, 실을 염색하여 염색된 실로 천을 짜기도 하고, 흰 천에 무늬나 색깔을 들인다.

(8) 콜라주

'콜라주(collage)'라는 단어는 프랑스어 '꼴레(coller)'에서 유래된 말로, '붙이다, 바르다'의 뜻을 지녔기에 '풀칠', '바르기'의 의미로 사용되었다. 이에서 의미가 바뀌어 화면에 인쇄물, 천, 쇠붙이, 나무 조각, 모래, 나뭇잎의 여러 가지를 붙여서 구성하는 회화 기법, 또는 그러한 기법에 의해 제작되는 회화를 나타낸다. 즉, 특성이 다른 여러 가지 재료들을 이용하여 자신의 의도에 따라 평면 위의 작품에 붙여넣는 것을 콜라주라고 한다.

2. 아동미술경험의 중요성과 가치

1) 아동미술경험의 중요성

아동의 미술경험은 창의성과 인성을 기초로 하여 전인(全人)교육을 실현하는 데 있어서 기초가 된다. 아동은 미술을 통해서 자신의 생각을 표현하며, 소통의 도구로 사용한다. 그러므로 자신의 생각을 표현하기가 쉽지 않고, 의사소통에 서툰 어린 시기에 있어서 미술경험은 매우 중요하다고 할 수 있다. 이에 아동미술경험의 중요성에 대하여 살펴보면 다음과 같다(전치정, 2008).

첫째, 시지각 기능의 발달이다. 시지각의 발달, 즉 관찰력의 발달을 촉진하는 감상활동과 그리기, 꾸미기, 만들기 등의 표현활동의 지도는 매우 기초적인 발달 과제인 것이다.

둘째, 조형기능을 발달시켜준다. 조형활동에는 재료와 용구가 필요하고, 그것을 다루는 조형감각과 기능이 있어야 한다. 조형기능의 발달은 미의식의 심화와 증대를 가져다주며, 궁극적으로 미적 감동과 기쁨을 느끼는 행복감으로 이어진다.

셋째, 인지의 발달이다. 재료, 도구의 성질을 알고 활용하는 일, 대상의 형태를 자신의 것으로 만들어 적용하고 재현하는 일들은 매우 고차원적인 인지활동이다.

넷째, 창의성을 길러준다. 창의성은 격변하는 현대사회가 교육에 기대하는 커다란 요구이다. 미술경험은 이 창의성을 길러주는 데 가장 효과적이고 중심적인 역할을 한다.

다섯째, 주의 집중력의 신장이다. 미술경험을 통해서 교사와 영유아는 '무엇을 어떻게 만든다.'는 목표를 가지고 생각하고, 대화하고, 탐색하고, 그리고, 꾸미고 만들고, 다시 고치는 일련의 인지활동과 노작활동을 하는 가운데 지속적인 주의집중의 과정을 체험하게 된다.

여섯째, 표현력의 발달이다. 미술경험은 사물의 형태와 결부시켜 자신이 보고, 느끼고, 생각한 것을 시각적으로 드러내는 표현성을 발달시킨다.

일곱째, 긍정적인 자아개념의 형성이다. 영유아는 미술경험을 통해서 자신에 대해 긍정적인 의식과 성취감을 갖게 되며, 이를 통해서 긍정적 자아의식이 형성된다.

여덟째, 아름다운 것에 반응하는 미적 정서를 풍요롭게 해 준다. 미술경험을 통해서 영유아는 아름다움을 창출하게 되고, 이러한 과정에서 아름다움을 경험하게 된다. 이러한 미술에 대한 경험은 영유아의 정서를 안정시키며, 보다 아름다운 것을 추구하는 태도와 감성을 기르도록 해 준다.

아홉째, 언어의 발달이다. 영유아는 미술경험을 통해서 다양한 어휘 사용, 풍부하고 섬세한 언어 표현을 통해 언어 발달이 증진된다.

2) 아동미술경험의 가치

영유아는 감각적 경험을 통해 사고가 발달한다. 특히 미술활동은 영유아로 하여금 환경을 즐겁게 경험하게 하고, 감각적 경험을 제공함으로써 영유아의 삶을 풍부하게 한다. 그러므로 미술활동은 영유아에게 있어서 매우 가치 있는 경험이며, 이에 대하여 살펴보면 다음과 같다(이동건, 2020).

첫째, 미적 감각의 발달이다. 미술활동을 통해서 영유아는 리듬, 반복, 배열 등의 미술의 원리를 이해하게 되며, 이러한 과정에서 미적 감각의 발달이 증진된다.

둘째, 사회성의 발달이다. 영유아는 미술활동을 통해 또래와 상호작용함으로써 사회성의 발달이 이루어진다. 더 나아가 재료를 나누어 쓰기가 가능해지고, 서로의 의견을 듣고 자신의 생각을 조정하면서 협의할 수 있는 능력 또한 향상된다.

셋째, 정서의 발달이다. 영유아는 미술활동을 통해 불안, 스트레스 등을 해소할 수 있으며, 부정적인 정서를 긍정적인 방법으로 표현하는 법을 익히게 된다.

넷째, 신체의 발달이다. 영유아는 미술활동을 통해 대·소근육의 발달과 눈과 손의 협응력이 증진된다.

다섯째, 언어의 발달이다. 미술활동을 통해 영유아는 자신의 작품에 이름을 말하거나 쓰고, 다른 사람의 작품에 대하여 자신의 생각을 이야기하는 과정에서 언어의 발달이 증진된다.

여섯째, 다른 영역과의 통합이 용이하다. 다른 영역과의 통합된 미술활동을 통해 영유아는 더욱더 흥미를 느끼게 되며, 자신의 작품을 여러 영역에서 활용한다.

3. 아동발달과 미술

생후 2개월경 영아는 모빌의 움직임과 형태를 응시하게 되는데, 이로부터 감각을 활용한 미술활동이 시작된다(배희정, 2021 재인용). 영아가 점차로 성장, 발달하게 되면 이에서 더 나아가 다른 사물을 바라보고 끼적거리기를 할 수 있는 필기도구를 쥐고 점을 찍거나 선을 그리게 된다. 그리고 점과 선, 면을 이용하여 형태를 만들어간다. 만 2세경 영아는 우유갑을 이용하여 기차 만들기를 해 볼 수 있으며, 종이 구기기와 찢기 활동을 할 수 있다. 이러한 발달 과정을 거쳐 유아기에는 영아기에 비해 색의 구별이 더욱 용이해지고, 스스로 여러 가지 표현을 하며 즐거워한다.

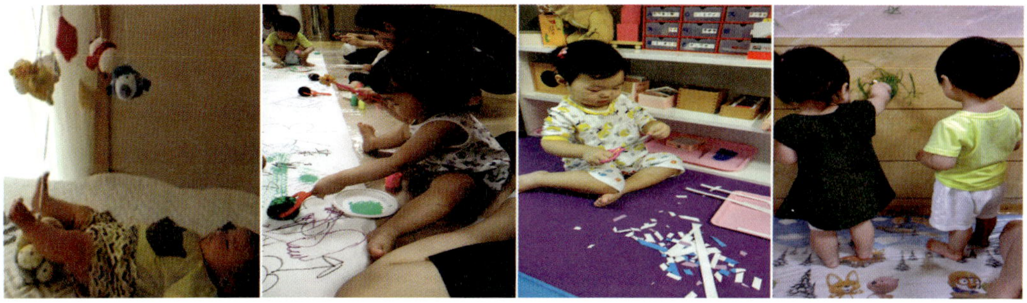

이렇듯 아동미술은 아동의 연령에 따라 발달의 차이가 있다. 아동의 개인차로 인해 발달 시기에 따른 보편적 미술표현의 특징을 학자마다 조금씩 다르게 제시한다. 여기에서는 아동발달과 미술에 대하여 좀 더 체계적으로 알아보기 위하여 1986년 NAEYC(National Association for the Education of Young Children)에서 제시한 연령별 발달과 그에 따른 미술활동의 일반적인 지침에 대하여 살펴보고자 한다.

1) 만 1, 2세 영아의 발달과 미술

이 시기의 영아는 감각적으로 탐색하고자 하는 욕구로 인하여 사물을 입에 넣는다. 그러므로 작품을 만드는 것에 초점을 두는 것이 아닌 미술자료를 탐색하고 조작하는 데 의미를 두어야 한다. 또한 제한된 자기조절 기술을 지니며, 병행놀이에 참여한다. 팔의 대근육 조절이 발달하며 1분 이하의 짧은 주의집중력을 지니므로 탐색할 수 있는 간단한 자료를 필요로 한다. 영아는 반복적인 행동을 필요로 하며, 사물의 이름을 이야기하고 말할 수 있는 것보다 더 많은 단어를 이해한다.

따라서 교사의 지시가 별로 필요 없는 단순한 미술자료가 적절하다. 제공되는 자료는 영아가 삼켜도 문제가 없거나, 직경 3.5cm 이상의 삼킬 수 없는 안전한 자료여야 하며, 또래와 같은 자료를 사용하고자 하는 욕구가 강하므로 같은 자료를 여유 있게 준비하여 제공한다. 영아가 미술활동을 하는 동안 교사는 주의 깊게 살펴보아야 한다.

2) 만 3세 유아의 발달과 미술

이 시기의 유아는 자기조절능력이 증가하고 소그룹에 참여하여 작업할 수 있다. 영아와는 달리 사물을 입에 넣어 탐색하지 않는다. 또한 손목과 손, 손가락의 소근육 협응력이 증가한다. 그러므로 소근육 조절을 위한 다양한 미술자료를 제공하는 것이 좋다. 이 시기에 주목할 점은 주의집중시간이 증가한다는 점이다. 만 3세 유아는 한

번에 10분 동안 혼자서 미술활동을 할 수 있다.

하지만 아직 실제적인 사물에 대한 표상이 가능하지 않으며, 결과물보다 과정을 즐긴다. 따라서 교사는 유아로 하여금 자기 주도적이고 창의적인 방법으로 미술자료를 이용하도록 격려하며, 유아 스스로 미술활동을 할 수 있도록 조금 떨어진 곳에서 주의를 기울여 살펴보는 것이 바람직하다.

3) 만 4~5세 유아의 발달과 미술

이 시기의 유아는 손목과 손의 조절력이 생기고 쥐는 힘이 더 강해진다. 만 4~5세 유아는 집중 시간이 길어져 30분 이상 미술활동에 집중할 수 있다. 또한 일반적인 주제로 3~6명의 소그룹에 참여하여 미술활동을 할 수 있다. 그러므로 교사는 다양한 미술자료를 제공하여 유아로 하여금 개별 활동과 집단 활동에 참여하도록 지도한다.

만 4~5세 유아는 또래와 미술자료를 공유할 수 있으며, 자신의 미술작품에 담은 생각을 자신이 개발한 철자로 쓰기도 한다. 유아는 또한 사물의 색과 크기, 형태를 설명하며, 이를 분류할 수 있다. 이 시기에는 심미적인 미술활동과 미술감상활동도 가능하게 된다. 유아는 미술 상징을 발달시키면서, 다른 교과에서도 미술을 이용하여 유아 자신의 사고와 학습 능력을 표현하며, 유아 스스로가 자신의 미술자료를 관리할 수 있게 된다.

4) 만 6~8세 아동의 발달과 미술

이 시기의 아동은 쥐는 힘이 세지면서 그리기 도구를 잡기에 더욱 용이해진다. 만 6~8세 아동은 집중 시간이 더욱 길어져 1시간 이상을 주의집중할 수 있으며, 미술 프로젝트에 참여할 수 있다. 또한 그룹 활동의 역할에 참여하고 자기 주도적으로 활동할 수 있다. 만 8세 말경에는 관례적인 철자를 이용하여 미술 작업을 설명하거나, 자신의 미술작품에 담은 생각을 글로 쓸 수 있다. 사물이 한 개 이상의 특성을 지닌다는 것을 이해하고, 예측하고, 비교하고, 결론을 내릴 수 있다.

따라서 이 시기의 아동은 다양한 미술자료를 활용한 미술활동에 참여할 수 있다. 지점토, 직조, 도자기 만들기와 같은 연속적인 활동과 특별한 기술을 요구하는 미술활동이 가능하다. 다른 교과에서도 학습한 경험과 지식, 기술을 이용하여 미술작품에 표현한다. 또한 미술작품의 사회적, 역사적 맥락을 이해하며, 선도적이고, 조직적이며, 개인과 그룹 활동의 수행에 책임감을 느끼고 임하게 된다.

4. 미술놀이

영유아는 손바닥과 발바닥으로 물감 찍기를 하며 놀이하고, 소복이 쌓인 눈 위에 발자국을 찍으며 놀이하기도 한다. 당근이나 시금치, 비트 등에서 짠 색 물을 튜브에 넣어 쌓인 눈 위에 뿌리며 놀이하거나, 눈사람을 만들면서 놀이하기도 한다. 이처럼 영유아는 미술을 통해 놀이한다.

영유아에게 있어서 미술은 재료와 매체를 자유롭게 탐색하고 표현하는 것일 뿐만 아니라 미술을 행하는 과정 자체에 몰입하면서 경험하는 즐거움이 있으며, 영유아 스스로 다양한 시도를 추구할 수 있는 개방적이고도 자율적인 속성을 지니고 있다. 이처럼 미술은 놀이가 될 수 있는 자발성, 재미, 과정 중심 등과 같은 특성을 지닐 뿐만 아니라, 영유아의 주요한 놀이공간인 흥미영역 중 하나로 미술영역이 존재하는 만큼, 미술을 놀이의 관점에서 이해할 수 있다(이민지, 2021).

영유아 시기의 미술놀이경험은 뇌 발달의 민감기에 새로운 시냅스의 생성 및 유지와 뉴런 간의 연결 및 수초화에 관련하는 활동이다(문정희 · 이혜숙, 2021). 이는 창의적 인재 양성을 위한 영유아 교육현장에서 반드시 필요한 놀이경험이라고 할 수 있다.

영유아에게 있어 미술놀이는 감정과 정서를 표현하는 수단이 된다. 미술놀이는 영유아 스스로 그 원리를 이해하고 다양한 방법을 시도해 봄으로써 가장 적당한 표현방법을 찾는 데 의미가 있다. 또한, 다양한 재료를 통해 영유아 자신의 생각을 표현하는 과정에서 창의성을 발휘할 수 있다. 따라서 영유아를 대상으로 하는 미술교육은 창의적인 표현능력과 미적 감수성을 지닌 조화로운 인간으로 성장하도록 이루어져야 한다. 이에 미술놀이의 교육적 가치에 대하여 살펴보면 다음과 같다(김하경, 2018).

첫째, 미술놀이는 오감의 발달과 신체 근육의 발달을 도모할 수 있다. 예를 들어, 먹거리는 여러 가지의 색깔과 냄새, 맛, 모양, 질감 등의 특징을 지니고 있어 영유아가 다양한 미술표현을 할 수 있다. 이처럼 직접 보고, 듣고, 냄새를 맡고, 만져보고 먹어보는 이러한 오감을 활용한 미술놀이를 통해 영유아의 관찰력과 직관력이 길러지며, 시각, 청각, 후각, 미각, 촉각의 발달이 증진된다. 이러한 과정에서 전신 활동이 가능해지며, 그에 따라 영유아의 신체 근육의 발달이 이루어진다.

둘째, 미술놀이는 영유아의 사회성 발달에 도움이 된다. 개별적으로 혹은 소그룹으로 미술놀이가 이루어짐으로써 상호작용이 빈번해지며, 이러한 과정에서 사회성이 발달하게 된다.

셋째, 미술놀이는 영유아의 창의성을 신장시킬 수 있다. 미술놀이를 통해 영유아는 자발적인 참여로 다양한 재료를 탐색하고 표현을 할 수 있으며, 자신의 생각이나 정서 표현을 창의적으로 할 수 있다.

넷째, 미술놀이를 통해 영유아는 스트레스를 해소한다. 영유아에게 있어서 미술놀이는 스트레스를 이겨내는 강력한 해독제 역할을 하고, 행복한 삶을 살아갈 수 있도록 해 준다. 미술놀이를 통해 영유아가 느끼는 즐거움은 스트레스를 이기도록 하는 충분한 힘이 되며, 여기에서 정서적인 안정감을 느끼게 된다.

따라서 교사는 미술놀이 시 영유아의 표현에 손을 대거나 완성도를 높이려는 의도로 참견하지 않도록 주의해야 한다. 이는 영유아로 하여금 자신감이 실추되는 결과를 가져오며, 이로 인하여 미술을 좋아하는 대신 어렵다거나 잘 해내지 못한다는 인식이 자리 잡힐 수 있기 때문이다. 따라서 교사는 영유아가 자기 주도적으로 자신의 생각과 느낌을 자유롭게 표현할 수 있도록 환경을 조성해 주어야 한다.

5. 미술교육의 동향

1) 미술의 변화

시대적 흐름과 사회의 변화에 따른 미술의 변화가 미술교육에도 변화를 가져왔다. 20세기 중후반 모더니즘에서 포스트모더니즘으로의 사회적 변화는 미술의 변화를 초래했다. 여기에서 미술의 변화는 미술을 미적 형태 속에 응집된 순수한 대상으로 바라보던 모더니즘의 미술에서 사회문화적 산물의 형태로 바라보는 포스트모더니즘으로의 변화를 의미한다. 이는 미술가와 미술작품, 대중문화와 감상자의 역할에 대한 시각의 변화를 가져왔다(한국조형교육학회, 2016).

모더니즘은 순수한 미적 경험을 교육받은 미술가에 의해 제작된 것을 작품으로 보면서 지역, 인종, 성, 대중적 양식 등을 초월한 보편적인 기준을 적용하여 작품을 바라보지만, 포스트모더니즘은 미술작품을 사회문화적 맥락에서 약속된 기호들로 구성된 문자로 보면서 복합적이며 맥락적인 해석을 시도하게 된다. 이는 자연스럽게 대중문화에 대한 시각의 변화로도 나타나는데, 모더니즘은 고급미술, 순수미술을 강조하고 대중문화를 문화적 타락으로 인식했지만, 포스트모더니즘은 고급과 저급미술의 경계를 해체하면서 대중매체와 대중문화를 적극적으로 수용하였다.

이러한 변화는 미술가에 의해 결정되어 있는 의미를 발견하기 위해서 감상자가 관련 지식을 습득해야 하는 수동적 역할을 요구하는 모더니즘에 반해, 포스트모더니즘은 우리가 사물을 바라보는 현상은 관계적인 것이라고 보는 것에서였다. 이러한 까닭으로 미술작품을 감상하는 것도 복합적인 읽기와 해석이 가능하고, 해석은 감상자 스스로 구성하는 것이라고 보는 등 미술을 바라보는 감상의 관점 역시 변화되었다(박정애, 2016).

2) 현대미술의 특징

한국조형교육학회(2016)는 문화적 특수성 아래 전통미술, 모더니즘, 포스트모더니즘이 공존하며, 미술을 삶과의 관계 속에서 '삶을 위한 미술'로 보고 있다는 점을 강조해 '현대미술'이란 용어를 사용한다. 포스트모더니즘으로 설명되는 현대미술의 특징에 대하여 살펴보면 다음과 같다(박정화, 2019).

첫째, 객관적 재현이 중심인 전통적 미술의 방법 대신 주관성 인정 및 다양한 관점과 양식을 허용한다. 이는 곧 새로운 방식의 창조와 함께 콜라주, 패러디, 몽타주와 같은 이미 생성된 이미지를 사용하여 표현하게 됨을 의미한다.

둘째, 삶을 미술표현으로 드러내 대중과 함께 공유한다. 이는 대중문화에 대한 시각의 변화를 가져오게 되었다. 미술작품은 작가 개인뿐만 아니라 감상자와 함께 소통하는 것이라는 인식이 확산되고 예술적 권위를 내려놓게 되면서 퍼포먼스, 비디오아트 등의 대중문화적인 주제가 현대미술에도 등장하게 되었다. 또한, 세계를 바라보는 주관적 시각이 중요하게 되면서 일상적인 사물에 새로운 의미를 부여하는 오브제, 팝아트 등이 활용되었다.

셋째, 맥락을 강조한다. 현대미술은 미술작품이 속한 맥락 속에서 이해된다. 완성된 작품 자체만 의미를 가지는 것이 아니라 작품이 제작되는 과정과 상황이 고려되어야 하고 작가뿐만 아니라 감상자 또한 미술의 주체로 인정된다. 주체의 참여와 소통은 공공미술, 퍼포먼스 등 미술을 하나의 일상적 체험으로 강조하는 방식을 강조하게 된다.

넷째, 다원성이다. 현대미술은 다원화된 사회의 다양한 가치를 인정한다. 때문에 그동안 주변화되고 소외되었던 청소년, 소수인종, 여성 등 소수의 그룹을 동등하게 인정하며, 여성문화, 민중미술, 소수민족미술 등과 같은 대중예술에 관심을 두게 되었다.

다섯째, 다양한 주제와 표현기법이다. 현대미술은 일상생활과 결합하여 거의 모든 제약 없이 모든 것이 미술표현의 주제가 될 수 있으며, 다양한 기법이 수용되고 있다.

여섯째, 영역의 확장이다. 회화, 조각, 건축 등 고정된 범주로의 장르에 머물지 않고, 미술 이외의 다양한 사회문화적 영역으로도 확장되고 있다.

3) 현대미술교육

현대미술교육은 이러한 현대미술의 변화를 수용하고 미술교육의 방향을 모색하며 확장되어 왔다. 현대미술의 특징인 다원성은 미술교육의 토대를 '미술'이라는 고유영역에서 '문화'로 확장시키며 '다문화 미술교육'의 배경이 되었다. 문화적 다원주의는 한 사회 안에서 다른 집단의 가치, 태도, 문화가 존중되어야 한다는 입장으로, 미술을 사회문화적 산물로 보고 미술의 다양성을 통해 다른 사람의 문화를 이해하고 존중하는 태도를 기르고자 하였다. 이는 교육내용에서 배제되었던 민속미술, 원시미술, 여성미술과 대중미술을 교육내용에 포함시키는 결과를 가져왔다.

미술이 '문화'의 영역으로 확장된 후 대중매체와 영상매체의 급속한 발달 등의 시각환경의 변화는 일상에 상존하는 시각문화의 힘과 학습자의 삶의 맥락에 주목하게 되었다. 그 결과 '시각문화'를 미술교육에 도입하게 되었다. 시각문화 미술교육은 동시대 다양한 문화 현상의 의미를 이해하고 비판적 사고력을 기르는 데 목표를 두고 있다. 이는 곧 현대미술교육의 대표적이며 중요한 내용으로 자리 잡게 되었다(서울교대미술교육연구회, 2008).

시각문화는 고급문화로 구분되는 회화, 조각 등의 미술작품뿐만 아니라 시각매체를 통한 공연예술, 만화, 텔레비전, 영화, 비디오, 광고, 포스터, 컴퓨터 영상 등 모든 시각적 이미지에 의한 문화현상을 말한다. 이에는 시각적 이미지가 제작되고 사용되는 데 개입된 모든 체계와 가치, 태도 등이 포함된다(이은적, 2017).

영유아는 일상생활에서 수많은 시각매체를 통해 자신의 문화를 만들어가는 세대이다. 그러므로 시각문화 미술교육의 내용은 대중문화에 내재된 의미와 사고를 비판적으로 해석하는 것에 있다. 현대미술에 있어서 표현과 매체 사용의 제약은 찾아볼 수 없을 정도로 다양하며, 주제, 공간, 형식에 있어 범위가 확장되면서 미술의 개념이 변화되었고, 미술교육에 대한 새로운 접근 또한 지속적으로 요구되었다(함영숙, 2011).

영유아는 일상생활에서 아름다움을 느끼고 경험하며, 스스로 다룰 수 있는 재료와 도구로 미술을 즐긴다. 이러한 경험을 통하여 감성을 계발하고 심미감을 형성하며, 더 나아가 심미적 태도 형성과 창의적 표현의 경험이 이루어진다. 미술을 통해 행복한 삶을 영위하는 영유아는 변화하는 사회 속에서 살아간다. 이러한 측면에서 볼 때 시각적 문해력이나 문화다양성의 수용 등을 내용으로 하는 시각문화 미술교육이나 다문화 미술교육의 내용이 영유아 미술교육에 지속적으로 반영되어야 한다.

이렇듯 영유아를 위한 미술교육은 다문화 미술교육이나 교과 통합, 생태 미술 및 자연친화 교육, 미술을 통한 표상 등으로 이루어진다. 발현적 교육과정이나 레지오 교육에서 강조하고 있는 표상의 도구로서의 미술 매체는 영유아의 사고를 가시적으로 드러나게 해 주는 상징적 도구이다. 발현적 교육과정에서 산출되는 심미적인 표상물은 표현기술의 발달에 의한 것이기보다는 영유아의 삶과 진정한 만남이 일어나는 의미 있는 경험을 토대로 이루어지는 것이 바람직하다(서윤희, 2017).

생태 미술교육은 자연과 계절의 변화에 따르면서 가능한 자연물을 소재로 영유아의 다양성과 자유를 살리는 방향으로 이루어져야 한다. 생태교육과정의 본질이 삶을 통해 배우는, 영유아의 본성을 살리는 교육이므로 일상생활 속에서 다양한 미술활동이 영유아 주도적으로 진행되어야 한다. 생태적 교육내용은 영유아가 환경에 대한 지식을 배우며, 환경을 위한 의식을 고양하고 이를 위한 행동을 실천하는 것이어야 한다(양은희, 2013).

토의 및 토론

먹거리를 활용한 미술놀이의 사례를 들어보고, 그 장점과 단점에 대하여 논의하시오.

1. 알슈우라와 하트위크(Alschuler & Hattwick, 1947)의 색채 심리분석

색채사용 심리분석	빨간색을 좋아하는 아동
아동의 심리	사회규범을 크게 마음에 두지 않는 자유로운 성격이다. 협동적이며 교우관계가 원만하다. 행복한 상태, 격한 심리상태를 나타낸다.

2. 우리 주변에서 볼 수 있는 빨간색

장미꽃

딸기

상사화

3. 예비교사들의 미술에 대한 표현

아동미술은 생활의 경험이다

미술교사는 안내자이다

CHAPTER 02

아동미술의 역사적 배경

아동미술의 역사와 현대미술의 흐름, 그리고 아동미술 관련 이론을 살펴보는 이유는 아동에게 적합한 미술교육 환경을 제공하려는 데에 있다. 즉, 아동이 미술을 통하여 행복한 삶을 영위하는 것에 의미를 둔 것이다. 이 장에서 우리는 아동미술이 어떻게 뿌리를 내렸으며, 시대마다 무엇이 강조되었고, 어떻게 발전하였는지에 대하여 고찰하게 되며, 제 이론을 살펴봄으로써 아동미술에 대한 이해를 높일 수 있다.

행동은 모든 성공의 기본 열쇠이다.

– 파블로 피카소 –

1. 아동미술의 시대별 역사

미술은 과거, 현재, 미래를 연결하는 문화적 기능을 하며, 현재의 문화를 반영한다. 이는 동굴벽화에서 과거 그들의 문화를 알 수 있듯이 인간은 미술로 그들의 생각이나 감정, 의미와 가치 등을 표현했다. 아동은 미술을 통해 감정이나 생각을 표출한다. 이는 곧 미술이 아동의 삶에 밀접하게 관련되어 있음을 나타내주는 것이다. 시대에 따라 아동미술은 변화의 과정을 거쳤다. 아동미술의 시대별 역사를 국외와 국내로 나누어 살펴보면 다음과 같다.

1) 국외

(1) 고대 및 중세시대

플라톤(Plato)과 아리스토텔레스(Aristotle)는 예술과 교육을 공동체의 존속에 중요한 영향을 준다고 인식하였다. 플라톤과 아리스토텔레스의 예술에 대한 긍정적인 인식과는 다르게 당시 사회는 문학, 음악과는 달리 미술을 교육에서 제외시켰는데, 이는 고스란히 중세시대까지 이어졌다.

기원전 4세기 그리스에서는 아동이 목탄을 사용하여 드로잉(drawing, 소묘)하는 교육이 이루어졌다. 아리스토텔레스에 의하면 인간의 아름다움을 느끼도록 하는 것이 드로잉의 목표인데, 이러한 교육은 기술적 전수를 위함이었다. 이러한 기능 교육은 오랫동안 미술교육을 대신하였으며, 미술가를 양성하기 위한 도제 제도에 의한 기능교육에 그쳤다.

(2) 르네상스 시대

르네상스 시대에 등장한 레오나르도 다빈치(Leonardo da Vinci), 미켈란젤로(Michelangelo)와 같은 예술가들이 교회와 왕실에서 존경을 받게 되었다. 이에 이들의 미술작품으로 인하여 예술의 가치가 높아졌다. 그에 따라 중세의 도제제도에 의한 기능교육보다 더 포괄적인 미술교육이 요구되었다. 이러한 흐름에 의하여 피렌체의 디자인 아카데미에서는 비례, 원근법, 조화 등을 강조하는 미술교육이 이루어졌다.

레오나르도 다빈치는 인간 중심의 개성을 존중하는 교육을 강조하여 아동 자신의 미술표현을 중시하였다. 코메니우스(Comenius)는 아동의 감각적 경험을 발달시키는 방법으로 미술을 적극 권장하였다. 로크(Loke)는 미술감상을 통한 교육이 인간의 복리를 위해 활용되어야 함을 주장하였다. 이렇듯 성인이 아닌 아동을 중심으로 미술교육을 바라봄으로 인해서 르네상스 시대(14~16세기)는 아동미술의 전환기를 이룬 시기로 인식되었다.

(3) 산업혁명 시대

17세기의 예술가들은 건축, 기하학, 산수, 역사, 원근법, 천문학, 해부학 등과 함께 미술교육이 이루어져야 함을 주장하였다. 산업혁명 시대(약 1760~1820년경)에 루소는 공작 활동을 통해 아동의 정서 표출이 이루어져야 한다고 하였다. 페스탈로치(Pestalozzi)는 감각훈련을 통한 표현을 중시하였으며, 프뢰벨(Fröbel)은 기하도형, 다양한 실물교육을 중요시했다. 1710년 프랑크푸르트의 화가 야곱 크리스토프 르 블론은 노랑, 빨강, 파랑 삼원색의 조합으로 다색 판화 작업을 하였다.

18세기에 아동은 실물을 그리기보다는 교사의 드로잉을 보고 드로잉 작업을 하였는데, 이것이 미술교육의 첫 단계이다(오현숙 외, 2019). 페스탈로치는 아동이 교사의 드로잉을 모사하는 것은 어렵다고 판단하였다. 그는 아동이 드로잉을 할 때 단순한 기하도형으로 시작하여 명암보다는 윤곽선을 중점으로, 단순한 형태에서 점점 복잡한 상태로 진행해야 한다고 주장하였다.

루소(Rousseau)와 페스탈로치는 드로잉이 정신의 능력을 훈련하는 방법이라고 하였다. 또한, 교육사상가들은 드로잉 교육을 통해 당시 산업사회에서 필요로 하는 문자 해독력과 필기력, 도덕심과 같은 기초 능력을 키울 수 있다고 하였다. 이로 인해 미술은 공립학교에서 하나의 교과목으로 인정받게 되었고, 이후 많은 교육사상가의 논의를 통해 미술교육의 구체적인 방법을 정립하게 되었다(김희엽, 2020).

(4) 현대

산업혁명 이후 19세기에는 대량생산에 의한 예술적 특징이 감소되고, 산업사회에서 필요로 하는 디자이너의 양성을 위해 전문적인 미술교육 기관이 설립되었다. 산업혁명의 영향으로 공산품을 다량으로 생산해야 함에 따라 디자이너의 수요가 증가되었으며, 그에 따라 도제중심의 교육에서 집단화된 교육방식이 요구되었다. 또한, 사물의 형을 정확히 그리고 명암과 음영을 만들어 입체감 있게 그리는 것을 강조하는 미술표현능력 향상에 중점을 둔 교육이 요구되었다(서윤희, 2017). 이러한 흐름에 따라 19세기 말에서 제2차 세계대전(1939~1945) 이전까지의 아동미술은 표현기능 위주의 교육과정이 운영되었다. 뭉크(Munch)의 '절규'에서와 같이 감정의 직접적인 표현이 중심을 이루었다.

아동의 미술교육에 있어서도 페스탈로치의 영향을 받아 드로잉의 기초적인 연습이 이루어졌다. 러스킨(Ruskin)은 미술교육의 목적을 신이 만든 아름다움을 지각하는 것에 두었으며, 이러한 지각력은 드로잉을 통해 기를 수 있다고 주장하였다. 또한, 드로잉이 현실적인 이익을 창출할 수 있는 장점을 갖고 있음을 들어 일반 교육의 필수 부분으로 간주되어야 한다고 강조하였다. 프뢰벨은 기술이 아닌 활동에 초점을 둠으로써 미술교육을 드로잉의 연습에서 다양한 매체를 통한 풍부한 활동으로의 전환을 도모하였다.

1920년경부터 미술교육에서는 창의성을 중시하게 되었으며, 아동으로 하여금 창조적인 자아표현을 할 수 있도록 격려하는 분위기가 조성되었다. 당시 아동미술은 미술로 간주되지 못하고 야만적인 원시미술로 비유되었다. 그런데 원시미술 자체에 대해 미적 가치를 발견하면서 아동미술 또한 본질적인 가치가 있으며, 이러한 측면이 신중하게 고려되어야 한다는 주장이 일어나기 시작하였다.

이러한 견해에 힘입어 아동화가 심리학 분야에서 실증적인 자료로 활용되었다. 이에 따라 1965년까지 창의성 중심과 학문 중심의 아동미술교육이 이루어졌다. 1970년경부터는 좀 더 통합적이고 근본적이며 광범위한 미학적 고찰을 중시하는 데서 관심이 시작된 전문적인 미술교육이 강조되었다. 이즈음에 포스트모더니즘, 다중지능이론의 영향으로 미술교육의 다원론적 연구가 이루어졌다. 1985년까지는 미술교육의 효율성을 제고하는 합리적 접근과 감각, 미적 의식과 가치관, 태도를 육성하는 데 중점을 두고 다른 교과와 생활에 관련된 미학적 접근의 미술교육이 이루어졌다.

2) 국내

(1) 1895년 이전

우리나라에서는 선사시대의 암각화, 조각 그리고 토기, 팔찌나 발찌, 조개껍데기 장신구, 청동 거울에 들어간 섬세한 무늬 등과 같은 공예품에서 시작하여 고대, 중세, 근세, 근대, 현대 각 시대별로 내려온 회화, 조각, 금속 및 도자기 공예 등에서 미술이 면면히 이어져 내려왔다.

한국문화대백과사전에서는 한국 근대미술이 1876년의 개항(開港)에 이은 1882년부터의 미국 · 유럽과의 수교로 인한 서양 문물의 유입과 개화사상의 급격한 번짐 등이 관념적 가치관에서의 탈피와 새로운 움직임을 계속 자극한 데서 출발되었다고 보았다. 이 시기에 '미술'이라는 포괄적 의미의 새로운 용어가 쓰이기 시작하였다. 그리고 전통적 한국화 외에 양풍회화(洋風繪畫)가 나타나게 되었다. 뿐만 아니라 서양식 조각 · 공예 · 건축이 근대미술의 전개를 다채롭게 하였다.

(2) 1895~1910년대

1894년 갑오개혁으로 근대적 국가로의 변화를 꾀하던 조선은 1895년 소학교령과 소학교교칙대강을 제정 · 공포하였다. 이로 인하여 한국의 교육은 서구의 신교육을 받아들이고, 새로운 학교교육 체제를 정비하게 되었다. 1895년 이때 제정된 교육제도의 큰 틀은 일제 강점기를 거쳐 1945년까지 몇 차례 개정되면서 유지되었다(김희엽, 2020).

이때부터 미술교육은 '습자'와 '도화'라는 별개의 교과로 학교 교육에 미술교육이 하나의 교과목으로서 포함되게 되었다. 1895년 소학교교칙대강에 도화과의 요지를 규정한 이후 사생화가 도입되어, 회화교육에서 임화와 더불어 주된 위치를 차지하고 있었다.

미술교육 도입기(1895~1910)는 1895년 도화과가 처음으로 하나의 교과로 등장했지만 정작 소학교 교사를 양성하는 한성사범학교의 규칙에서는 도화과가 제외되어 있었다. 또한 교육과정의 구성은 체계적으로 이루어지지 않아 소학교에서의 도화과 운영은 명목상 형식을 갖추기 위한 방편이었다. 당시 도입된 미술교육은 물체를 정확히 묘사하는 표현능력의 양성을 목적으로 했기 때문에 '묘사 위주'의 미술교육이었다.

유아 미술교육의 경우, 1897년 일본인들이 자신의 자녀를 위해 설립한 유치원에서 프뢰벨의 11종 작업 중 하나인 색종이 접기와 그림 그리고 색칠하기 등을 가르쳤다. 이 중 '그림 그리고 색칠하기'는 모눈종이를 이용해 교사가 가르치는 대로 따라 하는 표현기능 중심 미술교육이었다(박정화, 2019).

(3) 1910~1945년대

1910년의 국권 상실을 기점으로 미술은 일제 강점 하에서의 자주성이 결여된 미술의 형태로 왜곡되었다. 그러한 상황은 1945년 광복 때까지 지속되었다. 이로 인해 이 시기의 미술교육은 자주적으로 발전하기 어려웠다. 1911년 근대적 미술 학교를 지향한 서화미술회(書畫美術會) 강습소가 창덕궁 왕실 후원으로 개설되었다. 이에서 재능 있는 새 세대가 배출되었다.

사실적인 묘사를 장려한 임화교육의 도입 시기는 1895년부터 1906년이며, 발전은 1906년부터 1938년까지, 쇠퇴기는 제3·4차 조선교육령기에 해당하는 1938년부터 1945년이다. 임화교육은 44년(1906~1938)에 걸쳐서 중심교재로서 교수되었다. 도화과 교육과정에 제시된 도화교육의 특징은 임화와 사생화를 중심으로 모방학습을 통한 관찰력과 묘사력을 양성하는 데에 주된 목표가 있었다.

1914년 이화여자전문학교가 설립한 정동유치원은 프뢰벨의 은물과 작업을 배운 교사만이 유아를 가르칠 수 있도록 하였다. 이에서 진행된 표현기능 중심의 미술교육은 일제 강점기에서 1980년대 후반까지도 우리나라 유아교육기관에 지배적인 미술교육이었다. 미술교육 전문가들이 강조하는 '창의적이고 자유로운 표현'은 시대적으로 살펴보았을 때 그리 오래되지 않았다(박정화, 2019).

이후 1920년대에 미술교육의 사회적 운동으로서의 자유화 운동이 한국 전역에 확산되어 실시되었다. 자유화의 가장 적합한 재료로서 기존의 색연필 대신에 크레용이 광범위하게 사용되었다(장동호, 2004 재인용).

(4) 1945~1963년대

1945년의 광복은 그간 일제 강점으로 인해 상실되거나 변질되었던 민족적 자율성의 회복과 자주적 미술 문화의 새로운 시대를 열게 한 전환점이었다. 이는 광복과 더불어 시작된 대학 과정의 미술 전문 교육을 받은 새 세대의 배출과 대한민국미술전람회(약

칭 國展)를 비롯한 여러 형태의 미술계의 움직임이 다양한 방향으로 전개되었음을 의미한다. 그러나 1950년 6 · 25 전쟁으로 인해 이 모든 활동이 중단되었고, 휴전 후에도 전란의 피해를 복구하느라 미술교육이 제대로 이행되지 못했다.

그럼에도 불구하고 1950년대 이후, 창의성 중심 미술교육을 우리나라 유치원 교육에 접목시키려는 노력이 지속되었다. 그러나 이러한 노력은 1990년대에 들어 비로소 이행되어, '자유롭게 그리기'가 일반 유치원에 보편화되기 시작하였다(이원영 외, 2019).

(5) 1963~1985년대

이 시기에는 우리나라의 미술교육이 뿌리를 내리고 정착한 시기이다. 한국에서 혼합매체의 경향이 미술 영역에 본격적으로 등장한 시기는 1960년대이다. 1960년대에는 비디오, 설치, 이벤트, 해프닝, 퍼포먼스 등 다매체 장르가 미술계에 속출하면서 매체예술, 멀티-미디어 개념이 출현하였으며, 이러한 예술 형식은 디지털 시대 이후에 나타나는 예술형식의 근간을 이루고 있다. 1960~1970년대 한국아방가르드(avant-garde) 예술에서 선보여졌던 설치를 비롯하여 1970년대 비디오아트 역시 한국미디어아트 담론의 영역이다(이은주, 2020).

1970년대에는 아동미술교육의 중요성이 재인식되었으며, 1980년대에는 바람직한 아동미술교육에 대한 연구가 활발하게 진행되었다. 1970년대에는 미술과 자연의 상호의존적 관계에 대한 명확한 인식을 작품에 구현하기 시작하면서 점차 이를 바탕으로 윤리적 · 실천적인 차원까지 아우르는 새로운 미술의 형태가 나타났다. 이렇듯 자연을 작업의 근거로 삼거나 자연친화적인 내용을 추구하는 미술은 미술의 시원 이후 지속적으로 존속되어 온 미술사의 큰 줄기이다.

이 시기에는 학계와 사회 각 분야에서 부상하기 시작한 생태학적 체계에 대한 인식을 바탕으로 미술과 자연의 관계를 구체적으로 성찰하기 시작했으며, 점차 환경문제에 대한 구체적인 의식에 근거하여 실천적인 차원의 미술이 전개되었다. 미술에 있어서 이러한 움직임은 서로 다른 미술사적 명칭으로 논의되어왔으나, 1990년대 초에 이르러 생태미술(Eco-Art)이라는 용어로 규정되었다(박윤조, 2019).

① 1963~1968년

1954년 제1차 학교 교육과정이 교과중심인데 반해, 1963년 개정된 제2차 교육과정은 경험중심 교육과정이다. 이에 아동의 발달단계에 기초를 두고 아동의 창의성을 존중하는 교육과정이 운영되었다.

② 1969~1980년

1969년 제1차 유치원 교육과정에서는 유아 미술교육을 예능영역으로 분류하여 그리기, 꾸미기, 만들기의 표현과 그림 감상으로 구성하였다. 이 시기의 미술교육의 목표는 유아가 일상생활에서 손쉽게 구할 수 있는 재료를 활용한 그리기와 만들기를 통해 창의적으로 표현하는 즐거움을 느끼는 데 있었다. 간단한 장난감과 단순한 일용품 만들기, 놀이나 극놀이, 행사 등에 쓸 것 만들기와 같은 실용주의 교육이 미술교육의 중심이 되었다(이기숙, 2000).

1979년 제2차 유치원 교육과정에서는 유아 미술교육을 사회 · 정서 발달 영역에 통합하면서 정서적 표현을 중요시했다. 미술교육의 목표는 유아가 여러 가지 사실이나 현상의 아름다움을 보고 감동하는 데 있었으며, 이에서 느낀 바를 다양한 활동을 통해 창의적으로 표현하는 능력과 태도를 기르는 것을 추구하였다. 미술교육의 내용으로는 그림 감상하기, 문화재 감상하기, 그림으로 표현하기, 미적으로 만들기, 창의적으로 꾸미기였으며, 감상하기와 그리기, 만들기, 꾸미기가 주를 이루었다. 또한 표상능력 등의 인지적 개념이 교육과정에 포함되면서 인지발달 영역에서 지각을 통한 경험을 그림으로 표현하기와 다양하게 꾸미기, 도형 만들기, 디자인하기, 모방하기, 매듭 만들기, 지도 보기, 형태 익히기 등이 인지와 연계된 미술교육의 내용으로 포함되었다.

③ 1981년 이후

1981년 제3차 유치원 교육과정에서는 유아 미술교육을 정서 발달 영역에 통합하였다. 미술교육의 목표는 유아가 여러 가지 사실이나 현상의 아름다움을 보고 감동할 줄 알며, 느끼고 경험한 바를 다양한 활동을 통해 창의적으로 표현하는 태도를 기르는 데 있었다. 미술교육의 내용으로는 그림 감상하기와 놀잇감 등으로 여러 가지를 만들고 꾸며보기가 있었다. 유치원 교육과정은 다양한 아동중심 교육이론의 장점이 담겨 개정이 이루어졌으며, 1980년대 이후 중요시된 인간중심 교육과정과 통합교육과정이 교육과정에 반영되었다. 이렇듯 제3차 유치원 교육과정에는 심미감 및 창의적 태도의 지도 내용이 미술교육의 내용에 포함되었으며, 그림 감상하기에 초점을 두었다.

(6) 1985년~현재

1980년대에서 1990년대에 이르러 비디오 캠코더로 촬영해서 편집했던 영상작업이 현재 한국 미디어아트 역사의 시초로 기록되고 있다. 이 시기에 몇몇 작가군은 컴퓨터를 사용하기도 했지만 주로 비디오테이프를 편집하여 영상작업을 마무리하였다. 한국 미디어아트가 성장세를 보이게 된 시기는 2000년, 밀레니엄 시대의 출발이며, 이때 서울시는 미디어시티 비엔날레를 개최하였다. 이 시기는 개인 PC 시대로 예술가들에 의해 컴퓨터 편집 결과물(영상작업)로 구성된 전시가 속속 생겨나기 시작하였다. 1991년 「영유아보육법」이 제정되면서 1960년대부터 사용되던 아동을 위탁한다는 의미의 탁아라는 용어가 교육적 기능을 강조하는 보육이라는 용어로 바뀌었으며, 이 시기의 미술교육은 교육과정의 변화에 따라 조금씩 차이를 보인다.

① 2006년 이전

심미감 및 창의적 태도의 지도 내용이 미술교육의 내용에 포함되어 이루어졌던 제3차 유치원 교육과정이 1987년 제4차 유치원 교육과정까지 이어졌다. 제4차 유치원 교육과정에서의 미술교육은 제3차 교육과정과 마찬가지로 정서발달 영역의 일부분이었다. 유아 미술교육의 목표는 여러 가지 사실이나 현상에 대한 느낌과 생각을 창의적으로 표현하는 태도를 기르는 데 두었다. 이에 따라 유아 미술교육은 유아 자신의 느낌이나 생각을 그림을 통해 창의적으로 표현하는 태도를 기르는 것과 그림 감상하기를 그 내용으로 하였다.

1992년 제5차 유치원 교육과정에서는 유아 미술교육을 표현 생활 영역에서 다루게 되면서 유아의 창의적인 표현이 더욱 강조되었다. 유아 미술교육의 목표는 풍부한 감성과 상상력을 기르고 자신이 느끼고 생각한 것을 창의적으로 표현하는 데 있었다. 이렇듯 이 시기에는 정서적 안정과 창의적인 표현을 목표로 미술교육 내용 체계가 정서, 표현, 감상으로 구분되어 체계화되었다. 정서에 있어서는 자신의 감정을 적절히 표현하며, 자신과 다른 사람의 작품을 소중히 다루는 데 있었다. 표현에 있어서는 그림 그리기와 만들기, 꾸미기, 다양한 소재를 활용하여 조형활동하기가 주된 내용으로 제시되었다. 또한 감상에는 전통예술이 포함되어 다양화되었으며, 자연과 사물 감상하기와 다양한 조형 작품 감상하기가 미술교육의 내용으로 다루어졌다.

1998년 제6차 유치원 교육과정부터 유아 미술교육은 탐색, 표현, 감상의 내용체계로 구성되었고, 표현이 강조되었던 기존 교육과정의 내용에서 감상을 통한 미술의 이해를 강조하였다. 탐색, 표현, 감상을 통해 유아의 심미적 경험을 강조하고, 교사의 역할을 중요시한 것으로 볼 때 이해중심 미술교육의 영향으로 유아교육과정의 내용체계가 변화한 것을 알 수 있다(유희정, 2007). 또한 내용체계인 탐색, 표현, 감상을 미술교육 속에서 통합하여 운영하도록 명시하였다. 탐색에서는 조형활동에 활용할 수 있는 다양한 재료와 도구를 스스로 찾아보며, 표현에 있어서는 자신의 생각과 느낌을 창의적으로 그리고, 여러 가지 재료와 도구를 활용하여 창의적으로 만들고 꾸민다. 감상에 있어서는 전통 미술에 친숙해지며, 자연과 사물 및 조형 작품 감상하기가 내용으로 다루어졌다. 그 내용 요소로는 형태 탐색하기, 그리기, 만들기, 꾸미기, 자연과 사물 및 조형 작품 감상하기가 제시되었다. 이 시기의 미술교육은 다양한 재료를 통합하여 표현하도록 진행되었으며, 음악, 조형, 동작 등 다른 예술영역과 통합하여 표현할 것을 강조하였다.

② 2007년~현재

2007년 개정 유치원 교육과정에서는 심미적 태도와 창의적 표현력을 기르는 것을 목표로 탐색, 표현, 감상의 내용체제를 그대로 유지하였다. 탐색에서는 자연과 환경, 예술품까지 내용범주를 확장하였고, 탐색대상에 조형요소를 포함하였다. 표현에 있어서는 통합적 표현을 강조하였고, 미술교육에 협동 활동을 도입하였으며, 조형활동을 통해 유아 자신의 느낌과 생각을 창의적으로 표현하는 것을 추구하였다. 감상에 있어서는 자연과 다양한 조형물을 감상하고, 우리 전통예술을 감상하는 것을 즐기는 데 중점을 두었다.

2010년 제1차 표준보육과정에서는 만 6세 미만의 영유아가 자신의 생각과 느낌을 미술활동으로 표현하는 것을 즐기며, 점차 다양하고 창의적으로 표현하는 것을 목표로 하였다. 2011년 누리과정에서는 어린이집과 유치원의 만 5세 유아의 미술교육 내용으로 자연과 사물에서 공간, 모양, 색, 질감 등의 미술적 요소와 여러 가지 재료와 도구를 자유롭게 탐색하기, 협동적인 미술활동으로 표현하기, 미술작품 감상하기를 진행하였다. 2012년 제2차 표준보육과정에서는 만 2세 미만, 만 2세 영아와 만 3~4세 유아가 미술경험을 마음껏 시도하고 표현하며 자유롭게 즐기는 것과 함께 자연물과 사물, 자신 및 또래의 작품, 예술작품을 보고 느끼고 감상하는 데 주안점을 두었다. 2012년 고시된 어린이집과 유치원의 만 3~5세 연령별 누리과정에서의 유아 미술교육은 미술적 요소 탐색하기, 다양한 미술활동으로 자신의 생각과 느낌을 표현하고, 협동적인 미술활동에 참여하여 이를 즐기며, 미술활동에 필요한 재료와 도구를 다양하게 사용하여 표현하는 데 중점을 두었다. 또한, 전통 예술과 다양한 미술작품을 감상하는 것을 그 내용으로 하였다.

2013년 제3차 표준보육과정에서의 0~만 1세, 만 2세 영아의 미술교육의 내용은 영아가 감각을 통해 미술표현을 시도하고 즐기며, 미술재료를 활용하여 자발적으로 그리기와 만들기를 시도하는 것이다. 영아는 미술재료를 탐색하고, 그것을 이용하여 자유롭게 표현하며 미술적 표현능력의 기초를 마련하게 된다. 또한, 2013년에는 2012년에 고시된 어린이집과 유치원의 만 3~5세 교육과정인 누리과정이 시행되었으며, 미술은 예술경험 영역에 포함되어 자신의 생각과 느낌을 미술을 통해 창의적으로 표현하는 것을 즐기는 데 초점을 두고 실행되었다. 교육부 고시 2015년 누리과정에서의 유아미술교육은 자연과 사물의 색, 모양, 질감 등의 미술적 요소 탐색하기, 다양한 미술활동으로 표현하기, 다양한 미술작품과 전통예술 감상하기를 내용으로 하였다.

2019년 개정된 누리과정에서는 유아로 하여금 다양한 미술 재료와 도구로 자신의 생각과 느낌을 표현하는 미술교육을 표방하였다. 2020년 제4차 표준보육과정에서의 0~만 1세, 만 2세 영아의 미술교육은 영아로 하여금 아름다움을 느끼고 경험하며, 스스로 다룰 수 있는 재료와 도구로 미술을 즐기게 하는 데 초점을 두고 있다. 영아는 감각을 통한 미술을 경험하며, 이러한 경험을 통하여 감성을 계발하고 심미감을 형성하며, 더 나아가 심미적 태도를 증진시켜 행복한 일상을 영위할 수 있다.

2. 현대 아동미술의 흐름

현대 아동미술의 흐름을 그 시기별로 살펴보면 16세기 이후 산업이 발달하면서부터 19세기에 이르기까지의 표현기능 중심 미술교육과 19세기 말에서 1960년대까지의 창의성 중심 미술교육, 1960년대 이후에서 현재까지의 이해중심 미술교육으로 볼 수 있다. 이를 구체적으로 살펴보면 다음과 같다.

1) 표현기능 중심 미술교육

(1) 표현기능 중심 미술교육의 개념

표현기능 중심 미술교육은 표현기능을 향상시켜 사회에서 필요한 미술가나 산업디자이너를 기르기 위해 실시하는 교육이다. 아동에게 미술을 가르쳐 표현 능력의 향상을 통해 사회에서 필요한 공예가, 디자이너, 조각가, 화가 등으로 길러내는 것이다. 이는 16세기 이후 산업이 발달하면서부터 19세기에 이르기까지 미술교육에 대한 일반적인 견해였으며, 지금도 적용되고 있다(이동건, 2020).

(2) 사회문화적 배경

① 산업혁명으로 인한 산업의 발달

산업현장에서 대량 생산된 물품의 미적인 질을 높이기 위해 산업에 필요한 디자이너와 미술가들이 필요했다. 이로 인해 유럽의 여러 나라에서는 미술학교가 설립되었고, 이에서 미술교육을 실시하였다.

② 미술 아카데미의 전통

르네상스 이후 유럽의 아카데미에서는 미술가를 기르기 위한 도제형식의 교육이 이루어졌다. 여기에서는 시각 교육에 중점을 두고, 미술의 표현기법이나 미술 해부학 등을 가르쳤다. 이 시기의 미술교육은 이후 학교 교육의 주류를 이루며 제도화된 미술교육의 배경이 되었으며, 미술교육을 체계적이고 합리적으로 정립했다는 평가를 받는다. 반면에 학습자의 발달이나 특성을 고려하지 않고 미술교육을 제품 생산의 도구적 시각으로 바라보고, 산업 발전을 위한 기능적 수단으로 활용하였다는 지적을 받는다(한국조형교육학회, 2016).

(3) 주요 특징

① 전문 미술 인력의 양성

표현기능 중심 미술교육에서는 사회에 필요한 건축가, 공예가, 디자이너, 미술가 등의 전문 미술 인력을 양성하기 위해 표현 능력의 육성에 중점을 두었다.

② 반복적인 훈련을 통한 교육

표현기능 중심 미술교육에서는 반복적인 훈련을 통한 미술교육을 통해 미술가가 되기 위해 필요한 미술능력의 향상에 주의를 기울였다.

③ 기본요소와 체계적인 실기 지도

표현기능 중심 미술교육에서는 미술에 관한 기본요소와 체계적인 실기 지도가 강조되었다. 미술의 기본요소와 구조를 파악하여 체계적인 실기 지도를 실시하였다.

2) 창의성 중심 미술교육

(1) 창의성 중심 미술교육의 개념

창의성 중심의 미술교육은 '미술교육은 어린이들이 자기표현을 마음껏 하도록 돕는 것이다.'라고 주장한 치젝(Cizek, 1865~1946)에 의해 전 세계에 급속하게 보급된 미술교육의 한 조류이다. 치젝은 어린이들의 낙서를 보면서 이제까지 무시된 미술양식과의 유사성을 발견하고 그들의 이미지는 오직 어린이들만이 만들 수 있는 것이라고 생각했다.

치젝은 아동을 독자적인 행동법칙에 따라 스스로 유기적으로 발달해 가는 존재로 인식하고, 그러한 사고에 기초한 미술교육을 모색하고 실천하였다. 또한 그는 종전의 모사에 의한 임화나 기능 위주의 훈련에 편중되었던 미술교육을 반대하였으며, 아동을 주체로 한 자유로운 미술표현을 몸소 실천하고 파급시켰다. 따라서 아동에 대한 교사의 지도 없이 방법, 목적, 재료, 주제 등을 어린이들의 자유로운 선택에 두었다. 이에 교사는 아동의 소질을 성장시켜가도록 도와주며, 창조적 분위기를 조성하는 역할을 한다(강주희, 2005).

20세기 이전의 미술교육이 미술 기능을 기르는 데 중점을 둔 것과는 달리 창의성 중심의 미술교육은 미술을 통해 교육에서 목표로 삼고 있는 인간 정신, 즉 자유로운 자기표현을 통한 창의성을 육성하고자 하였다. '창의성'은 19세기 말부터 미술교육에 등장하여 치젝이 자주 사용한 용어이며, 로웬펠드(Lowenfeld, 1903~1960)에 이르러 미술교육의 중심 개념이 되었다.

(2) 사회문화적 배경

창의성 중심 미술교육이 발달한 사회문화적 배경으로는 아동중심 미술교육, 심리학의 발달, 표현주의 미술의 등장 등을 들 수 있다.

① 아동중심 미술교육

창의성 중심 미술교육이 태동하게 된 것은 기능 중심 미술교육의 반동 때문이기도 하지만 20세기 초의 아동중심 교육이 결정적으로 영향을 주었기 때문이다. 루소는 교육시키고자 하는 내용이나 사회의 요구보다 학습자인 아동을 교육에서 보다 중시하였다. 즉, 미술교육의 주체가 어른에서 어린이로 변화한 것이다.

루소 이후 코메니우스, 페스탈로치, 프뢰벨, 헤르바르트 등의 많은 교육학자에 의해 아동의 흥미와 감각, 직접적인 경험 등을 중시하는 교육이 주장되면서, 이와 직접적으로 관련 있는 미술은 아동의 자유로운 표현을 통한 창의성 계발을 좌우하는 교과로 인식되었다. 아동 중심의 교육을 세계적으로 보급시키는데 가장 큰 역할을 한 사람은 듀이이다.

듀이(Dewey, 1859~1952)의 견해에 바탕을 둔 진보주의 미술교육은 20세기 초반부터 시작하여 1920년대와 1930년대에 절정을 이루었다. 듀이의 견해에 바탕을 둔 미술교육은 아동중심, 경험중심, 생활중심, 과정중심, 창의성중심, 통합중심의 성격을 가지고 있다. 듀이의 생각에 바탕을 둔 진보주의 미술교육의 관점에 대하여 살펴보면 다음과 같다.

첫째, 아동의 창의성을 계발하기 위해 미술이 활용될 수 있다.

둘째, 아동은 자유로운 환경에서 미술에 관련된 능력을 표출할 수 있다.

셋째, 미술은 상상력을 펼치는 도구이며, 의사소통의 도구이다.

넷째, 미술은 다른 교과와 통합할 수 있다.

다섯째, 아동의 욕구와 흥미에 기초한 미술경험에 초점을 둔다.

② 심리학의 발달

19세기에 들어서면서 마음에 대한 연구가 독자적으로 연구되기 시작하였고, 자연과학의 발달로 실증적이고 실험적인 방법이 심리학 연구에 적용되었다. 이로 인하여 학자들은 아동의 심리가 고스란히 담긴 그림에 관심을 기울이게 되었다. 심리학의 발달은 아동에게 관심을 두게 하였을 뿐만 아니라 아동화에 대한 연구를 촉진시켰다. 여기에 속하는 학자로는 창의성 중심 미술교육의 대표자라고 할 수 있는 치젝이나 로웬펠드, 리드(Read) 등이 있다.

치젝은 아동의 그림을 통해 어린이의 심리를 분석하는 일에 중점을 두다가 점차로 아동의 자유로운 자기표현을 강조하였다. 로웬펠드는 자유로운 미술표현활동 과정을 통한 아동의 잠재력 계발을 중시했다. 그는 아동의 창의성과 정신적 성장에 관심을 가졌으며, 이를 위하여 미술이 중요한 매개체가 된다고 보았다.

표현을 통해 감정을 해방시켜야 한다고 주장한 리드는 아동이 정신의 무의식으로부터 아동 자신만의 방식을 찾아낸다고 하였으며, 이는 최초 원형의 이미지의 영향을 받는다고 하였다. 그는 아동의 조화로운 인격 형성을 위해 원초적으로 지니고 있는 창조력을 발휘할 수 있어야 한다고 강조하였다. 또한, 아동미술을 심리학의 입장에서 여러 가지 기질과 특성에 따라 분류하였으며, 칼 융 등의 분류를 아동화에 적용하였다.

프로이트는 미술에서의 자아표현을 내부 욕구표현의 일종으로 보았다.

이렇듯 창의성 중심의 미술교육에서는 아동에게 창의성이 내재해 있고, 이는 일정한 발달과정을 거친다는 점이 강조되었다. 또한, 아동의 창의성과 지각의 발달을 방해하는 요인과 같은 심리학 연구에서 밝혀진 것들을 미술교육에 적용하였다.

③ 표현주의 미술의 등장

창의성 중심의 미술교육은 표현주의와 초현실주의의 영향을 많이 받았다. 이는 원근법과 명암을 거부하고 내면의 직접적인 표현을 강조함으로써 아동의 내면세계를 자유롭게 표현하도록 하는 미술교육에의 영향에서 잘 나타난다. 표현주의는 자아의 주관적 표현을 추구하는 예술로, 치젝과 로웬펠드 등이 이에 속한다. 로웬펠드가 제시한 자신의 내면을 자유롭게 표현하는 촉각형이 표현주의 미술과 비슷한 면모를 지닌다. 이처럼 창의성 중심의 미술교육에서는 아동의 미술교육에서 자신의 내면을 자유롭게 표현하도록 하는 것에 중점을 둔다.

프로이트의 정신분석학 연구에서 영향을 받은 초현실주의 역시 아동의 내면세계를 중요시하였다. 이로 인해 아동의 미술교육에서 자유로운 자기표현이 강조되었으며, 이에서 아동의 창의성이 증진될 수 있다. 이와 같이 창의성 중심의 미술교육은 아동의 내면에 있는 정서와 감정의 표출구로서 미술을 활용하였으며, 자기표현을 강조하였다.

(3) 주요 특징

창의성 중심 미술교육에서 교사는 아동의 내부에 잠재되어 있는 창조력을 계발시키기 위해서 환경을 조성하는 역할을 한다. 또한 칭찬과 격려를 통한 아동의 자유로운 자기표현, 창의성의 육성이 이루어지도록 하며, 아동의 표현과정을 중요시한다.

① 자유로운 자기표현

창의성 중심 미술교육의 가장 중요한 전제는 아동의 자유로운 자기표현이다. 따라서 교사는 촉매자, 분위기 조성자 역할을 하게 된다. 즉, 교사는 아동으로 하여금 자유롭게 자신의 생각과 환경을 자유롭게 표현할 수 있도록 격려해주고, 동기를 부여하는 촉매자의 역할을 하는 것이다. 교사는 아동의 자기표현에 섣부르게 개입하지 않고, 주의 깊게 관찰하면서 아동의 성장과 발달을 돕는다.

② 미술을 통한 창의성 육성

창의성 중심의 미술교육은 미술을 인간의 조화로운 성장을 돕고 잠재력을 계발시켜 주는 도구로 보고, 미술을 통해 길러지는 창의성에 중점을 둔다. 창의성을 중심으로 하는 미술교육에서는 아동의 확산적 사고를 촉진하며, 미술교육을 통해 길러진 창의성은 다른 모든 교과에 전이되며, 아동의 삶의 곳곳에서 활용될 수 있다고 본다. 따라서 미술교육을 통하여 아동의 창의적인 잠재력을 계발하는 것이 창의성 미술교육의 핵심이다.

③ 표현과정의 중시

창의성 중심 미술교육에서는 활동과정에서의 창의적인 자아표현을 중요시한다. 그렇기 때문에 미술교육에서는 결과물보다는 표현과정에 관심을 기울인다. 아동이 미술 매체를 가지고 자신의 표현 방법을 개발하는 과정이 미술 수업의 핵심이 된다. 이와 같이 창의성 중심 미술교육은 과정에서 오는 아동의 정서적, 정신적 성장에 관심을 가진다.

3) 이해중심 미술교육

(1) 이해중심 미술교육의 개념

1960년대 초 미술교육자들은 창의성의 개념에 의문을 제기하였다. 이에 따라 학문에 기초한 미술교육, 미적 교육, 사회중심 미술교육, 미술치료, 다문화 미술교육 등이 다양하게 이루어졌다. 이해중심 미술교육은 창의성 중심 미술교육의 대안으로, 미술에 대한 이해를 중시하는 교육이다. 그러므로 이해중심 미술교육은 미술에 본질적인 가치가 있다는 전제로부터 출발하였으며, 미술의 독자성을 강조하였다. 이에 더하여 미술의 이해와 감상교육이 강조되며, 교육과정과 교사의 역할을 중시한다.

(2) 사회문화적 배경

① 학문중심 교육과정의 영향

학문중심 교육과정은 학습자가 학문의 기본적인 구조와 요점을 이해하면 다른 문제들을 해결할 수 있다는 것을 전제로 하여 가르칠 기본적인 지식의 구조와 개념, 원리 등을 제시한다. 이해중심 미술교육은 학문중심 교육과정의 영향을 받아 미술을 하나의 학문체계로 보고 기본적인 지식이나 구조에 대한 이해를 강조하였다. 또한 교육과정과 교사 역할을 강조하였다.

② 지각 심리학의 영향

아른하임을 비롯한 지각 심리학자들은 아동의 지각능력이 학습에 따라 발달하고 경험에 의해 영향을 받는다고 주장하였다. 이들은 이러한 관점하에서 아동의 미술표현이 시지각 능력의 범위 안에서 발달한다고 보았다. 예를 들면, 산의 색이 다양하다는 것을 지각하지 않으면 아동은 산의 여러 가지 색을 알지 못하고 초록색으로만 지각할 수 있다. 따라서 이해중심 미술교육에서는 아동의 지각의 분화를 촉진시키고, 시지각을 발달시키기 위해 특정 분야에 대한 지식의 습득이 필요함을 강조한다.

③ 현대미술의 다양한 전개

이해중심 미술교육에서 현재 이루어지고 있는 미술에 대한 이해를 중시한 까닭은 미술문화에 대한 이해를 강조하기 때문이다. 이해중심 미술교육에서는 아동이 직면할 다양한 미술문화에 대한 지식을 갖추는 것을 중요시하였기에 현대미술의 흐름에 민감한 경향이 있다.

(3) 주요 특징

① 미술교과의 독자성 강조

이해중심 미술교육에서는 미술교육이 학습자를 성장시키는데 기여하는 특별한 요소를 가지고 있다고 본다. 그러하기에 미술교과의 독자성과 본질적인 가치는 매우 중요하다고 할 수 있다. 아이스너는 미술이 독립된 교과이어야 하며, 교육과정에 있어서 필수적인 교과라고 강조하였다.

② 미술의 이해와 감상 강조

이해중심 미술교육에서는 표현활동 외에 미술의 이해와 감상을 강조한다. 즉, 표현과 이해, 그리고 감상의 유기적 관계를 고려한 총체적 예술교육으로의 미술을 이해하며 미적 안목을 기르는 데 그 목적이 있다. 아이스너는 미술교육의 영역을 미술비평, 미술사와 문화, 미술제작으로 구분하였다. 아동은 미술활동을 통해 미적 요소와 특징을 이해하게 된다.

③ 교육과정과 교사의 중시

이해중심 미술교육에서는 교육과정을 중시하며, 교사의 역할로서 적극적인 지도와 수업을 중요하게 여긴다. 아이스너는 교육과정을 학습자에게 교육적 경험을 제공하기 위해 의도적으로 개발된 활동이라고 보고, 교육은 계열화되고 지속되어야 함을 강조하였다.

3. 미술 이론

1) 성숙주의 이론

성숙주의 이론에서는 아동의 미술 발달이 유전적인 능력에 의하여 예정된 발달 순서를 따른다고 주장한다. 아동은 정해진 발달 순서에 따라 그림을 그리므로, 교사는 예정된 발달단계가 나타나기를 기다려서 아동을 지도해야 한다. 성숙주의 이론에서는 교사의 직접적인 교수를 지양하는, 수동적인 방법을 제시하였다.

로웬펠드와 켈로그는 개별 아동의 발달속도에 맞추어 아동이 원하는 것을 표현할 수 있도록 지지해 주는 것이 필요하다고 하였다. 그러기 위해서 교사는 허용적인 분위기를 조성하고, 다양한 재료를 제공함으로써 아동이 발달 수준에 맞게 성장하도록 도움을 주어야 한다.

2) 정신분석 이론

프로이트의 정신분석 이론에서는 아동의 미술표현을 무의식의 표현으로 보았다. 아동미술은 아동의 정서와 감성, 무의식의 표출이다. 즉, 그림은 아동의 강한 정서의 구체화이며, 이는 곧 진실의 언어인 것이다. 아동이 표현한 색, 형태, 표현한 위치 등은 아동의 심리를 반영한다. 예를 들면, 동생이 태어난 이후 가족화에서 엄마와 동생은 크게 그리고 자신은 작게 그리는 경우가 이에 해당한다. 이에 영유아 교육기관에서는 영유아의 부정적인 감정과 정서를 정화하는 데 도움이 되는 물감 그림, 손가락 그림, 점토 등과 같은 촉각을 사용할 수 있는 재료들이 사용된다.

3) 인지발달 이론

인지발달 이론에서는 아동이 아는 것을 그린다고 주장한다. 이로 인해 유아의 그림에는 투시적 표현이 나타난다. 즉, 아동이 알지 못하거나 개념화할 수 없는 것을 그린다는 것은 불가능하다는 입장으로, 아동미술작품의 내용과 구성은 아동의 인지적 발달의 반영이다. 이런 논리에 기반을 둔 구디너프(Goodenough)와 로웬펠드(Lowenfeld)는 그림의 표현을 지능과 관련시켰다(조은희, 2007).

그림은 비언어적인 것이며, 문화적 편견이 없는 시각적인 묘사는 아동이 지닌 개념의 발달을 그대로 드러내므로, 각 대상을 묘사하는 세밀함의 정도에 따라 점수화할 수 있다는 것이다. 동시에 아동이 어떤 것을 그린다는 것은 그들이 아는 것의 반영이며, 구성하는 방법이기 때문에 이론적으로 잘못된 것이라 할 수 없다. 이처럼 아동이 눈앞의 대상이 아닌, 대상에 대해 평소에 알고 있는 것에 의존한다면, 그것은 기억에 의한 개념으로 그린다는 것이 된다. 따라서 인지발달 이론에서는 개념에서 비롯되는 아동의 그림은 그들의 나이와 경험, 시각적 식별력 등에 따라 크게 변화된다고 본다.

4) 지각발달 이론

지각발달 이론은 아동이 대상을 자신이 본대로 그린다고 생각한다. 아른하임(Arnheim)은 아동이 그림을 그리면서 자신이 시각적 세계를 지각하는 방법을 그대로 묘사한다고 보았다. 그렇기 때문에 아동의 그림에서 아동이 지각하는 방법을 볼 수 있다고 주장했다. 이에 맥피(McFee)도 지각발달이 문화에 의해 통제를 받는다고 하였다.

아른하임은 아동이 대상을 지각하는 것은 대상의 구조를 지각하는 것이라고 보았다. 즉, 사람은 머리와 몸통, 팔과 다리로, 나무는 나뭇잎으로 된 둥근 원형과 나무 둥치로 지각한다는 것이다. 이러한 개략적 지각은 아동이 성장하면서 점차로 분화되고 복잡

해져 세부의 특징을 지각할 수 있게 된다. 즉, 분화되지 않은 전체를 지각한 다음 일반적인 세부를 식별해가는 것이다.

5) 발생반복 이론

발생반복(recapitulation) 이론에서는 미술표현의 발달과정에서 아동이 인류의 발달에서 나타나는 미술적 표현시대와 비슷한 단계를 거친다고 보았다. 발생반복 이론에서 보는 미술발달 과정은 원시미술의 표현과정에서 나타나는 변화를 단축하여 반복적으로 보여준다고 주장한다(이동건, 2020). 예를 들면 사물을 상징하는 선이나 형태를 그릴 때 자신에게 의미 있는 부분은 과장하고, 의미 없는 부분은 생략하는 것과 같은 것이 이에 해당한다. 이 이론은 진화론에 기반을 두고 있으며, 융(Jung)의 연구가 근간을 이룬다. 이를 이은 켈로그(Kellogg)는 아동미술작품 백만여 장을 연구하여 아동의 미술이 어른들과는 다른 미적 관점을 가지고 있으며, 이는 집단적인 무의식의 발로라고 보았다.

6) 다중지능 이론

가드너의 다중지능 이론은 인간이 다양한 분야의 지능을 가지고 있으며, 이러한 다양한 지능은 발달단계를 잘 파악하고 적절한 자극을 제공함으로써 균형 있게 발달시킬 수 있다는 가능성을 시사한다. 가드너는 미술교육이 기타 교육과정 전체를 통합할 수 있다고 보고, 다감각적(multisensory) 탐색 과정을 통한 경험을 강조하였다(유승연, 2006).

가드너는 아동의 초기 미술에 대한 인식은 생활 주변 다양한 환경에서 받아들여지는 것이라고 본다. 집 안의 생활 도구와 옷의 색깔, 장난감, 그림책의 질감 등 모든 것이 아동의 미술적 환경이라고 볼 수 있다. 아동미술은 아동이 경험한 주위 환경의 시각적 자극에 의한 다양한 경험에 따라 달라진다. 따라서 가드너는 아동에게 있어서 시각적인 기술(visual perception skills)의 성장을 촉진시켜주는 활동이 중요함을 강조하였다.

가드너는 아동이 어린 시기부터 충분하고 다양한 자료를 통하여 교육을 받아야 하며, 잠재적 능력과 지능을 사용할 수 있도록 지원받아야 한다고 하였다. 아동에게 있어서 미술은 아동의 정신적 성장에 필수적이며, 내적 학습 과정인 것이다.

가드너는 기존의 전통적 교육체제 속에서는 예술적 지능이 무시되고 있음을 지적하면서 미술교육을 학습도구 및 상징도구로서 활용할 수 있다고 주장하였다. 여러 지능이 통합된 활동을 하게 되면, 아동은 어떤 방식으로든 자신의 지적인 장점에 적합한 방식에 따라 학습한다(조은희, 2007). 가드너의 다중지능 이론은 신체, 정서, 지각 및 인지적 영역과 연관 지어 설명되었으며, 미술적 예술지능이 인간의 두뇌발달과 복합적 지능발달에 주요한 도구로써 활용된다는 점을 강조한다.

토의 및 토론

창의성 중심 미술교육의 한계점 중의 하나로 '미술교육에 있어서 교사 역할의 극소화'를 꼽는다. 미술교육에 있어서 교사 역할의 극소화로 인한 부정적인 영향에 대하여 논의하시오.

color day

1. 알슈우라와 하트위크(Alschuler & Hattwick, 1947)의 색채 심리분석

색채사용 심리분석	주황색을 좋아하는 아동
아동의 심리	주위에 잘 적응하는 사회적 성격의 아동이다. 간혹 감정적 표현을 하기가 두려운 심약한 아동이 그것을 위장하기 위해 사용할 때도 있다.

2. 우리 주변에서 볼 수 있는 주황색

귤

물컵

부직포 당근

3. 예비교사들의 미술에 대한 표현

아동미술은 인생의 과정이다

미술교사는 역사지킴이다

우리들의 여름풍경

여름은 일상생활 속 비 오는 날의 수채화이다.

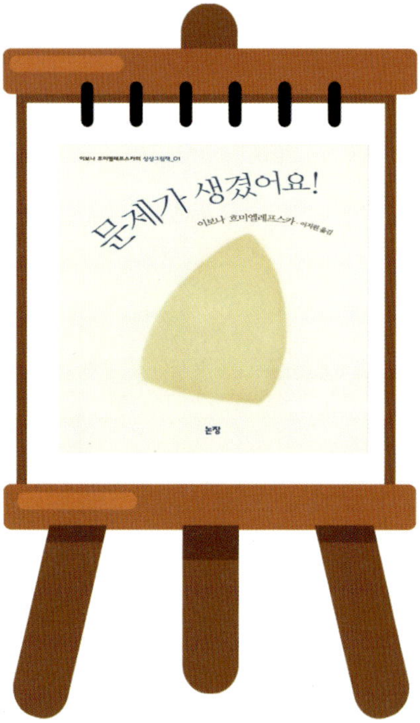

생각연필(2011). 이보나 흐미엘레프스카. 논장.	**문제가 생겼어요(2010).** 이보나 흐미엘레프스카. 논장.	**신기한 붓(2012).** 권사우, 홍쉰타오. 사계절.
연필을 소재로 하여 우리가 어떤 일을 할 때 가장 먼저 '어떻게 할까?' 이리저리 생각하고 풀어나가는 과정을 재치있게 담은 내용(연필의 상상력)	다림질을 하다가 잠깐 딴 생각으로 문제가 생긴 다리미 자국을 바라보며 이런저런 방법을 찾는 상황을 흥미 있게 그린 내용(창의적인 생각 표현)	너무 가난하여 붓 한 자루도 살 수 없는 아이가 붓을 간절하게 생각하다 꿈에서 받은 붓으로 모든 것들을 생동감 있게 만들어내는 내용(도구 사용의 다양한 표현)

PART 02

미술표현 발달

CHAPTER 03

아동기 미술표현의 발달단계

아동미술에는 형식, 표현, 감상의 세 가지 측면이 있다. 형식에는 시각예술, 공간예술, 조형예술이 있다. 표현에는 공간적, 시각적, 조형적 형태로 창작되며, 영유아는 자신의 느낌이나 생각, 정서 등을 이러한 미술의 형식으로 표현한다. 영유아는 내면으로 미술을 향수하고 평가하는데, 이는 감상에 해당한다. 이 장에서 영유아의 표현이나 감상의 발달단계에 대하여 이해하는 것은 교사로 하여금 그에 적합하게 미술교육을 진행하도록 돕는다.

> 현명한 사람이 되려거든 사리에 맞게 묻고, 조심스럽게 듣고,
> 침착하게 대답하라. 그리고 더 할 말이 없으면 침묵하라.
>
> – 라파엘로 산치오 –

1. 아동미술표현의 발달

영유아는 미술을 통하여 자신의 내면적인 감정이나 갈등 등의 마음을 표현하고 이를 통해 소통한다. 즉, 영유아는 사물에 대한 자신의 경험이나 주관적인 느낌의 표현을 통해 자신의 내면세계를 드러낸다. 영유아의 그리기 표현은 실험적으로 만들어 낸 작은 흔적으로부터 시작해서 점차 도형과 자신의 경험을 포함하는 상징으로 변화되고 확대되며(서경혜, 2005), 그 진행 속도에 있어서 개인차가 있다. 이에 대한 이해를 바탕으로 교사는 미술표현 발달에 따른 적절한 미술교육을 진행할 수 있다.

미술표현 발달에서 유아에게 나타나는 미술표현의 특징이 있다. 이러한 특징을 고려하여 교사는 미술교육을 진행하여야 한다. 유아에게서 볼 수 있는 미술표현의 특징에 대하여 살펴보면 다음과 같다.

첫째, 미분화적 표현이다. 미분화란 사물과 사물 사이의 관계가 구분되지 않은 상태를 의미하는 것으로, 만 3~4세의 유아는 대상을 구체적으로 표현하는 데 어려움이 있다. 그래서 사물 간의 관계, 공간의 배치, 크기 등의 표현에 있어서 주관적이기 때문에 실제와 달리 열거식 표현이나 분리하여 독립적으로 표현하는 식의 자신이 이해하는 방식으로 표현한다.

둘째, 두족인 표현(head-feet representation)이다. 이는 머리에서 팔다리가 나오는 것으로, 올챙이 모양을 한 사람의 모습을 가리킨다. 만 4세 유아는 직관적인 사고를 하기 때문에 원이나 사각형 선으로 간략하게 인물을 표현한다.

셋째, 과장적 표현이다. 유아는 자신에게 의미 있고 중요하다고 생각되는 것을 크게 과장하여 표현한다. 반면에 유아 자신에게 중요하지 않거나 관심이 없는 부분은 축소해서 그리거나 생략한다. 이는 유아의 자기중심적이고 주관적인 관점에서 나온 표현이다. 이러한 표현은 일반적으로 만 3, 4세 유아부터 초등학교 저학년 아동까지 나타난다.

넷째, 사물의 의인화 표현이다. 유아는 사물에 생명이 있다고 생각하여 나무와 꽃에 웃는 모습의 얼굴표정을 그리거나, 사물이나 동물에 옷을 입히고 웃는 표정을 그린다. 이는 실제와 상상, 현실과 꿈 등이 확연히 구별되지 못한 채 통합되어 표현된 것으로 볼 수 있다.

다섯째, 반복적 표현이다. 유아는 자신에게 관심 있는 것을 똑같이 나열하거나 병렬식 패턴으로 반복하여 표현한다. 특히 꽃, 사람, 자동차 등을 나열하여 그리는데, 이는 갖고 싶은 욕구의 표현이거나 많이 있었으면 하는 마음의 표현이다.

여섯째, 투시적 표현이다. 유아의 회화에는 벽이나 사물 등에 가려져 보이지 않는 내부가 보이기도 한다. 예를 들면, 자동차 안에 인물의 전신을 그리는 경우가 그렇다. 이를 뢴트겐 화법 혹은 X-ray식 화법이라고 하는데, 구디너프(Goodenough)는 눈으로 보이는 것을 그린 것이 아닌 이미 알고 있는 상황을 외부와 내부의 혼합된 시각으로 표현한다고 주장하였다.

일곱째, 기저선 표현이다. 종이에 가로선을 그어 땅과 하늘, 바다 등을 구분하는 선으로, 이러한 기저선 위에 건물, 나무, 사람 등을 그려 공간 개념을 나타낸다. 또한, 화지의 아랫부분을 접거나, 두 개 이상의 기저선을 그어 화면상의 원근을 표현하기도 한다. 이는 유아가 대상 간의 관계성을 인식하는 데서 오는 표현법이다.

여덟째, 전개도식 표현이다. 이는 3차원의 입체를 2차원의 평면으로 표현하는 것을 말한다. 이를테면 책상의 윗면은 위에서 보는 것처럼 그리고, 책상의 다리를 다 보이도록 모두 펼쳐서 그리는 경우가 그것이다.

아홉째, 회전식 표현이다. 이는 가로수가 누워 있는 것과 같은 표현으로, 유아가 도화지를 돌리면서 3차원의 세계를 2차원으로 펼쳐 그리는 것을 말한다.

열째, 동시적 표현이다. 유아는 그리고자 하는 사물이나 사람을 표현함에 있어서 계절, 공간, 방향, 비례, 시간, 위치 등을 하나의 평면에 표현한다. 예를 들면 유아의 그림에서 낮과 밤이 동시에 나타나거나, 날씨와 시간이 동시에 표현될 때가 그것이다.

열한째, 시점 이동 표현이다. 사물을 그릴 때 유아 자신이 그리기 쉬운 방향이거나,

사물의 특징이 가장 잘 나타나는 방향에서 그리는 것을 가리킨다. 예를 들면 거북이를 그릴 때 거북이의 등은 위에서 보고 그리고, 얼굴은 옆에서 보고 그린 그림이 그것이다.

열두째, 공존화 표현이다. 서로 다른 공간이나 시간이 한 장면에 표현되는 것으로, 아침에 동물원에 갔던 일이나 밤에 별을 본 것 등이 한 장면에 담기는 것을 말한다.

열셋째, 카탈로그식 표현이다. 다른 말로 열거식 혹은 나열식 표현이라고 하는 것으로, 여러 가지 사물이 나란히 그려지는 것을 일컫는다. 이는 사물과 사물의 관계를 판단하는 능력의 부족에서 나타나는 표현법이다.

열넷째, 설명식 표현이다. 유아가 자신의 생각이나 의도를 글씨를 써서 알리는 표현 기법이다. 예를 들면, 자신이 그린 건물에 이름을 쓰는 경우가 그렇다.

열다섯째, 적립원근 표현이다. 유아 자신이 가깝다고 여기는 사물은 화지의 아래쪽에, 조금 먼 것은 가운데에, 먼 것은 위쪽에 표현하는 기법이다. 기저선을 활용할 경우에는 기저선 아랫부분에 가까이 있는 사물을, 기저선 윗부분에 멀리 있는 사물을 표현한다.

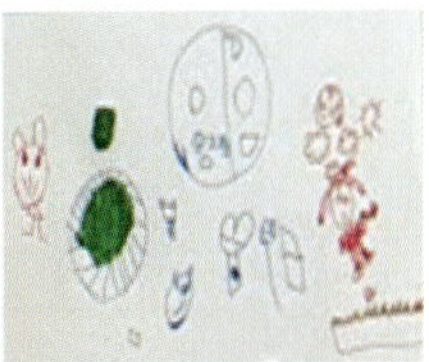

미분화적 표현

두족인 표현

과장적 표현

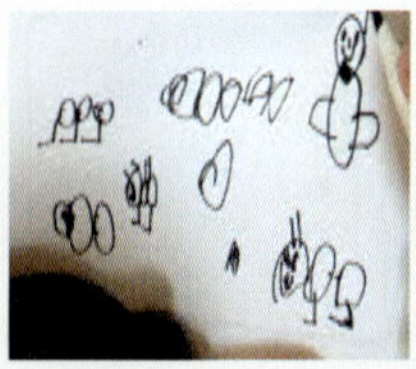

의인화 표현

반복적 표현

투시적 표현

기저선 표현

전개도식 표현

설명식 표현

적립원근 표현

2. 미술표현의 발달단계

미술의 표현은 평면표현과 입체표현으로 구분된다. 평면표현은 2차원이라는 공간 안에 아동의 심상과 감정을 시각적, 공간적으로 구성하는 것으로, 이에는 회화, 디자인, 사진, 콜라주, 판화 등이 있으며, 주로 종이나 캔버스, 인화지 등의 매체를 이용한다.

입체표현은 공간적인 요소를 부각시키는 두께 혹은 양감이라는 요소를 지닌 3차원적인 것으로 공간성, 입체성, 촉각성, 형상성과 같은 특성이 있다. 입체표현은 실재와 같은 양감을 지니는 것으로, 이에는 구조적 조형, 부조, 환조 등이 있다(김선희, 2019).

1) 평면표현의 발달단계

미술교육에서 평면표현은 영유아에게 친근한 재료를 활용하여 미술에의 접근성을 높인다. 미술표현의 발달단계는 학자마다 차이가 있으나, 여기에서는 로웬펠드와 켈로그의 평면표현 발달단계와 골롬브(Golomb)의 입체표현 발달단계에 대하여 살펴보고자 한다.

(1) 로웬펠드의 평면표현 발달단계

치젝(F. Cizek)의 제자인 로웬펠드(Lowenfeld)는 그의 연구를 통해 아동미술이 창의적 발달을 위한 활동을 통하여 정서적 · 지적 · 신체적 성장과 함께 지각이 발달함에 따라 사회적 · 미적 성장이 이루어진다고 제시하였다. 로웬펠드는 미술표현의 발달단계의 순차성을 중요시한다. 그러므로 미술교육은 영아, 유아, 아동의 발달단계를 고려하여 동기부여와 재료 등이 주어져야 한다. 교사는 미술표현의 발달단계 과정을 촉진시켜야 하며, 이때 교사에게 요구되는 자질에는 창의성과 감수성, 감정이입능력, 학습자의 욕구에 대한 지식과 이해 등이다(박진희, 2016). 미술표현 발달단계의 시작은 출생 후~만 2세 시기로, 이 시기에는 영아가 오감을 활용하여 감각 경험이 이루어지며, 이는 곧 미술표현 발달의 근본적인 바탕이 된다. 그 이후의 미술표현의 발달을 단계별로 살펴보면 다음과 같다(서울대학교 미술교육연구회 역, 1998).

① 난화기(the scribbling stage: 만 2~4세)

난화기 단계는 자기표현의 첫 단계로, 무엇인가 그린다는 목적보다는 손의 근육운동과 그 결과로 생긴 선을 발견하고 즐긴다. 난화기는 무질서한 난화기, 조절된 난화기, 명명하는 난화기로 구분되며, 이에 대하여 살펴보면 다음과 같다.

첫째, 무질서한 난화기이다. 이 시기의 영아는 목적이나 방향 감각 없이 자유롭게 그리며, 손과 손목의 운동능력이 발달되지 않아 툭툭 끊어지는 선이나 불규칙한 선을 그린다.

둘째, 조절된 난화기이다. 이 시기에는 근육 통제 및 눈과 손의 협응이 이루어지면서 규칙적인 방향, 반복적인 원과 수직 · 수평이 나타난다. 이는 영유아가 조절된, 의도적인 끼적거리기를 하게 됨을 의미한다.

셋째, 명명하는 난화기이다. 이 시기의 유아는 그림을 그리고는 "이것은 ○○예요." 라고 자신이 그린 것에 이름을 붙여 말한다. 유아가 자신이 그린 사물의 이름을 말해 주기까지는 그 사물이 무엇인지 짐작하기 어려운 것도 있고, 거의 유추되는 것도 있다. 이렇듯 유아는 자신의 그림에 이름을 붙이는 과정을 통해 자신의 그림을 주변세계와 연결시킨다. 이를테면 별님반 재민이는 여러 개의 원을 그려 놓고 그 중 하나를 가리키며 "이건 해나야!"라고 한다. 이때 교사는 유아가 그림에 붙이는 이름을 포스트잇에 적어 그 그림 옆에 붙여주도록 한다.

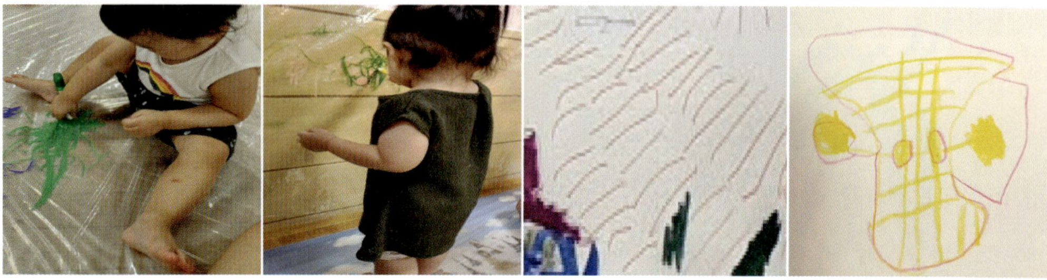

② 전도식기(the pre-schematic stage: 만 4~7세)

전도식기는 무의식적인 표현과정으로부터 점차 의식적인 표현과정으로 옮겨지는 상징적 도식의 기초단계이다. 이 시기의 특징은 유아와 아동이 표현된 것과 대상과의 관계를 발견하기 시작하며, 아는 것을 그린다. 상징의 첫 표현은 머리에서 팔과 다리가 나오는 두족인의 형태이며, 점차로 인물의 표현은 팔, 몸통, 손가락, 옷, 머리카락 등을 표현하게 된다. 유아가 두족인을 그리는 이유는 지각과 기억능력 부족으로 볼 수 있다.

이 시기에는 인물을 주로 많이 그리고 꽃과 나무, 해, 산 등을 그린다. 이 시기의 그림은 자신이 경험한 것이나 이미 알고 있는 내용을 그리며, 그림들은 자기중심적이다. 또한 투사식 그림(X-ray drawing)이 나타나며, 색은 실제의 색보다는 자기 마음에 드는 색을 사용한다.

③ 도식기(the schematic stage: 만 7~9세)

이 시기의 아동의 그림에는 사물이나 주변 환경에 대한 이해를 나타내는 인식의 틀인 도식(schema)이 나타나는데, 이는 아동 자신의 경험과 정서에 따라 인물이나 사물의 형태를 반복하여 그림으로써 형성된다. 이 시기의 아동은 공간개념이 싹트기 시작하며, 공간에 대해 분명한 질서가 이루어져서 기저선으로 땅과 하늘을 구분하고 모든 사물을 기저선(base lain) 위에 그린다. 또한, 중요한 부분은 과장하고 중요하지 않는 부분은 축소시키거나 생략한다. 한 종이 위에 서로 다른 시간과 공간이 나타나기도 하며, 내부와 외부의 것이 동시에 표현되는 X-ray 기법이 나타난다. 사물의 색에 대한 도식이 형성되어 느낌만으로 색을 선택하지 않는다.

④ 또래집단기(the gang age: 만 9~11세)

이 시기의 아동은 또래집단의 의사를 존중하고 도식적 표현에서 벗어나 세부표현을 하기 시작한다. 이 시기의 아동은 시각과 지각의 발달로의 객관적인 상태에서 사물을 관찰하고, 주위환경에 대한 관심을 가지며, 보다 세부적으로 표현한다. 건물의 일부가 앞에 있음으로 인해 사물이 가려져 보이지 않을 수 있다는 중첩(overlapping)을 인식하며, 다시점에서의 표현이 가능하다.

또래집단기 이전에는 사물을 나열하는 식으로 표현하여 사물이 다 보이도록 표현하는데, 이 시기에는 사물을 겹쳐 표현하고, 심지어 사물에 겹쳐진 부분은 앞에 있는 사물로 인하여 뒤에 있는 사물의 일부가 보이지 않기도 한다. 이는 아동이 미술표현에 있어 사실적인 표현에 대한 관심이 시작되었다는 것을 의미한다. 하지만 도식적 표현과 사실적 표현이 함께 나타나는 경우가 많으며, 율동적이고 장식적인 그림을 많이 그리지만 표현 의욕이 소멸되기도 하고, 대담성이나 자신감이 줄어든다.

⑤ 의사실기(the pseudo-naturalistic stage: 만 11~13세)

이 시기에는 모든 묘사가 운동감이 많아지고, 만화나 풍자성을 띤 그림을 즐겨 그린다. 또한 논리적인 사고와 지각의 발달로 삼차원적인 공간, 원근, 비례, 명암 등을 표현한다. 형태나 빛의 변화 등에 있어서 본 것을 그대로 그리는 시각형과 개인적인 경험이나 의미의 중요성에 따라 느낌과 감정을 그리는 비시각형으로 나타난다. 자신의 작품에 대해 판단능력을 가지게 되며 스스로 표현활동에 참여하는 마지막 시기이다.

⑥ 사춘기 또는 결정기(the period of decision: 만 13~16세)

이 시기는 또 다른 표현으로 공간적 사실기라고도 하는데, 자아인식 능력과 함께 환경에 대한 인식능력이 급격하게 발달하는 시기이다. 또한 외부환경에 대한 인지능력과 표현기능이 따라가지 못하는 데 대한 갈등을 느껴 미술표현이 일부 침체되기도 한다.

이 시기는 창조적인 그림을 그리는 시기이며, 주변 환경을 창의적으로 받아들여 촉각형, 시각형, 중간형 표현이 나타난다. 시각형은 외관과 비례, 명암, 배경, 원근 등을 중요시하여 주변 환경과 자신의 눈을 통해 알고 느낀 것을 표현한다. 촉각형은 주관적 경험과 내면적 정서를 표현하고 색채와 공간을 주관적으로 표현한다. 중간형은 두 가지 표현양식이 복합적으로 나타나는 것으로 가까운 것은 진하게, 멀리 있는 것은 연하게 표현하는 색채의 원근표현이나 3차원적인 명암, 공간표현이 나타난다.

(2) 켈로그의 평면표현 발달단계

미국의 여성 아동미술 학자인 켈로그(Kellogg, 1969)는 그의 저서 <어린이의 미술 분석>에서 대부분 모든 나라의 아동미술은 그들의 문화와 살고 있는 지역과 상관없이 비슷한 시기의 그림을 그리고, 유사한 배열과 연속적인 발달 양식을 알 수 있음을 제시하였다.

켈로그는 1948년부터 1966년까지 만 2~8세의 영유아와 아동이 그린 그림 100만 개 이상을 수집하여 정리하고 분리하는 작업을 통하여, 영유아와 아동의 성장과 발달에 따른 난화(亂畵) 또는 이미지의 변화를 체계적으로 이해하고자 하였다(이봉재, 2020). 이를 토대로 켈로그는 만 2~5세의 영유아 그림의 발달단계를 분류했다.

켈로그는 끼적거리기 자체를 그 연령에 나타날 수 있는 중요한 심미적 표현으로 보았다. 발달과정에서 나타나는 영유아의 표현은 3차원 형태의 윤곽 도식 이전에 최초의 끼적거리기가 나타나면서부터 만 5세까지 자신의 활동과 지각을 통해 형태 단계, 도형 단계, 디자인 단계, 초기 도식의 단계를 거친다. 이를 토대로 전개된 켈로그의 평면표현 발달단계는 다음과 같다.

① 끼적거리기 단계(만 2세 이전)

이 시기에는 초보적인 낙서와 기초 도형의 시기로 나뉜다. 끼적거림은 모든 인간에게 공통적인 능력이다. 만 2세 이전의 영아는 의미 없이 하나의 선 혹은 여러 선을 사용하여 끼적거리는데 이에는 20가지의 형이 있다. 이는 영아의 회화 발달에 있어서 기본이 된다.

<표 3-1> 끼적거리기 20가지 유형

1		점 (dot)	11		폐곡선 (roving enclosing line)
2		수직선 (single vertical line)	12		피로선 (zigzag or waving line)
3		수평선 (single horizon line)	13		고리선 (single loop line)
4		사선 (single diagonal line)	14		반복된 고리선 (multiple loop line)
5		곡선 (single circular line)	15		달팽이선 (spiral line)
6		반복된 수직선 (multiple vertical line)	16		반복되어 덮인 원 (multiple loop line)
7		반복된 수평선 (multiple horizontal line)	17		반복된 원 (multiple line circumference circle)
8		반복된 사선 (multiple diagonal line)	18	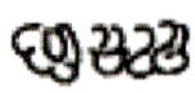	펼친 원 (circular spread out)
9		반복된 곡선 (multiple circular line)	19		교차된 원 (single crossed circle)
10		개곡선 (roving open line)	20		불완전한 원 (imperfect circle)

출처: Kellogg, R.(1970). Analyzing children's art. Palo Alto, California: Mayfield Publishing Company.

② 배치 단계(만 2~3세)

끼적거리기를 반복하는 중에 영아는 화지의 중앙이나 오른쪽과 왼쪽, 위와 아래, 대각선 등을 어떻게 배치할 것인지에 대하여 생각하며 끼적거리게 된다. 이 시기에 영아는 모양에 대한 인식을 하며 중앙의 의미를 알게 된다. 이 시기는 유사도형(낙서와 도형의 중간 형태) 시기와 도형 시기의 중간에 해당하며, 이 시기의 끼적거림은 17가지로 분류할 수 있다.

<표 3-2> 끼적거리기 배치의 17가지 유형

1		전반적 배치	10		2/3 분할
2		중앙 배치	11		1/4 페이지
3		공간을 둔 경계	12		한쪽 부채꼴
4		수직 절반	13		양쪽 아치형
5		수평 절반	14		세 코너 활 모양
6		양쪽 균형 배치	15		양 코너 피라미드형
7		대각선 절반	16		지면 횡단형
8		연장된 대각선 절반	17		기본선 부채꼴
9		대각선 축			

출처: Kellogg, R.(1970). Analyzing children's art. Palo Alto, California: Mayfield Publishing Company.

③ 형상화 단계(만 3세)

만 3세 유아는 단순한 선에 교차되는 형태와 원, 삼각형 그리고 또 다른 모양을 붙여서 새로운 형태를 만들게 되는데, 이것을 기초 도형 혹은 초기도형이라고 하며, 이는 17가지 형태로 나타난다. 도형 시기에는 기초적인 선묘 형태의 도식, 즉 사각형, 삼각형, 원형, 십자형, 대각선 십자형, 불규칙한 곡선을 혼합하는 등의 6가지 형태가 나타난다.

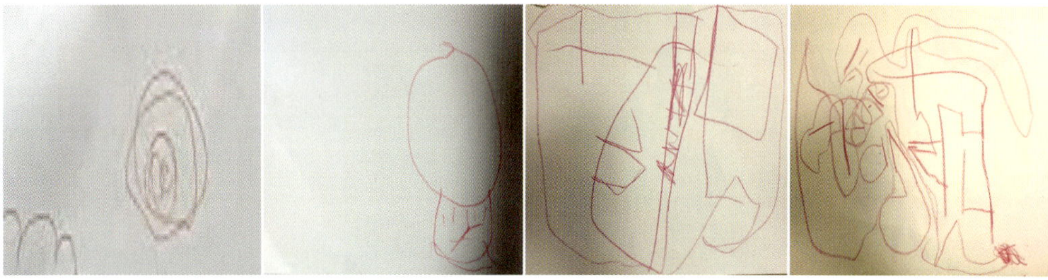

④ 디자인 단계(만 3~4세)

이 시기의 유아는 도형들로 연합을 이루거나 세 개 이상 여러 개의 도형을 합쳐서 형상화한 집합(aggregate)을 이루면서 디자인을 시작한다. 그리하여 도형들을 붙여 그리거나 겹쳐서 그리는 것을 통해 점차로 정교해진 도형을 그린다. 두 가지의 도형이 모여서 모양을 이룰 때 연합(combine)이라 하는데, 6가지 기본 도형은 연합에 의해 36가지의 형태로 나타난다. 또한 나란히 분리되어 배치되는 연합, 서로 겹치는 연합, 한 도형 안에 다른 도형이 포함되는 연합에 의해 66가지의 형태가 나타난다.

이 시기의 유아가 그린 도형은 다소 추상적이지만, 어느 정도 균형이 잡힌 그림이 보인다. 이때의 특징적인 형태로는 집합의 형태인 만다라형(여섯 종류의 도형-원, 사각형, 삼각형, 대각선, 십자형, 폐곡선의 도형 모두를 하나의 구조 속에 포함시켜 이룬 것)과 방사형(십자가가 세 개 이상 모여 중심의 한 점을 지나가는 것), 태양형(두 개 이상의 원이 겹치지 않고 원 안에 십자가 모양이 없는 형태)이 나타나며, 이는 점차 사람 그림으로 발전한다.

<표 3-3> 66가지 도형의 연합

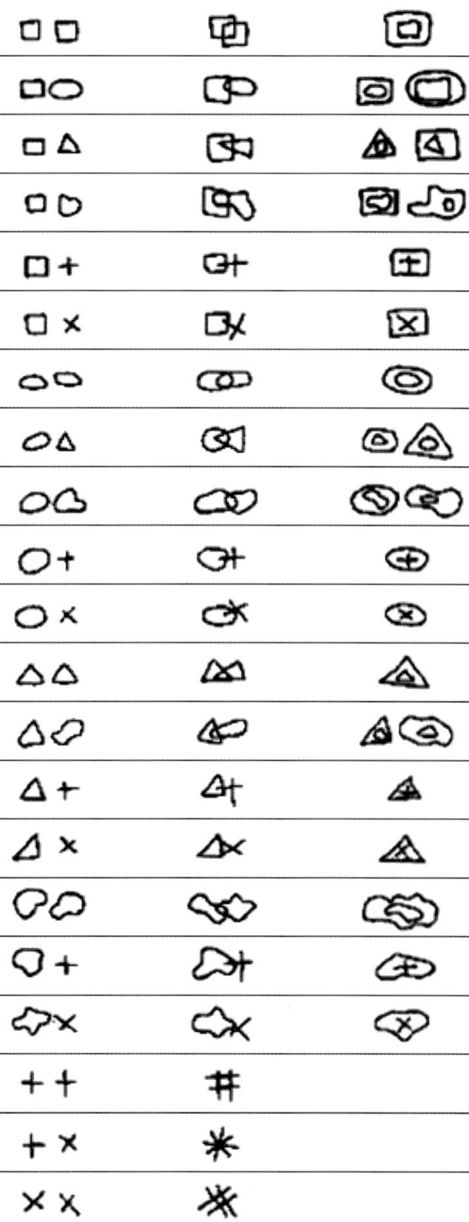

쌍	분리된 것	겹친 것	포함된 것
직사각형과 직사각형			
직사각형과 타원형			
직사각형과 삼각형			
직사각형과 제멋대로의 모양			
직사각형과 그리스 십자			
직사각형과 대각 십자			
타원형과 타원형			
타원형과 삼각형			
타원형과 제멋대로의 모양			
타원형과 그리스 십자			
타원형과 대각 십자			
삼각형과 삼각형			
삼각형과 제멋대로의 모양			
삼각형과 그리스 십자			
삼각형과 대각 십자			
제멋대로의 모양과 제멋대로의 모양			
제멋대로의 모양과 그리스 십자			
제멋대로의 모양과 대각 십자			
그리스 십자와 그리스 십자			
그리스 십자와 대각 십자			
대각 십자와 대각 십자			

출처: Kellogg, R.(1970). Analyzing children's art. Palo Alto, California: Mayfield Publishing Company.

⑤ 인물화 단계(만 4세)

초기의 인물화는 유아가 주위의 인간을 관찰해서 시각적으로 얻은 결과이기보다는 과거의 반복된 도형들에서 얻어내는 형태이다. 유아의 그림이 회화로서 차츰 인정받게 되는 것은 인물화에서부터이다. 디자인 시기에 나타나는 만다라 모양으로 인물화의 발생을 예고할 수 있으며, 점차 태양 모양으로 변하여 인물화에 이르게 된다.

출처: 김연숙(1996). 아동미술에 있어서 조형표현의 특성과 현대미술에 수용된 경향 고찰. 제주대학교 교육대학원 석사학위논문.

⑥ 초기 회화 단계(만 5세)

사실적인 그림을 그리기 시작하는 시기로서 사람과 구별하기 힘든 동물의 모습, 식물, 건축물, 수송 기관 등을 주로 그린다. 또한 얼굴 모양과 비슷한 다른 도형들이 나타나는데 태양 모양, 만다라 모양, 방사선 모양들을 변형시킨 그림들이다. 이런 그림들을 발전시켜 구체적으로 그릴 수 있게 되며, 장식적인 형태도 보이게 된다.

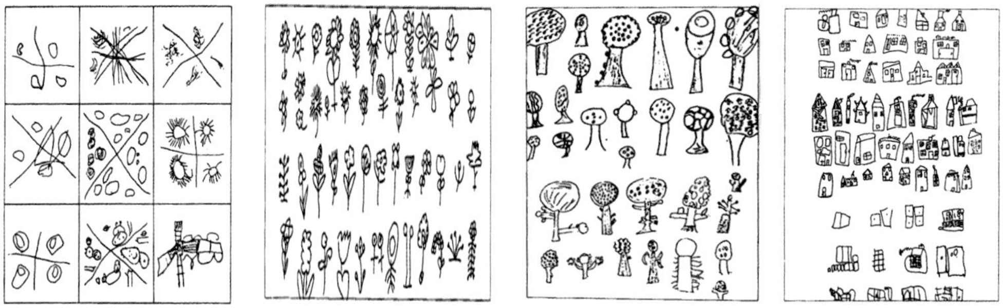

출처: 김연숙(1996). 아동미술에 있어서 조형표현의 특성과 현대미술에 수용된 경향 고찰. 제주대학교 교육대학원 석사학위논문.

2) 입체표현의 발달단계

아동기 입체표현 발달단계는 골롬브의 입체표현 발달단계를 통하여 살펴보고자 한다. 골롬브는 아동기 입체표현 발달단계에 대하여 탐색기, 분화기, 완성기로 나누어 제시하였다.

(1) 탐색기

탐색기는 만 2~4세 시기이다. 이 시기의 영유아는 찰흙을 가지고 막대나 공과 같은 여러 가지 모양을 만들고 놀이하면서 탐색한다. 이 과정에서 찰흙을 사물로 지칭한다. 인물에 대한 표현 시 둥근 덩어리에 조잡하고 대칭적인 구조를 만들어내는 데서 시작하여 동그란 얼굴 표현에서 만다라식 혹은 태양형의 인물과 유사한 형태를 만든다. 여기에서 찰흙을 잡아늘려 팔과 다리를 붙인다.

(2) 분화기

분화기는 만 4~5세 시기이다. 이 시기의 유아는 대체로 평면적인 인물을 표현한다. 그림에 있어서도 두족류의 인물, 올챙이식 인물 표현이 나타난다. 이와 같이 입체표현에서도 신체 구조의 비례는 거의 무시되며, 앞모습의 두족인 형태가 나타나고, 손가락이나 발가락, 귀, 머리카락은 대체로 표현되지 않는다.

(3) 완성기

완성기는 만 6세 이후의 시기이다. 이 시기의 아동은 인물 표현 시 전체적인 모양을 생각하여 주요한 몸의 골격이 대부분 균형 있게 표현되며, 좀 더 세부적인 표현이 나타난다. 또한, 인물과 사물의 표현에 있어서는 직립 형태가 아닌 평면에 누운 형태인 2차원적인 평면과 3차원적인 입체표현이 절충하여 나타난다.

3. 미술감상의 발달단계

감상지도는 감상을 직접 하는 대상의 발달단계에 맞추어 이루어져야 한다. 작품을 감상하는 대상이 주체적으로 감상 작품을 보며 감상하고 느끼고 생각하기 때문에 감상능력의 발달단계를 아는 것은 매우 중요하다. 감상능력의 발달단계를 알고 감상교육이 이루어져야 효율적인 감상이 될 수 있다. 따라서 연령별 감상능력의 발달과정을 가드너(Gardner)의 감상능력 발달단계와 로친스(Rochins)의 감상능력 발달단계를 들어 살펴보고자 한다(이동건, 2020).

1) 가드너의 감상능력 발달단계

가드너는 피아제(Piaget)의 인지발달 이론에 영향을 받았으며, 아동의 감상능력이 모든 아동에게서 같은 시기에 같은 순서로 이루어지는 것은 아니라고 하였다. 이는 개인의 미적 경험이나 감수성, 인지발달의 정도에 따라 감상능력의 차이가 있음을 의미한다. 그럼에도 모든 학습자는 속도의 차이가 있을 뿐 그가 제시하는 5단계에 따라 미술 감상 능력이 길러진다고 보았다. 가드너는 1981년 <어린이들의 미술작품 지각: 발달상의 초상>이라는 연구를 통해 아동이 미술작품을 지각하는 발달단계에 대하여 제시하였다. 가드너의 감상능력 발달단계에는 지각단계, 상징인식단계, 사실적 단계, 탈사실적 단계, 예술적 위기단계가 있다.

(1) 지각단계

감상능력 발달단계 중 지각단계는 0~만 2세의 시기이다. 영아가 사물을 직접 지각하는 단계로, 사물의 공간적 형태만을 구별하는 시기이다. 이 시기의 발달 과업은 대상의 세계와 인간의 세계를 아는 것이다. 이는 감상자가 되기 위한 필수 단계로, 예술과의 만남에 필요한 바탕으로서의 시각능력이 준비되는 시기이다(박주연, 2015).

(2) 상징인식단계

상징인식단계는 만 2~7세의 시기이다. 이 시기의 영아와 유아는 실제 사물과 상징화된 사물과의 관계를 인식하면서 대상을 개념적으로 감상한다. 이 단계에서는 사물에 대한 인식이 감정적 충동에 의해 이루어지는 경향이 있다. 이 시기에는 그림을 볼 때 주로 내용 중심이 된다. 누가 어떻게 그렸는지에 대한 관심이 없으며, 훈련과 재능 등에도 무관심하다. 상징인식단계의 영아와 유아가 그림을 그릴 때는 화지에 가득하게 그리고, 피곤하다고 느끼면 그림 그리기를 중단한다.

(3) 사실적 단계

사실적 단계는 만 7~9세의 시기이다. 이 시기의 아동은 지각의 능력에 있어서 엄격한 사실 지향적 관점을 지니기 때문에 사진과 같은 사실적인 작품을 매우 선호하고 존중하며, 그에 대한 가치를 높게 평가한다. 이와 같이 아동은 미적 대상을 받아들이고 표현하는 데 사실적 표현을 중시하고, 사실적이지 않거나 상징적 · 상상적인 표현은 선호하지 않는다.

(4) 탈사실적 단계

탈사실적 단계는 만 9~13세의 시기이다. 이 시기의 아동은 실제 사물이 지시하는 면보다 표현적인 면에 주목할 수 있게 되며, 예술작품들의 각기 다른 양식에도 관심을 보인다. 또한 다양한 미적 특성, 표현재료와 기법에 대한 관심이 커지고, 다른 사람의 작품에 반영된 개성과 특성에 대해 관심을 보인다.

(5) 예술적 위기단계

예술적 위기단계는 청소년기이다. 이 시기에는 감성적 특성보다 논리적 특성이 우세해지면서 미술에 대한 관심이 적어지고, 정서의 격변과 과도한 비판적 성향으로 인해 예술로부터 멀어지는 청소년이 많아진다. 또한, 자기의 표현에 대해 자신이 없어지기도 하고, 다른 사람의 작품을 비판하려는 특성을 보이기도 한다.

2) 로친스의 감상능력 발달단계

로친스의 감상능력 발달단계는 제1기 준비기, 제2기 태동기, 제3기 성숙기, 제4기로 전개된다. 로친스의 감상능력 발달단계에 따르면 표현력은 제2기(만 6~10세)에서 활발하게 발달하다가 제3기(만 11~15세)에 표현력이 떨어진다. 하지만 감상력은 제3기에 평가 능력이 발달하여 감상 수업이 유효하기 때문에 이 시기부터 감상교육이 더욱더 중요해진다(한주현, 2015).

(1) 제1기 준비기

제1기 준비기는 만 4~5세 시기이다. 이 시기의 유아는 자신이 원하는 대로 그릴 수 있으며, 자신의 생각을 표현할 수 있도록 신체의 발달이 이루어지기 때문에 드로잉(소묘)하는 데 더 기쁨을 가진다. 유아는 완성된 그림보다는 그리는 활동 자체에 더 많은 의미를 둔다. 또한 이 단계의 유아는 묘사능력이 낮으며, 그리기보다는 보는 것에 흥미를 갖는다. 따라서 이 시기에는 그림책을 보여주며 감상능력의 기초를 형성하게 하는 것이 바람직하다.

(2) 제2기 태동기

제2기 태동기는 만 6~10세 시기이다. 이 시기는 예술적 감상 단계라고 불린다. 이 시기의 아동은 상상력에 의해 자유분방하게 그림을 그리는데, 그림을 그리는 것보다 자기표현에 흥미를 더 갖는다. 이 시기의 아동은 존재하지 않은 것도, 또한 단순히 생각한 것도 즐기면서 생생하게 그린다. 그 속에 예술의 창조적인 능력이 존재하고 여기에 그들 예술의 고유한 목적이 있다. 하지만 이 시기에 사실적으로 소묘하기를 요구한다면 그 아름다운 환영은 깨어져 버리고 습관적이고 재미없는 자연의 모사에 머물게 된다.

(3) 제3기 성숙기

제3기 성숙기는 만 11~15세 시기이다. 이 시기에는 묘사력은 침체되지만 자기 자신의 표현력에 대한 지각과 평가 능력이 발달하기에 감상 수업이 보다 더 효과적으로 이루어진다. 청소년은 예술작품이나 회화, 그리고 조각품의 관찰로 자신의 역량을 익히기 때문에 그들의 감상력과 예술에 대한 이해는 계속 발전해 나간다.

(4) 제4기

제4기는 만 15세 이후의 시기이다. 이 단계는 예술적 창작의 경지에 이를 수 있는 시기로, 정신능력의 발달에 따라 미적 평가능력이 더욱 발달한다. 그러한 까닭으로 이 시기는 감상교육의 최적기라고 할 수 있다.

토의 및 토론

미술표현 발달단계 중 유아 시기의 그림에서 볼 수 있는 미술표현의 특징에 대하여 알아보고, 그 특징이 나타난 이유에 대하여 논의하시오.

1. 알슈우라와 하트위크(Alschuler & Hattwick, 1947)의 색채 심리분석

색채사용 심리분석	노란색을 좋아하는 아동
아동의 심리	의존적이다. 다른 아이들과 관계가 좋으며 인기가 많다. 유아적 행복감에 차 있다.

2. 우리 주변에서 볼 수 있는 노란색

프리지어

레몬

해바라기

3. 예비교사들의 미술에 대한 표현

아동미술은 표현이다

미술교사는 발달단계별 지도자이다

우리들의 가을풍경

가을은 풍요로움과 변신을 꾀하는 들판의 합창이다.

파랑이와 노랑이(2003).	점과 선이 만나면(2014).	사각형 아저씨와 원 아줌마가 만나면?(2015).
레오 리오니. 물구나무.	글 베로니크 코시/그림 로랑 시몽. 국민서관.	멜리사 피구아. 살림어린이.
다정한 친구 파랑이와 노랑이의 이야기로 항상 같이 놀다가 꼬옥 껴안으면 다른 색으로 변하는 내용(색의 혼합)	점과 선이 만나서 사물의 모양을 흉내 내고 마을을 만들기까지의 다양한 생각을 알려주는 내용(점과 선의 창의적인 생각)	엄마와 아빠가 만나 아이를 낳고 가족을 이루는 모습을 통해 다양한 도형과 색의 혼합을 배우는 내용(모양과 색의 변형)

PART **03**

영유아 미술경험의 이해

CHAPTER 04

미술의 기본요소 및 원리

미술의 기본요소는 점, 선, 면, 형, 색으로 구성된다. 다양한 기본요소를 통하여 아동미술의 즐거움과 창의성을 동반한다. 점의 크기를 통해 운동감과 공간감을 살리고 선을 통하여 유연성과 풍요로움, 우아함, 경쾌감을 살리고, 면에 색채효과를 주어 공간과 입체감을 살린다. 형은 직선형과 곡선형을 통하여 수학적인 법칙과 질서를 만들어낸다. 이 장에서는 미술의 기본요소를 통한 마술 같은 매력을 알아보고자 한다.

> 나는 보기 위해 눈을 감는다.
>
> – 폴 고갱 –

1. 미술의 기본요소

미술의 기본요소에는 점, 선, 면, 형, 색이 있다(네이버사전, 2022).

점은 위치만을 지니고 있는 조형의 기본단위를 의미하며, 선은 점이 연속되어 이루어지는 기본 조형요소로 위치와 방향을 지니는 것이다. 면은 선이 여러 개 겹쳐 모여서 이루는 표면, 즉 선으로 둘러싸인 경계선 내부의 평평한 표면이다. 형은 면의 경계를 이루는 윤곽에 의해 보이는 사물의 모형을 일컫는다. 색은 빛을 흡수하고 반사하는 결과로 나타나는 사물의 밝고 어두움이나 빨강, 파랑, 노랑 따위의 물리적 현상이나 그것을 나타내는 물감 따위의 안료를 의미한다.

<표 4-1> 기본요소를 이용한 활동

점	선	면	형	색

조르주 피에르 쇠라의 '그랑드 자트 섬의 일요일 오후'	이중섭의 '소'	바실리 칸딘스키의 '노랑, 빨강, 파랑'	파블로 피카소의 '세 명의 음악가'	앙리 마티스의 '붉은 화실'

1) 점, 선, 면, 형, 색 등 미적 요소 이해

미술작품에서 가장 중요한 미적 요소가 무엇이며, 미적 요소를 발견하기 위한 창의적인 생각과 적절한 질문을 통해 영유아의 미술작품에 대한 미적 감각을 발달시킬 수 있다.

(1) 점

점은 미적 요소 중에서 가장 단순하고 최소한의 단위이다. 점은 사용하는 작가의 의도와 크기에 따라서 모양이 되고, 종이의 크기에 따라 점의 크기가 다른 것으로 느껴지기도 한다. 영유아들과 작품에서 점의 위치, 점의 개수, 점의 색, 점의 크기 등에 따라 움직임, 공간감 등의 다양한 느낌을 전달할 수 있는 작품으로 안내하여 감상하도록 한다.

(2) 선

선은 보통방향, 이동, 리듬, 형태를 나타내며 글자, 숫자, 기호, 표시판 등을 표현하기 위해 사용된다. 모든 미술작품의 구성요소로 곡선, 직선, 사선, 굵은 선, 가는 선, 짧은 선, 긴 선, 수직선, 수평선, 곧은 선 등으로 표현할 수 있다.

미술작품에서 선이 주는 다양한 이미지와 느낌이 있다. 사선에서는 진취적인 방향성과 움직임을 알 수 있고, 곡선에서는 부드러움과 율동감을 느낀다. 다양한 선의 방향, 굵기, 길이와 색에 따라서 여러 가지 패턴을 만들 수 있다.

(3) 면

선이 여러 개 겹쳐 모여서 이루는 표면이다. 선으로 둘러싸인 경계선 내부의 평평한 표면으로 점과 선이 어떤 방식으로 만나는가에 따라 평면, 곡면 등 다양한 면이 만들어지는데 이렇게 만들어진 면은 길이와 넓이를 가지게 된다. 면에 색채효과를 주어 공간이나 입체의 느낌을 주는 것도 가능하다.

(4) 형

점, 선, 면의 흔적이나 움직임을 통해서 만들어지는 어떤 물체의 윤곽으로 2차원의 평면형과 3차원의 입체형이 있다. 직선으로 만들어진 정사각형, 직사각형, 삼각형은 딱딱한 느낌과 안정성, 질서감을 주지만 곡선으로 만들어진 타원형, 원형은 부드러운 느낌과 어울림을 준다. 그림 속의 다양하게 표현된 형을 찾아보고 그것에 대하여 특징들을 살펴보도록 한다.

(5) 색

색이 주는 이미지는 모두 다르게 표현된다. 밝음과 어두움, 따뜻함과 차가움, 가벼움과 무거움, 화사함과 포근함, 공포와 희망 등의 다채로운 감정과 주변의 일상생활에서 만나보는 색들과 함께한다. 어려서부터 많은 색을 접하고 내가 느끼는 감정과 좋아하는 색의 의미를 알아본다. 색은 1차색(원색), 2차색, 3차색(중간색), 무채색, 보색 등을 통하여 색의 분류도 이해할 수 있다.

예 색의 3요소-색상, 명도, 채도/빛의 삼원색과 안료의 삼원색

<표 4-2> 색의 분류

구분	내용
1차색	다른 색으로부터 얻을 수 없는 기본색(원색). 예) 빨강, 파랑, 노랑
2차색	두 개의 원색을 혼합하여 만든 색. 예) 주황, 보라, 초록
3차색	원색과 2차색의 혼합에서 나타난 색들. 예) 중간색
무채색	명도의 차이만 있고 색상과 채도가 없는 색. 예) 흰색~회색~검은색
보색	색상환에서 서로 반대편에 위치한 색. 예) 노랑의 정보색은 남색

데이비드 러셀(1991)이 밝힌 그림 이야기책의 선, 공간, 모양, 색, 질감, 구도, 관점 등에서 예술적 요소는 다음과 같다.

(1) 선

선은 물체를 규정짓고 동시에 감정적 반응을 암시하는 데 쓰인다. 우리는 물체에 윤곽선을 주는 것이 물체의 형태에 명확함을 더해 준다는 것을 알고 있지만, 선은 움직임, 거리, 심지어 느낌까지도 암시할 수 있다. 곡선과 원은 따뜻함, 아늑함과 안전성을 암시한다. 날카롭고 지그재그인 곡선은 흥분과 빠른 움직임을 암시한다. 수평선은 고요한 안정성을, 반면에 수직선은 높이와 원경을 암시한다.

(2) 공간

우리는 종종 공간–말 그대로 페이지에서의 여백–을 예술적 요소로 생각하지 않지만, 사실 매우 강력한 예술적 요소가 된다. 공간, 즉 여백이 그림 이야기책에서 가장 중요한 부분이라고 주장하는 사람도 있다. 사실, 공간은 페이지에서 우리의 주의를 사물에 갖게 해 준다. 만약 페이지의 빈 영역이 매우 적고 많은 이미지로 가득 차 있을 경우, 우리의 주의력은 필연적으로 분산되고 어디를 보아야 할지 모르게 된다. 탁 트인 공간의 부족은 밀실공포증을 불러일으키거나 불편한 느낌을 주고 혼돈을 일으킬 수 있다.

그러나 페이지가 단 한 가지 사물 주변에 너무 많은 빈 공간을 가지고 있다면 모든 주의는 한 물체로 쏠리게 된다. 때때로 이렇게 공간을 후하게 제공함으로써 조용하고 평온함을 암시할 수 있지만 공허함, 외로움, 고립 등을 암시할 가능성도 있다. 그리고 공간은 거리감을 표현할 수도 있다.

(3) 모양

모양은 기하학적으로 원형, 타원형, 정사각형, 직사각형, 삼각형 등의 형상이다. 일러스트레이터는 일러스트에서 잘 사용되는 모양을 잘 알고 있으며, 이런 모양들은 감정적인 반응을 이끌어낸다. 둥그런 모양은 곡선과 원을 이루는 선에서 주는 감정적 반응과 비슷하게 편안함, 안정성, 안전성 등을 유도한다. 모가 나고 각이 진 모양은 동요, 혼란, 놀람과 같은 흥분된 반응을 끌어낸다.

(4) 색

색은 정서적 반응을 가장 잘 불러일으키는 예술적 요소이다. 그러나 그림책에서는 대부분 인습적인 형태로 하늘은 파랗고, 풀은 녹색으로 사용하고 있다. 그러나 색은 이런 형태보다 훨씬 많은 가능성을 지니고 있으며, 영유아는 색의 미묘함에 특별하게 반응하기도 한다.

색은 정서적 반응을 일으키는 능력이 있다. 심리학자들은 빨강과 노랑은 따뜻하고 뜨거운 색이며 흥분을 이끄는 반면, 파랑과 녹색은 시원하고 차가운 색으로 조용하고 차분한 느낌을 준다고 말한다. 이런 반응들은 우리의 자연적인 세계에 대한 반응이 형태를 갖춘 것일지도 모른다. 노랑과 빨강이 따뜻함과 행복감을 주는 이유는 태양과 불의 색깔이기 때문이고, 파랑이 잔잔하고도 우울한 이유는 아마도 우리가 고요한 물, 넓은 하늘에 연관시키기 때문일 것이다. 또한 색에 대하여 인습적으로 반응하기도 하는데, 보라색은 고귀함을, 녹색은 실투와 병 또는 삶, 재생을, 빨간색은 위험과 대담성을, 파란색은 우울함과 충성, 청명함을, 노란색은 소심함과 활기참 등의 반응을 의미한다. 이런 인습적인 반응은 문화적 현상으로 중국에서는 노란색이 황제를 뜻했으며, 대부분 아시아 지방에서는 하얀색이 장례식 때 사용하는 색, 빨간색이 신부가 결혼할 때 입는 색으로 통용되었다.

또한 색은 문화적 특색을 암시하는 데 사용된다.

우리는 그림책이 아이들을 위해 밝은색을 사용해야 한다거나, 너무 밝은 색상은 아이들을 필요 이상으로 흥분시킬 것이라고 생각해서는 안 된다. 인기가 오래 지속되는 유명한 그림책 중에는 흑백이나 단색 그림으로만 이루어진 책들도 있다.

(5) 질감

그림책 일러스트레이터들은 종이로 된 평평한 백지 면에 입체적인 효과(털, 나뭇결, 부드러운 실크 등)를 보여준다. 이런 예술적 특성을 우리는 질감이라고 한다. 그림의 사실성을 강조하려는 작가들은, 특히 질감에 많은 주의를 기울인다. 그러나 덜 사실적인 스타일의 그림에서도 질감을 사용하여 풍부한 시각적 경험을 제공하고, 보는 이의 상상력을 자극할 수 있다.

(6) 구도와 관점

그림의 구도는 그림 속의 세부 사항(디테일)들을 배열하는 것이다. 이러한 구도는 이야기의 정서적 효과만큼이나 메시지의 서술적 측면에서도 매우 중요하다. 구도에서의 첫 번째 관심사 중 하나는 모양의 조직이다. 예를 들어, 많은 큰 모양이 모여 있을 때는 안정성, 제한성, 둘러쌈 또는 어색함 등을 암시할 수 있다. 반면에 가볍고 섬세한 모양이 성기게 모여 있을 때는 움직임, 우아함, 자유 등을 암시한다.

사물의 조직 이외에도 작가들은 초점을 어디에 맞출 것인지, 어떤 각도에서 그림을 보여줄 것인지, 어떤 분위기에서 그림이 잘 전달될 것인지에 대하여 생각해야 한다. 관점이란 독자가 화면에서 사물을 보게 되는 위치를 뜻한다. 우리가 장면에 더욱 가까이 다가갈수록, 이야기 속에 더 끌려 들어가게 된다.

2. 미술의 원리

1) 조화, 균형, 리듬, 패턴 등 미술의 원리

미술의 원리는 미술적 요소들을 아름답게 조직하여 시각적인 즐거움을 주기 위함이다. 조화와 통일, 균형, 리듬(움직임), 패턴(반복), 비율, 강조 등이 있다.

(1) 조화와 통일

조화와 통일은 형, 색, 질감, 재료 및 표현기법을 사용하는 데 있어 두 가지 이상의 요소가 서로 분리되거나 배척되지 않고 통일된 전체로 느껴지게 표현하는 것이다. 색, 형태, 선 등의 요소를 자신의 작품에 조화시키고 결합시킨다. 조화는 색채로 감각되고, 비례는 형태의 크기에서, 율동은 선의 감각을 통해서 감지되는 것이다. 이런 요소들이 조화를 이루면서 통일되면 인간의 미의식에 작용하게 된다(김정규 외, 1983).

구스타프 클림트의 〈키스〉, 1907~1908

(2) 균형

균형은 크기, 질감, 색과 같은 미적 요소를 조절하는 것을 통해 시각적인 무게감을 느끼도록 표현하는 것이다. 작품에서 자리 잡고 있는 사람이나 사물의 위치를 확인하여 중간 부분,

신윤복의 〈단오풍경〉, 18세기 말경

윗부분, 아랫부분의 무게감을 느끼게 한다. 그리고 작품의 중심이 되는 부분은 어디인지, 왜 그렇게 생각하는지 이유에 대해 이야기를 나눠볼 수 있다(서혜정 외, 2020).

(3) 리듬(움직임)

빈센트 반 고흐의 〈별이 빛나는 밤에〉, 1989

리듬은 선, 형, 색의 비슷한 반복을 통하여 이루는 통일된 율동감이나 일정한 규칙에 따라 반복되는 움직임을 이른다. 우리의 시각이 미술작품의 구성요소에 따라서 움직이거나 우리가 움직인다고 생각되는 것을 의미한다. 다양한 움직임을 선사하는 작품에서 영유아들과 움직이는 것을 찾아보고, 그 이유를 알아보고 몸으로 표현해 보는 시간을 가진다. 정적인 느낌과 동적인 느낌에 대해 알아보고 비교해 보는 시간도 가져본다.

(4) 패턴(반복)

앤디 워홀의 〈캠벨 수프 깡통들〉, 1962

패턴은 미술작품에 선, 형, 색 등이 일정한 간격을 두고 반복적으로 창조되는 것을 말한다. 반복되는 요소는 밝은 것에서 어두운 것까지, 큰 것에서 작은 것까지, 위에서 아래로, 또는 물결치듯이 변화하는 것들이 있고 빌딩의 창문이나 벽지의 도암처럼 반복에 의한 규칙적인 무늬와 엇갈린 무늬가 있다. 작품 속에 나타난 무늬들은 어떤 모양이고 어떻게 반복적으로 구성되어 있는지 확인한 후 반복되게 그려진 무늬에서 어떤 느낌이 드는지 이야기를 나누어 본다(서혜정 외, 2020).

(5) 비율

비율은 전체와 부분, 또는 부분들 간의 관계로 규칙적 운동에 변화를 주어 전체와 부분의 관계를 더욱 더 풍부하게 만드는 원리이다. 작가들의 작품에서 감정표현이나 분위기를 표현하기 위해 전반적인 과장과 축소를 통하여 작품에서의 대상과 비교하여 사실적 느낌을 구별하게 된다. 영유아와 이 작품에서 느껴지는 감정이나 길거나 짧게 표현된 것에 대한 이야기를 나눈다.

아메데오 모딜리아니의 〈여인의 두상〉, 1910~1912

(6) 강조

강조는 가장 인상 깊게 보여주기 위해 원하는 부분을 강하게 표현하는 것이다. 우리가 작품을 대할 때 가장 강하게 눈에 띄는 곳을 찾아보고, 강조하기 위해서 작가가 의도한 위치를 알아보고, 작품의 내용에 따라서 표현도 해 본다. 그리고 활동하고 난 후의 느낌에 대하여 이야기해 보고 영유아들이 작품의 위치나 방향을 바꾼다면 어떤 곳으로 배치해 볼까? 라는 상상도 해 본다.

에드바르트 뭉크의 〈절규〉, 1983

3. 영유아미술교육 접근법

1) 다양한 영유아미술교육의 접근법 이해

(1) 학문에 기초한 미술교육

학문에 기초한 미술교육(Discipline-Based Art Education)은 영유아가 미술작품을 제작하는 것뿐만 아니라 미술을 이해하고 경험하며 가치를 판단할 수 있도록 그 제반요건을 마련하기 위한 포괄적 접근방법이다(한경애 · 이영미, 2016).

DBAE는 네 가지 내용영역인 미술작품 제작, 미학, 미술사, 미술비평을 포함한다. 미술작품 제작은 영유아가 표현 재료를 활용하여 자신이 표현하고자 하는 생각, 느낌을 만들어내는 일련의 활동을 의미하며, 미학은 미술작품의 의미와 특징을 찾아내는 미적 추구 활동이다. 미술사는 다른 시대의 미술작품과 문화가 상호 간에 미치는 영향을 이해하는 것이고, 미술 비평은 자신의 작품과 또래의 작품을 평가하기 위해 미술에 대해 이야기하며, 미술의 특성을 분석, 설명, 판단하는 능력을 의미한다.

DBAE는 네 가지 내용영역은 미술활동 내에서 서로 관계를 맺으며 통합적으로 이루어지도록 구성하는 것이 원칙이며, 체계적이고 연계성을 띤 계획된 교수방법을 통해 학습된다(우수경 외, 2016).

DBAE의 기본 전제는 다음과 같다(한경애 · 이영미, 2016).

첫째, 미술능력은 교육을 통하여 성장하고 발달한다.

둘째, 미술을 이해하기 위해서는 다양한 학습이 필요하다.

셋째, 미술표현은 발달단계에 적합한 미술활동을 제공해야 한다.

넷째, 미술활동은 내적으로 의미가 있어야 하며, 일상에서 적용 가능한 활동이어야 한다.

(2) 레지오 에밀리아 프로젝트

레지오 에밀리아(Reggio Emilia) 프로젝트 접근법은 하나의 주제나 현상을 가지고 영유아가 주체가 되어 여러 번의 탐색과정 및 활동을 통해 순환적으로 표상함으로써 얻어지는 깊은 사고활동이라고 본다. 레지오 에밀리아 접근은 순환적 표상으로 다양한 매체를 다각도로 표상하는 상징화 주기를 가진다.

<표 4-3> 레지오 에밀리아 접근의 상징화 주기

주기	단계	내용
1	구술적 분출	소집단으로 프로젝트 주제를 선정하고 주제가 가지는 여러 가지 특성을 이해하기 위해 각자의 생각, 느낌, 경험을 말로 표현하는 단계
2	표상하기	토의 내용을 그림으로 그리고 탐색하는 단계
3	시뮬레이션	탐색한 내용을 가지고 다시 한번 그려 가상의 모형을 만드는 단계
4	대체물 이용하기	3단계까지 나아간 내용을 바탕으로 그리기 이외의 다른 매체로 표현하는 단계
5	경험하기	실제 경험을 통해 비체험적인 사전활동과 비교하여 그 차이점을 발견하여 새로운 지식을 구성하는 단계
6	재표상하기	실제 경험을 한 후 다시 그려보는 단계
7	확장하기	비시각적인 것을 시각적으로 표상하는 것과 같이 현재 하고 있는 활동을 다른 부분까지 연결하는 단계
8	심화하기	소그룹 내의 토론을 통해 다른 영유아들의 생각을 알아보고 자신의 사고를 수정하는 단계
9	확장 및 심화하기	프로젝트를 더 확장해서 알고 싶은 것을 토의하는 단계

출처: 우수경 외(2016). 유아미술교육. 경기: 공동체.

(3) 통합적 미술교육

영유아 미술교육은 시대적 변화와 요구에 따라 다양하게 변화한다. 예전의 영유아 미술교육의 교수방법은 대체로 모방적인 기능적 학습태도, 내면의 정서표현의 학습표현으로 이루어졌다. 오늘날에는 미술의 본질을 이해하고 응용하는 통합적 미술교육을 선호하고 실천한다. 통합은 학습자를 위한 교과 간의 통합, 주제중심의 통합으로 이루어지고 있다. 왜냐하면 통합의 궁극적인 목적이 효과성, 효율성, 전인적 성장발달에 있기 때문이다. 영유아교육기관에서 통합적 미술교육이 이루어지기 위해서는 영유아의 경험과의 통합, 일상생활에서의 통합, 교과와의 다양한 통합, 놀이활동과 영역(매체) 간의 통합이 중요하게 이루어져야 한다.

주제를 중심으로 통합적 미술교육 운영과 다른 활동, 다른 영역 간의 통합의 예는 **<표 4-4>**, **<표 4-5>**와 같다.

<표 4-4> 주제중심의 통합적 미술교육 운영

1. 주제 선정하기	• 영유아의 흥미와 발달, 영유아의 생활과의 관련성 고려하기 • 활용 가능한 자원이 풍부하며 시간에 제약이 적은 주제 선정하기 • 개념 및 지식의 확장을 도모할 수 있는 주제 선정하기 예) 계절, 가족, 교통기관 동물
2. 개념망 구성하기	• 주제 관련 영유아의 사전 경험 및 지식 파악하기 • 주제에 내포된 개념 또는 아이디어에 대한 개념망 구성하기
3. 통합활동 계획하기	• 개념이 포함된 교과별 내용을 파악하여 활동 선정하기 예) 동극 '솔이의 추석이야기', 과학 '가을 색 만들기' • 선정한 활동을 각 교과영역의 활동들과 통합하기 예) 미술과 언어의 통합 '솔이의 추석이야기로 동극배경 꾸미기' 예) 미술과 과학의 통합 '가을 색으로 옷 디자인하기'
4. 월간 및 주간계획안 구성하기	• 주제 관련 통합활동이 체계적으로 진행될 수 있도록 월간계획안, 주간계획안 구성하기

<표 4-5> '가을과 자연' 생활주제 전개과정에서 나타난 통합적 미술교육

활동	세부내용
자유놀이	• 쌓기-논과 밭 구성하기, 솔이의 시골집을 지어요, 가을 동산을 만들어요 • 역할-농부가 되어보자, 가을 소풍을 가요, '솔이의 추석이야기' 동극하기 • 언어-동시 '밤나무엔 해마다' 듣고 글과 그림으로 표현하기 • 수&조작-가을과 여름의 같은 점과 다른 점, 가을풍경 퍼즐, 열매 도미노 • 과학-가을 색 만들기, 곡식 빻기 • 미술-가을 색으로 옷 디자인하기, 곡식 콜라주, 허수아비 만들기, 나뭇잎 스크래치, 낙엽으로 가을 곤충 꾸미기, 가을철 과일 모자이크 • 음률-가을 길, 가을 바람
대 · 소집단 활동	• 이야기 나누기-은행나무와 단풍나무의 한 살이, 나무와 숲의 고마움 • 미술활동-'프로방스의 추수'와 '이삭줍기' 감상하기, 동극 배경 꾸미기 • 문학활동-동시 '가을은 요술쟁이' 감상하기, '솔이의 추석이야기' 공연하기 • 게임 및 신체활동-강한 바람과 약한 바람, 가을 열매 뒤집기 • 음악활동-'가을 길' 율동 발표하기, '가을바람' 음악감상 • 과학활동-물과 밀가루가 만나면?

출처: 교육과학기술부, 보건복지부(2013).

토의 및 토론

미술의 기본요소와 원리에 대하여 생각해 본다.

color day

1. 알슈우라와 하트위크(Alschuler & Hattwick, 1947)의 색채 심리분석

색채사용 심리분석	초록색을 좋아하는 아동
아동의 심리	자제력이 있고 주의 깊으며 자기만족적이다. 엄격한 가정교육을 나타낸다.

2. 우리 주변에서 볼 수 있는 초록색

라임

청개구리

벼

3. 예비교사들의 미술에 대한 표현

아동미술은 도형과 색이다

미술교사는 연출자이다

CHAPTER 05

국가수준의 보육·교육과정에서의 영유아미술

국가수준의 보육 · 교육과정은 보건복지부(영유아보육법)와 교육부(유아교육법)에 의거한 국가수준의 기준을 명시한 내용이다. 이 장에서는 우리나라의 경우 어린이집과 유치원에 다니고 있는 0~만 5세의 영유아에게 국가수준의 보육 · 교육과정으로 영아(0~만 2세)에는 2020 제4차 표준보육과정과 유아(만 3~5세)에는 2019 개정 누리과정을 진행하고 있는 내용을 통합적으로 놀이를 통한 배움의 시간을 가져보고자 한다.

> 대부분의 사람들에게는 목표가 너무 높아 달성하지 못할 위험보다는
> 목표가 너무 낮아 달성할 위험이 더 크다.
>
> – 미켈란젤로 부오나로티 –

1. 제4차 표준보육과정과 영유아미술

1) 제4차 표준보육과정의 기초

제4차 표준보육과정은 「2015 개정 초 · 중등학교 교육과정」의 구성체계와 연계하고, 영유아기의 고유한 특징을 반영하여 '영유아 중심 및 놀이중심'을 강조하고 있다. 어린이집 표준보육과정은 0~만 5세의 영유아를 위한 국가수준의 보육과정이며 0~만 1세 보육과정, 만 2세 보육과정, 만 3~5세 보육과정(누리과정)으로 구성된다(보건복지부, 2020).

(1) 제4차 표준보육과정의 성격

① 국가수준의 공통성과 지역, 기관 및 개인 수준의 다양성을 동시에 추구한다.
② 영유아의 전인적 발달과 행복을 추구한다.
③ 영유아 중심과 놀이중심을 추구한다.
④ 영유아의 자율성과 창의성 신장을 추구한다.
⑤ 영유아, 교사, 원장, 부모 및 지역사회가 함께 실현해 가는 것을 추구한다.

(2) 제4차 표준보육과정의 구성방향

① 추구하는 인간상

표준보육과정이 추구하는 인간상은 「2019 개정 누리과정」에서 새롭게 제시한 추구하는 인간상과 동일하게 적용하였다. 영유아가 일상에서 놀이하며 배우는 현재의 모습에서 발견할 수 있으며, 동시에 영유아가 앞으로 배우며 성장해 가야 할 모습이기도 하다.

가. 건강한 사람

건강한 사람은 몸과 마음이 고루 발달하고 스스로 건강함을 유지하며 안정적이고 안전한 생활을 하는 사람을 의미한다.

나. 자주적인 사람

자주적인 사람은 자신을 잘 알고 존중하며 자신감을 가지고 스스로 할 수 있는 일을 주도적으로 해나가는 사람을 의미한다.

다. 창의적인 사람

창의적인 사람은 주변세계에 열려 있고, 호기심이 많으며, 자기만의 방식으로 상상하고 느끼고 표현하고 탐구하는 가운데 새롭고 독창적인 생각을 하는 사람을 의미한다.

라. 감성이 풍부한 사람

감성이 풍부한 사람은 예술을 사랑하고 존중하며 자신을 둘러싼 주변세계에 경이감과 아름다움을 느끼고 즐길 수 있는 풍부한 문화적 감수성을 지닌 사람을 의미한다.

마. 더불어 사는 사람

더불어 사는 사람은 자신이 속해 있는 사회에 소속감을 느끼고, 다른 사람과 생명을 존중하고 자연과 더불어 살아가는 보다 나은 사회를 만들기 위해 사회문제에 관심을 두고 협력하는 민주시민을 의미한다.

② 목적 및 목표

표준보육과정의 목적에서는 영유아기의 특성을 반영하여 표준보육과정이 지향해야 하는 바를 제시하였고, 목표는 영유아가 추구하는 인간상을 성장하기 위해 필요한 사항을 중심으로 구성하였다.

가. 0~만 2세 보육과정 목표

- 자신의 소중함을 알고, 건강하고 안전한 환경에서 즐겁게 생활한다.
- 자신의 일을 스스로 하고자 한다.
- 호기심을 가지고 탐색하며 상상력을 기른다.
- 일상에서 아름다움에 관심을 가지고 감성을 기른다.
- 사람과 자연을 존중하고 소통하는 데 관심을 가진다.

나. 만 3~5세 보육과정(누리과정) 목표

- 자신의 소중함을 알고, 건강하고 안전한 생활습관을 기른다.
- 자신의 일을 스스로 해결하는 기초능력을 기른다.
- 호기심과 탐구심을 가지고 상상력과 창의력을 기른다.
- 일상에서 아름다움을 느끼고 문화적 감수성을 기른다.
- 사람과 자연을 존중하고 배려하며 소통하는 태도를 기른다.

③ 구성의 중점

가. 영유아는 개별적인 특성을 지닌 고유한 존재임을 전제로 구성한다.

나. 0~만 5세 모든 영유아에게 적용할 수 있도록 구성한다.

다. 추구하는 인간상 구현을 위한 지식, 기능, 태도 및 가치를 반영하여 구성한다.

라. 표준보육과정은 다음의 영역을 중심으로 구성한다.

- 0~만 1세 보육과정과 만 2세 보육과정은 기본생활, 신체운동, 의사소통, 사회관계, 예술경험, 자연탐구의 6개 영역을 중심으로 구성한다.
- 만 3~5세 보육과정(누리과정)은 신체운동 · 건강, 의사소통, 사회관계, 예술경험, 자연탐구의 5개 영역을 중심으로 구성한다.

마. 0~만 5세 영유아가 경험해야 할 내용으로 구성한다.

바. 초등학교 교육과정과의 연계성을 고려하여 구성한다.

2) 제4차 표준보육과정의 영아 예술경험 영역

영아(0~만 2세)의 표준보육과정은 기본생활, 신체운동, 의사소통, 사회관계, 예술경험, 자연탐구의 6개 영역을 중심으로 구성된다. 0~만 1세, 만 2세의 예술경험 영역에 대하여 살펴보면 다음과 같다.

(1) 0~만 1세 예술경험 영역

- 영아는 자연과 생활 속에서 감각을 통한 자극에 호기심을 가지고 반응하며 다양한 방법으로 표현하기를 즐긴다.
- 영아는 자신의 관심과 경험을 소리나 움직임으로 표현하고, 감각을 통한 미술을 경험하며 익숙한 사람의 행동을 모방하며 이를 반복하는 것을 즐긴다.

① 0~만 1세 예술경험 영역의 목표

0~만 1세 예술경험 영역의 목표는 다음과 같다(보건복지부, 2020).

아름다움을 느끼고 경험한다.
1) 자연과 생활에서 아름다움에 관심을 갖는다. 2) 예술적 경험을 표현한다.

0~만 1세 예술경험 영역의 목표는 영아가 자연과 생활에서 아름다움을 느끼고 경험하며 표현하는 과정을 즐기는 것이다. 영아가 아름다움에 관심을 가지고 느끼는 것을 즐기며 자신의 경험과 느낌을 자연스럽게 표현하도록 한다.

② 0~만 1세 예술경험 영역의 내용이해

0~만 1세 예술경험 영역의 내용범주 및 내용은 다음과 같다(보건복지부, 2020).

<표 5-1> 0~만 1세 예술경험 영역의 내용범주 및 내용

내용범주	내용
아름다움 찾아보기	• 자연과 생활에서 아름다움을 느낀다. • 아름다움에 관심을 가진다.
창의적으로 표현하기	• 소리와 리듬, 노래로 표현한다. • 감각을 통해 미술을 경험한다. • 모방행동을 즐긴다.

- 아름다움 찾아보기

0~만 1세 영아가 자연과 생활예술에서 아름다움을 느끼거나 관심을 가지며 감상하는 경험을 반영한 내용이다.

- 창의적으로 표현하기

0~만 1세 영아가 자신의 느낌과 경험을 소리, 음악과 리듬, 미술경험, 모방행동 등을 통해 표현하는 과정을 즐기는 내용이다.

<표 5-2> 0~만 1세 예술경험 영역의 내용이해

▶내용범주: 아름다움 찾아보기

내용이해
• 자연과 생활에서 아름다움을 느낀다. 0~만 1세 영아가 자신을 둘러싼 일상적인 환경에서 소리나 움직임, 색과 모양 등에 호기심을 기울이며 미적이고 가성적인 경험을 통해 아름다움을 인식하는 과정으로 발전시켜나가는 내용이다.
• 아름다움에 관심을 가진다. 0~만 1세 영아가 일상생활에서 자연이나 사물의 아름다움을 감상하고 즐길 수 있는 내용을 다룬다. 또한 반복적으로 경험하는 친근한 사람의 목소리, 주변의 소리와 리듬 있는 소리 그리고 익숙한 노래 등에 관심을 가지며 아름다움의 요소를 경험하는 가운데 이를 즐기는 내용이다.

▶내용범주: 창의적으로 표현하기

내용이해
• 소리와 리듬, 노래로 표현한다. 0~만 1세 영아가 자신을 둘러싼 환경에서 들여오는 다양한 소리, 리듬과 노래 그리고 움직임에 주의를 기울여 관심을 두다가 익숙한 노래나 리듬을 선호하며 이를 표현하는 내용을 다룬다.
• 감각을 통해 미술을 경험한다. 0~만 1세 영아가 감각을 통해 미술표현을 시도하고 단순한 미술을 경험하며 즐기는 내용이다. 우연하게 미술경험을 하다 결과물을 만들어내고, 미술을 경험하는 과정에서 재료와 익숙해지며 재료를 이용하여 스스로 만들어내는 창의적인 표현을 즐기는 내용을 다룬다.
• 모방행동을 즐긴다. 0~만 1세 영아가 익숙하고 의미 있는 사람과 상호작용하며 타인의 표정이나 모습, 움직임을 모방하는 것에서부터 단순한 상징을 놀이로 즐기는 내용을 다룬다. 영아는 모방행동을 통해 새로운 행동을 만들어내고, 상대의 모방을 유도하며, 영아가 이를 다시 모방하는 순환관계를 보여주는 내용을 다룬다.

• 0세 예술경험 관련 활동

신체

풍선 잡기

터널 놀이

시소 타기

농구놀이

스펀지 던지기

장애물 통과하기

음률(음악)

악기놀이

노래하며 춤추기

징글스틱 악기 놀이

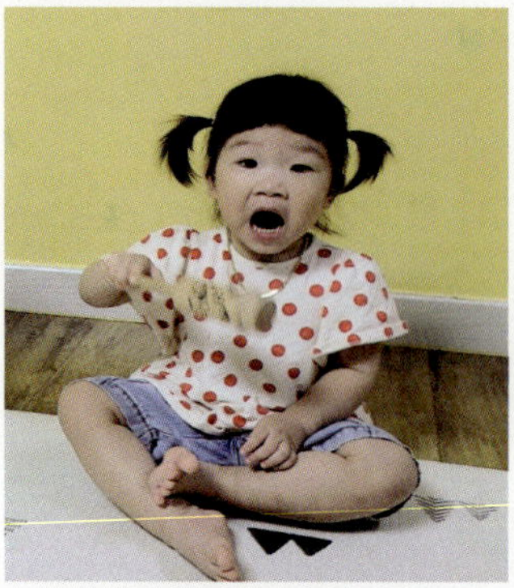

우드블록 놀이

실로폰 놀이

스카프 놀이

미술(조형)

크레파스로 끼적이기

색종이에 그리기

공그림에 끼적이기

국수 놀이

풍선그림

가위 놀이

• 만 1세 예술경험 관련 활동

신체

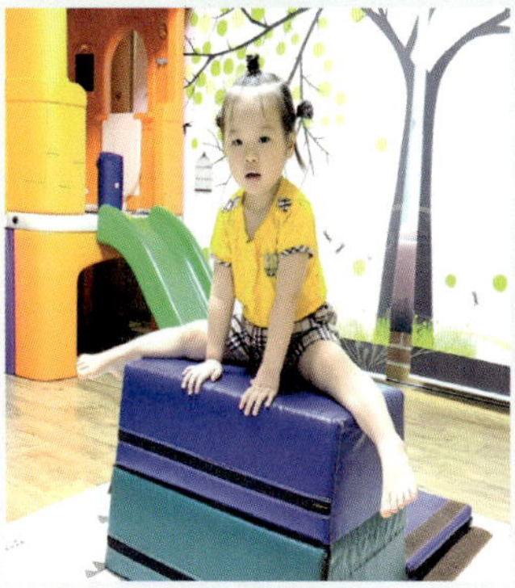

뜀틀 놀이

림보

공놀이

악어처럼 기어가기

기찻길 건너기

짐볼 놀이

음률(음악)

레인스틱 놀이

스카프 놀이

오션드럼 치기

캐스터네츠 악기 놀이

인디언 춤추기

무지개 천 흔들기

미술(조형)		
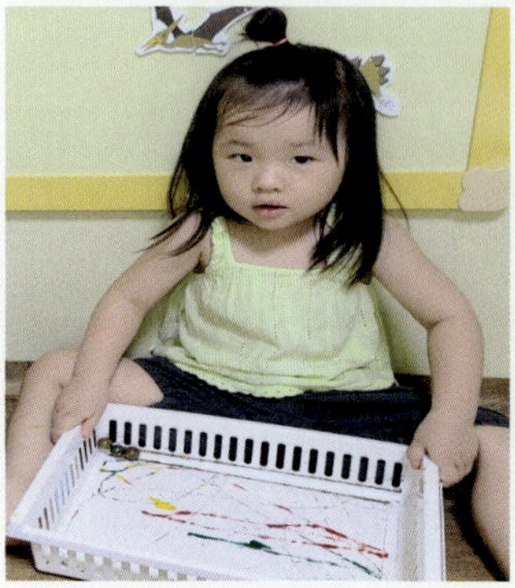		
구슬그림	팬티 꾸미기	물감으로 콕콕

바퀴그림	기차 만들기	빨대그림

(2) 만 2세 예술경험 영역

- 영아는 자연과 생활 속에서 다양한 감각 자극을 통해 아름다움을 느끼고, 아름다움을 인식하게 되어 아름다움에 관심을 가지고 찾아보며 표현하기를 즐긴다.
- 영아가 노래나 리듬을 흥얼거리고 움직임과 춤으로 나타내고, 스스로 다룰 수 있는 재료와 도구로 미술을 즐기며 일상에서 체험한 것을 상상놀이로 표현하며 즐거움을 경험한다.

① 만 2세 예술경험 영역의 목표

만 2세 예술경험 영역의 목표는 다음과 같다(보건복지부, 2020).

아름다움을 느끼고 즐긴다.
1) 자연과 생활에서 아름다움을 느끼고 관심을 가진다. 2) 예술을 통해 자유롭게 표현한다.

만 2세 예술경험 영역의 목표는 영아가 일상생활에서 아름다움을 느끼고 즐기는 것이다. 영아가 마주하는 자연과 생활 속 경험에서 아름다움을 느끼고 관심을 가지며, 예술을 통해 자신의 느낌과 생각을 자유롭게 표현하도록 한다.

② 만 2세 예술경험 영역의 내용이해

만 2세 예술경험 영역의 내용범주 및 내용은 다음과 같다(보건복지부, 2020).

<표 5-3> 만 2세 예술경험 영역의 내용범주 및 내용

내용범주	내용
아름다움 찾아보기	• 자연과 생활에서 아름다움을 느끼고 즐긴다. • 아름다움에 관심을 갖고 찾아본다.
창의적으로 표현하기	• 익숙한 노래와 리듬을 표현한다. • 움직임과 춤으로 자유롭게 표현한다. • 미술재료와 도구로 표현해 본다. • 일상생활 경험을 상상놀이로 표현한다.

• 아름다움 찾아보기

만 2세 영아가 일상에서 접하는 사물과 공간, 동식물과 사람, 자신과 도래의 표현 등에서 아름다움을 느끼고 즐기며, 아름다움에 관심을 가지고 찾아보는 내용이다.

- 창의적으로 표현하기

만 2세 영아가 노래와 리듬, 움직임과 춤, 미술표현, 상상놀이의 다양한 방법으로 생각과 느낌을 자유롭게 표현하는 내용이다.

<표 5-4> 만 2세 예술경험 영역의 내용이해

▶ 내용범주: 아름다움 찾아보기

내용이해
• 자연과 생활에서 아름다움을 느끼고 즐긴다. 만 2세 영아가 무심히 지나칠 수 있는 일상의 자연이나 생활 속 공간, 사물 등의 아름다움에 주의를 기울여 아름다움을 풍부하게 느끼며, 자신과 또래의 다양한 예술적 표현을 감상하고 즐기는 내용이다.
• 아름다움에 관심을 갖고 찾아본다. 만 2세 영아가 다양한 소리나 리듬 등의 음악적 요소, 색이나 형태 등과 같은 미술적 요소, 사람과 사물, 동식물의 움직임에서 아름다움을 발견하고 경험하는 내용이다.

▶ 내용범주: 창의적으로 표현하기

내용이해
• 익숙한 노래와 리듬을 표현한다. 만 2세 영아가 일상에서 익숙해진 노래를 부르고 간단하게 리듬을 표현하는 것을 즐기는 내용이다.
• 움직임과 춤으로 자유롭게 표현한다. 만 2세 영아가 운율 있는 소리나 노래, 또는 보고 만지고 맛보는 등 감각적 경험에서의 느낌을 움직임이나 춤으로 표현하는 내용이다.
• 미술 재료와 도구로 표현해 본다. 만 2세 영아가 스스로 다루기 적절한 재료와 도구를 이용하여 자유롭게 미술표현을 시도하고 이 과정을 즐기는 내용이다.
• 일상생활 경험을 상상놀이로 표현한다. 만 2세 영아가 일상생활에서 경험한 사건에 포함된 대상이나 상황을 상상놀이로 표현하며 즐기는 내용이다.

- 만 2세 예술경험 관련 활동

신체

호빵 굴리기

평행봉 놀이

네 발로 걷기

균형 잡고 건너기

골프 놀이

장애물 통과하기

음률(음악)

레인스틱 놀이

노래 들으며 춤추기

악기 놀이

리듬스틱 흔들기

우드블록 놀이

스카프 흔들기

미술(조형)

매직보드에 그리기

넥타이 꾸미기

잠자리 만들기

복주머니 꾸미기

점토놀이

왕관 만들기

2. 2019 개정 누리과정과 유아미술

1) 2019 개정 누리과정의 기초

누리과정은 만 3~5세 유아를 위한 '국가수준의 공통교육과정'으로 유치원과 어린이집에 다니고 있는 만 3~5세 유아를 위한 교육(보육)과정이다(교육부 · 보건복지부, 2020).

(1) 2019 개정 누리과정의 성격

① 국가수준의 공통성과 지역, 기관 및 개인 수준의 다양성을 동시에 추구한다.
② 유아의 전인적 발달과 행복을 추구한다.
③ 유아중심과 놀이중심을 추구한다.
④ 유아의 자율성과 창의성 신장을 추구한다.
⑤ 유아, 교사, 원장(감), 학부모 및 지역사회가 함께 실현해 가는 것을 추구한다.

(2) 2019 개정 누리과정의 구성방향

① 추구하는 인간상

2019 개정 누리과정은 '추구하는 인간상'을 제시하여 교육과정으로서 구성체계를 확립하였다. 개정 누리과정이 제시한 인간상은 다음과 같다.

가. 건강한 사람
나. 자주적인 사람
다. 창의적인 사람
라. 감성이 풍부한 사람
마. 더불어 사는 사람

② 목적과 목표

2019 개정 누리과정의 목적은 유아가 놀이를 통해 심신의 건강과 조화로운 발달을 이루고 바른 인성과 민주시민의 기초를 형성하는 데 있다.

가. 자신의 소중함을 알고, 건강하고 안전한 생활습관을 기른다.

나. 자신의 일을 스스로 해결하는 기초능력을 기른다.

다. 호기심과 탐구심을 가지고 상상력과 창의력을 기른다.

라. 일상에서 아름다움을 느끼고 문화적 감수성을 기른다.

마. 사람과 자연을 존중하고 배려하며 소통하는 태도를 기른다.

③ 구성의 중점

가. 만 3~5세 모든 유아에게 적용할 수 있도록 구성한다.

나. 추구하는 인간상 구현을 위한 지식, 기능, 태도 및 가치를 반영하여 구성한다.

다. 신체운동 · 건강, 의사소통, 사회관계, 예술경험, 자연탐구의 5개 영역을 중심으로 구성한다.

라. 만 3~5세 유아가 경험해야 할 내용으로 구성한다.

마. 0~만 2세 보육과정 및 초등학교 교육과정과의 연계성을 고려하여 구성한다.

2) 2019 개정 누리과정의 예술경험 영역

유아(만 3~5세)의 누리과정은 신체운동 · 건강, 의사소통, 사회관계, 예술경험, 자연탐구의 5개 영역으로 구성되어 있다(교육부 · 보건복지부, 2019). 만 3~5세 유아의 예술경험 영역에 대하여 살펴보고자 한다.

(1) 만 3~5세 예술경험 영역의 목표

만 3~5세 대상의 2019 개정 누리과정 예술경험 영역의 목표는 다음과 같다.

아름다움과 예술에 관심을 가지고 창의적 표현을 즐긴다.
1) 자연과 생활 및 예술에서 아름다움을 느낀다. 2) 예술을 통해 창의적으로 표현하는 과정을 즐긴다. 3) 다양한 예술표현을 존중한다.

만 3~5세 유아가 자연, 생활, 예술에서 아름다움을 느끼고, 음악, 움직임과 춤, 미술, 극놀이 등의 예술에서 자신의 느낌과 생각을 창의적으로 표현하는 과정을 즐기며, 다양한 예술작품을 감상하며 다른 사람의 예술표현을 존중하는 내용으로 구성하였다.

(2) 만 3~5세 예술경험 영역의 내용이해

만 3~5세 대상의 2019 개정 누리과정 예술경험 영역의 내용범주 및 내용은 다음과 같다.

<표 5-5> 만 3~5세 누리과정 예술경험 영역의 내용범주 및 내용

내용범주	내용
아름다움 찾아보기	• 자연과 생활에서 아름다움을 느끼고 즐긴다. • 예술적 요소에 관심을 갖고 찾아본다.
창의적으로 표현하기	• 노래를 즐겨 부른다. • 신체, 사물, 악기로 간단한 소리와 리듬을 만들어 본다. • 신체나 도구를 활용하여 움직임과 춤으로 자유롭게 표현한다. • 다양한 미술 재료와 도구로 자신의 생각과 느낌을 표현한다. • 경험이나 이야기를 표현한다.
예술 감상하기	• 다양한 예술을 감상하며 상상하기를 즐긴다. • 서로 다른 예술표현을 존중한다. • 우리나라 전통 예술에 관심을 갖고 친숙해진다.

- 아름다움 찾아보기

유아가 자연과 생활에서 아름다움을 느끼며 예술적 요소에 관심을 가지고 찾아보는 내용이다.

- 창의적으로 표현하기

유아가 노래를 즐겨 부르고, 간단한 소리와 리듬을 만들어 보며, 자유롭게 움직이며 춤추고, 다양한 미술 재료와 도구를 활용하여 표현하며, 경험과 이야기를 극놀이로 표현하는 내용이다.

- 예술 감상하기

유아가 자신과 또래의 작품뿐만 아니라 다양한 예술을 감상하며 상상하기를 즐기고, 서로 다른 예술표현을 존중하며, 우리 고유의 전통 예술에 친숙해지는 내용이다.

<표 5-6> 만 3~5세 예술경험 영역의 내용이해

▶ 내용범주: 아름다움 찾아보기

목표: 자연과 생활 및 예술에서 아름다움을 느낀다.

내용이해
• 자연과 생활에서 아름다움을 느끼고 즐긴다. 유아가 자신의 주변에서 만나는 자연, 공간, 사물 등의 아름다움을 풍부하게 느끼며 즐기는 내용이다.
• 예술적 요소에 관심을 갖고 찾아본다. 유아가 주변의 자연과 생활에서 다양한 소리나 리듬 등의 음악적 요소, 색이나 형태 등과 같은 미술적 요소를 발견하고 사물이나 동식물의 움직임에서 아름다움을 경험하는 내용이다.

▶내용범주: 창의적으로 표현하기

목표: 예술을 통해 창의적으로 표현하는 과정을 즐긴다.

내용이해
• 노래를 즐겨 부른다. 유아가 노래를 흥얼거리거나 친구들과 함께 소리와 박자 등을 느끼고 노랫말을 바꾸어 불러 보며 노래 부르기를 즐기는 내용이다.
• 신체, 사물, 악기로 간단한 소리와 리듬을 만들어 본다. 유아가 자신의 신체, 주변의 사물, 리듬 악기 등을 사용하여 소리와 리듬을 창의적으로 만들어 보는 내용이다.
• 신체나 도구를 활용하여 움직임과 춤으로 자유롭게 표현한다. 유아가 자연과 생활에서 발견한 다양한 움직임을 자유롭게 표현하고 나아가 자신의 생각과 느낌을 자신의 신체나 다양한 도구를 활용하여 움직임과 춤으로 표현하는 내용이다.
• 다양한 미술 재료와 도구로 자신의 생각과 느낌을 표현한다. 유아가 자연과 생활에서 발견한 다양한 재료와 도구를 활용하여 여러 가지 방법으로 표현하는 내용이다. 자신의 경험, 느낌, 생각 등을 창의적으로 표현하는 과정을 즐기는 내용이다.
• 극놀이로 경험이나 이야기를 표현한다. 유아가 자신의 경험, 다양한 상황, 이야기를 자유롭게 상상하며 극놀이로 표현하는 과정을 즐기는 내용이다.

▶내용범주: 예술 감상하기

목표: 다양한 예술 표현을 존중한다.

내용이해
• 다양한 예술을 감상하며 상상하기를 즐긴다. 유아가 자신과 또래의 작품이나 음악, 춤, 미술작품, 극 등 다양한 예술을 감상하고 자유롭게 상상하기를 즐기는 내용이다.
• 서로 다른 예술표현을 존중한다. 유아가 자신과 또래의 작품이나 음악, 춤, 미술작품, 극 등에 포함된 다양한 표현을 존중하는 내용이다.
• 우리나라 전통예술에 관심을 갖고 친숙해진다. 유아가 우리나라 고유의 전통 음악, 춤, 미술, 건축물, 극 등에 관심을 가지고 전통 예술을 감상하며 우리나라 문화에 친숙해지는 내용이다.

(3) 누리과정과 유아미술의 통합적 이해

유아미술은 국가수준의 누리과정을 통하여 유아들에게 즐겁게 놀이를 통하여 배움의 시간(경험)을 알아보고자 한다.

- 만 3세 예술경험 관련 활동

신체

철봉 매달리기

풍선 치기

공놀이

음률(음악)

소고 치기

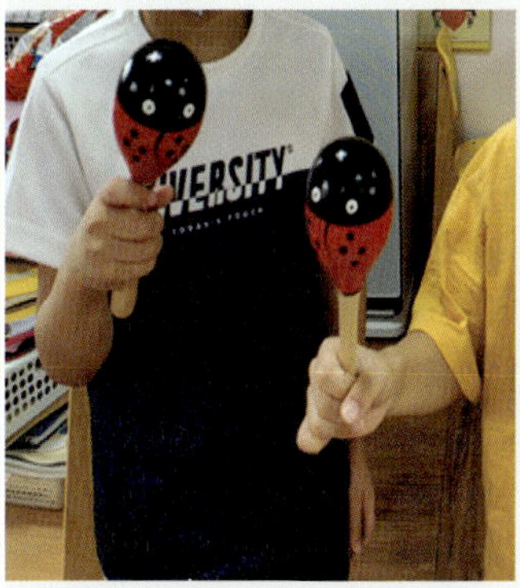

마라카스 연주하기

타악기 연주하기

미술(조형)

태극기 그리기

지문도장 찍기

친구 얼굴 그리기

• 만 4세 예술경험 관련 활동

신체

철봉 놀이

팔방치기 놀이

리본막대 놀이

음률(음악)

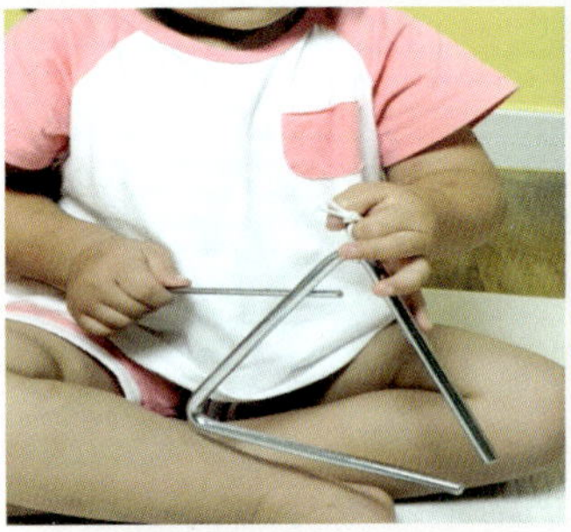

트라이앵글 치기

노래 부르기

기타 연주하기

미술(조형)

기와집 만들기

군밤 꾸미기

장승 만들기

- 만 5세 예술경험 관련 활동

신체

달리기

줄넘기

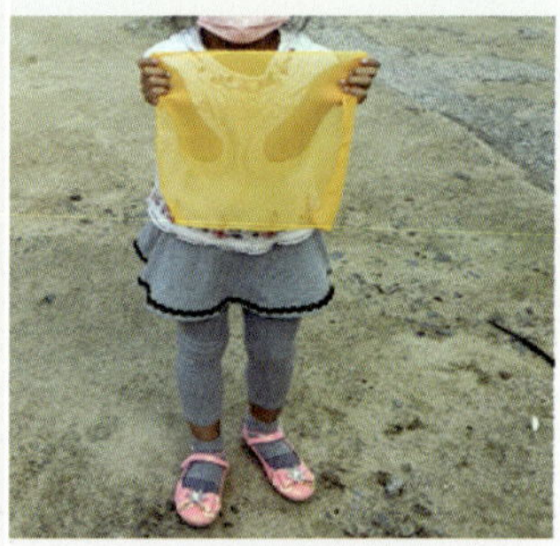

스카프 놀이

음률(음악)

봉고 치기

음악 감상하기

건반악기 연주하기

미술(조형)

잠자리 만들기

가을동산 꾸미기

망원경 만들기

토의 및 토론

국가수준 보육 · 교육과정에서의 영아와 유아의 미술활동을 비교해 본다.

1. 알슈우라와 하트위크(Alschuler & Hattwick, 1947)의 색채 심리분석

색채사용 심리분석	파란색을 좋아하는 아동
아동의 심리	불안이나 공포를 나타낸다. 순응적이다. 파랑이 노랑 위에 칭해진 경우는 더 컸으면 하는 욕망을 드러내며, 반대로 노랑이 파랑 위에 칠해진 경우는 아직도 어린아이고 싶은 욕구를 나타낸다.

2. 우리 주변에서 볼 수 있는 파란색

바다

달개비 꽃

고래상자

3. 예비교사들의 미술에 대한 표현

아동미술은 예술이다

미술교사는 탐험가(이)다

우리들의 겨울풍경

겨울은 산타할아버지가 선사하는 행복한 선물이다.

점(2003).	나의 원피스(2020).	아씨방 일곱동무(2009).
피터 H. 레이놀즈. 문학동네어린이.	글/그림 니시마키 가야코. 한솔수북.	이영경. 비룡소.
미술시간이 힘든 아이 베티에게 자신감을 길러주는 교사의 지도가 돋보임(교사의 지원)	토끼가 지나가는 환경에 따라서 원피스의 무늬가 바뀌는 내용(환경의 중요성)	아씨의 일곱 친구들이 서로 각자가 제일 중요하다고 뽐내다가 결국은 모두가 함께 소중하다고 깨닫는 이야기(재료와 도구의 소중함)

PART 04

교수-학습방법 및 평가

CHAPTER 06

지원을 위한 교사 역할

교사는 아동에게 가장 좋은 경험의 스승이자 선물이다. 아동 개개인의 연령별 특성을 고려하여 행복한 안내와 지원이 중요하다. 이 장에서는 영유아의 연령별 특성과 개인별 특성을 고려하여 교사가 영유아에게 어떤 방향으로 놀이의 배움을 지원할 수 있는가?에 대한 물음과 답을 알아보고자 한다.

나는 남이 보기에 좋아하는 것이 아니라
내가 보는 것을 그린다.

– 에두아르 마네 –

1. 미술경험을 지원하는 교사 역할

교사는 아동에게 가장 탁월한 경험의 스승이다. 미술경험을 위한 교사의 노력은 영유아가 자연물, 사물, 사람, 계절 감각, 주변의 변화에 대한 깊은 주의력과 창의적인 생각, 아름다움을 발견하고 감상하도록 돕는 친절한 안내자의 역할이 요구된다. 그렇지만 교사도 어린 시절부터 주변 어른들의 생각도 모방하고, 자신의 생각에 색을 더하고 깊이 있는 미술활동의 경험이 있어야만 아동에게 전달하는 힘이 있다.

1) 미술활동에서의 교사의 자질

아동미술활동에서 교사에게 요구되는 자질을 살펴보면 다음과 같다.

미술활동에 필요한 전문적 지식과 예술적 감각을 갖추어야 한다.

교사가 미술활동을 효과적으로 진행하기 위해서는 교사 자신이 미술활동에 대한 관심, 긍정적이고 적극적인 태도, 미술교수법에 대한 진정한 용기가 필요하다. 이에 미술활동을 위해 교사는 영유아의 미술발달단계, 창의적인 교수방법에 대한 전문적인 지식, 기술, 태도를 갖추어야 한다.

***미술활동 지도에 대한 사례 1**

영유아교사들도 예전에 제가 학교에서 배운 미술활동에서 벗어나 새로운 방법의 교수법도 요구되고, 영유아들의 개인적인 수준과 희망사항이 다양하다 보니 때론 어려움을 느끼고 있어요. 그래서 미술에 대한 다양한 것을 새로이 배울 수 있는 연수프로그램이나 자격증취득을 원합니다.

출처: 태인원광어린이집(2021. 12.). 교사와의 면담(평가제 4영역: 교직원).

아동의 흥미도, 관심사항, 경험의 유무, 발달특성을 존중해야 한다.

아동을 위한 미술교육은 지극히 아동중심이어야 하며 그들의 흥미도와 관심사항, 경험의 유무, 발달특성을 완전하게 알지 못하고는 아동의 창의적인 표현활동을 적절하게 자극하지 못한다. 따라서 교사는 아동의 흥미와 관심, 요구, 경험의 유무 등을 고려하여 발달에 알맞은 재료와 표현기법을 제공해야 한다.

아동의 생각을 이해하기 위해 공감능력을 갖추어야 한다.

미술은 일방적인 가르치는 활동이 아니라 미술표현능력을 발휘시켜 주는 동시에 감성을 느끼도록 지원하는 교육활동이다. 이에 교사는 아동이 어떠한 생각을 하는지 무엇을 원하는지 들어주고, 그들의 생각을 공감할 수 있는 능력을 가져야 한다. 아동의 활동에 대한 적절하고도 진심 어린 교사의 공감은 아동의 사고와 경험을 확장시켜 자발적이고 풍부한 미술활동을 가능하게 한다.

***미술활동 지도에 대한 사례 2**

유아들이 색종이를 이용하여 '비 오는 날'을 표현하는 활동을 하고 있다.
유아1: 선생님! 동화책(비 오는 날) 다 읽었어요. 오늘 비가 와서 우산에 비를 꾸미고 싶어요.
유아2: ㅇㅇ이는 우산에 그리고, 나는 비를 색종이로 접을 거예요.
교사: 그래. 함께 '비 오는 날'을 꾸며보도록 하자.
교사: 그리고 사용한 재료들은 정리하도록 하자.

출처: 손서경 교사(2021. 7.). 일일보육일지.

위 사례에서 교사는 비 오는 날에 대한 동화책도 읽어주고, 색종이 접기도 하도록 하면서 유아가 자발적으로 비에 대한 경험을 표현하고자 하는 마음을 잘 이해함으로써 유아가 자신의 느낌이나 생각을 보다 효과적으로 표현할 수 있도록 이끌어 주었다.

아동의 반응에 민감하고, 수용적인 태도를 갖추어야 한다.

아동이 흥미를 가지고 새로운 방법으로 자신의 생각을 표현하고자 할 때, 교사는 미리 계획된 교육활동에 의존하지 말고 새로운 상황에 맞게 교육활동을 변형하거나 확장할 수 있어야 한다. 아동의 미술에 대한 독창적인 시도와 교사의 작품에 대한 민감하고 수용적인 반응은 아동의 창의성 발달과 긍정적인 자존감 형성에 도움을 준다.

***미술활동 지도에 대한 사례 3**

연희: 난 미술을 잘 못하는데……. 선생님! 나뭇잎으로 꾸며도 되나요?
교사: 그럼, 그림을 그려도 되고, 다양한 자료로 하고 싶은 대로 꾸며도 돼요.
연희: 선생님! 나뭇잎을 붙이고 싶은데 어떻게 해요?
교사: (연희에게 다가가) 어떤 모양으로 할 건데?
연희: (다양한 색과 모양을 가진 나뭇잎을 흔들면서) 아기돼지 집을 튼튼하게 만들고 싶어요.

출처: 손서경 교사(2021. 7.). 일일보육일지.

아동의 미술활동을 지켜보고 기다려주는 인내심을 갖추어야 한다.

아동은 성인의 생각보다 미술적 재능을 보이려면 많은 시간이 요구된다. 따라서 교사는 다급하게 아동에게 원하는 능력을 기대하고 재촉하기보다는 아동이 충분히 탐색하여 자신의 생각을 자연스럽게 표현할 수 있도록 편안하면서 즐거움을 주는 허용적인 분위기를 조성해 주어야 한다.

***미술활동 지도에 대한 사례 4**

포트폴리오(앨범, 작품집)를 만든다는 것은 우선 아동에게 추억을 선물하는 것이어서 영유아가 한 대로 해서 줘야 의미가 있는데, 이런 결과물을 대하는 학부모님들은 서로의 아동의 발달, 미술적 재능, 교사의 포트폴리오를 꾸미는 능력까지를 보셔서 많이 부담이 됩니다. 그래서 반드시 적은 시간 내에 빠른 완성을 해야 한다는 부담을 가지게 되는 것 같아요. 그래서 아이들의 작품을 좋게 완성할 수 있도록 작품에 손을 대어 도와주는 경우도 생기게 되고…. 아이들이 마음껏 표현할 수 있도록 넉넉하게 기다려주지도 못하는 것 같고…. 결과물의 완성도만 생각하는 경우가 많아요.

출처: 초록나무어린이집(2021. 12.). 교사와의 면담(평가제 4영역: 교직원).

보다 나은 교수방법을 위해 끊임없이 노력하고 자기반성을 하고 개선하는 태도를 갖추어야 한다.

아동이 미술활동에 참여하는 과정이나 결과물을 보며 교사는 자신의 교수방법을 되돌아보아야 한다. 풍부한 자료와 교실 분위기, 교사의 허용적 태도, 동기유발을 위한 활동, 아동의 흥미와 발달상황, 적극적인 반응과 확산적 발문 등을 점검하며 교사는 아동에게 행복한 미술활동이 이루어질 수 있도록 끊임없이 노력해야 한다.

***미술활동 지도에 대한 사례 5**

아동의 창의성을 키우는 것은 곧 교사의 질문의 유형이라고 생각합니다. 교사가 미술활동에서 어떻게 질문의 방향을 확산적이고 개방적으로 이끄는가에 따라서 아동의 표현은 다양하게 표현되리라고 봅니다.

출처: 태인원광어린이집(2021. 10.). 교사와의 면담(평가제 4영역: 교직원).

2) 미술활동에서의 교사의 역할

아동은 미술활동을 통하여 주변세계를 학습하고 자신의 생각과 느낌을 다양하게 표현한다. 더불어 신체, 언어, 인지, 사회정서, 창의성, 문제해결력 등 표준보육과정(누리과정)에서 추구하는 인간상을 실현하기 위한 매개로 활용되고 있다. 이러한 맥락에서 국가수준 교육과정인 표준보육과정과 누리과정에서는 예술경험영역에서 미술교육의 가치를 인정하고, 미술활동 지도를 위한 지침 및 유의점, 연령별 활동 예시를 제시함으로써 아동교육현장에서 체계적으로 미술활동이 이루어질 수 있도록 하고 있다. 아동의 미술을 지도하는 교사의 역할을 살펴보면 다음과 같다.

(1) 관찰자로서의 교사

아동의 흥미도와 관심사항, 경험유무, 발달특성을 고려하지 않고 제공되는 미술활동은 아동에게는 좌절감, 교사에게는 무능력감을 안겨줄 수 있다. 특히, 크레파스나 색연필을 잡지 못하는 영아의 경우에는 영아의 발달단계를 고려하여 기다려줘야 한다. 따라서 교사는 아동의 흥미도와 관심사항, 경험유무, 발달특성을 지속적으로 관찰하여 미술활동을 제공해야 한다.

다음은 미술활동계획 전, 영유아의 발달특성 이해가 선행되어야 함을 보여주는 사례이다.

***미술지도에서 관찰의 중요성**

교사로서 발달단계에 맞는 활동자료를 구비해놓는데도 아이들의 수준이나 난이도는 많이 다르더라구요. 아무래도 기대치가 컸나 봐요. 다음 시간부터는 이번 것보다 조금 낮게 준비를 해서 지도를 하려구요. 매번 새로운 학기에 아이들을 만나면서도 그 부분이 조금은 어렵고 이전의 아이들과 비교하는 습관이 있더라구요.

출처: 태인원광어린이집(2021. 2.). 교사와의 면담(평가제 4영역: 교직원).

<표 6-1> 발달에 적합한 미술활동과 부적합한 미술활동

연령	적합한 활동	부적합한 활동
0~만 1세	• 안전한 미술자료를 제시한다. • 다양한 미술자료를 자유롭게 탐색하고 조작해 볼 수 있도록 한다. • 쥐어보고, 누르고, 던지고, 뜯어보고, 문지르고, 비벼보는 등 소근육을 사용하는 방법으로 질감 놀이를 격려한다.	• 결과물에 초점을 둔다.
만 2세	• 주변에서 쉽게 접할 수 있는 자료(밀가루 반죽, 크레파스, 색연필, 풀 등)를 활용하여 미술활동을 쉽게 즐기는 기회를 제공한다. • 자료를 자발적으로 선택하도록 한다. • 끼적거린 자신의 그림이나 조형물에 이름을 붙이도록 한다.	• 결과물을 만들도록 강조한다. • 다른 작품을 그대로 따라 하게 하거나 모방하도록 교사가 지도한다.
만 3~4세	• 자연과 사물을 직접 보고 만지는 경험을 통하여 미술적 요소에 관심을 갖도록 한다. • 다양한 방법으로 자신의 생각과 느낌을 자유롭게 표현하도록 한다.	• 미술활동 시간을 제한한다. • 성인의 작품을 모방하도록 한다. • 교사가 제시하는 대로 하도록 한다.
만 5세	• 미적인 요소(색, 질감, 양, 공간 등)들을 자유롭게 실험하고 비교하며 조합하도록 한다. • 주위 환경이나 조형물 등에서 사물이나 인물이 놓인 상하, 좌우, 원근, 여백 등의 공간감을 탐색한다. • 다양한 자료를 활용하여 세밀하고 창의적으로 표현하도록 한다.	

출처: 교육과학기술부, 보건복지부(2013).

(2) 계획자로서의 교사

교사는 효율적인 미술활동 운영을 위해 계획을 세우는 역할을 한다. 미술활동을 계획할 때는 영유아의 발달수준, 흥미도와 관심사항, 국가수준의 교육과정(표준보육과정 & 누리과정) 등을 기초로 하여 개별과 협동, 실내 자유놀이와 바깥놀이, 대·소집단 활동, 표현기법의 균형을 고려해야 한다.

연간, 주간, 일일 교육계획을 진행할 때에는 다양한 주제에 따른 영유아의 놀이 배움을 위한 표현기법(그리기, 찢기, 자르기, 붙이기, 찍기, 빚기와 만들기 등)과 도구(크레파스, 물감, 도화지, 사포, 스펀지, 필름, 실, 점토, 색모래, 폐품, 자연물 등)가 고르게 배치되도록 한다.

(3) 환경 제공자로서의 교사

아동이 안전하고 활발하게 미술활동을 할 수 있도록 환경을 만들어 주는 것은 교사의 기본적인 역할이다. 이에 교사는 아동이 아름다움을 느끼고, 창의적인 표현과 감상할 수 있는 환경을 제공해야 한다.

미술영역은 조용하고, 밝은 곳이 좋으며, 물을 사용할 수 있는 공간과 가까이 배치해야 한다. 또한 다양한 표현활동을 위한 재료와 도구의 접근성, 재료 보관을 위한 공간, 작업활동을 위한 공간과 바닥구성, 완성된 작품을 전시할 수 있는 공간의 확보, 미술과 관련된 교구나 명화 등을 전시할 수 있는 공간을 마련해야 한다.

프로스트(Frost)의 환경구성을 참고로 안전한 표현활동, 다양한 재료와 도구의 비치, 쾌적한 공간 구성이 되도록 한다.

(4) 동기 유발자로서의 교사

교사는 아동이 흥미를 가지고 미술활동에 적극적으로 참여하도록 동기를 유발하는 역할을 한다. 미술활동에 대한 동기유발을 위하여 교사는 영유아에게 재료를 탐색하도록 하거나, 미술활동과 연관된 그림책, 동요, 동시, 일상생활, 계절과 날씨, 미술관, 박물관 등 이용하여 미술경험을 넓힌다.

영유아가 흥미를 가지고 미술활동에 참여하도록 돕는 동기유발방법을 살펴보면 다음과 같다.

- 교사자신이 미술활동 자체를 즐긴다.
- 아동에게 직접 다양한 미술 재료나 도구를 조작하는 모습을 보여준다.
- 아동에게 새로운 표현기법을 소개한다.

아동의 입장에서 경험의 유무를 알아보고, 교사의 경험과 주변의 생활에서 만나는 다양한 미술경험을 토대로 즐겁고 행복한 미술활동 시간이 되도록 한다.

(5) 상호작용자로서의 교사

교사의 다양한 질적인 개입은 아동의 생각과 표현기법을 넓혀준다. 아동의 입장에서 활동을 살피고, 표현하는 내용을 글로 담고, 설명을 돕고 내용을 공감하는 태도는 아동의 즐거움을 주는 미술로 접근하게 한다.

아동의 미술능력발달에 도움이 되는 언어적 상호작용방법을 살펴보면 다음과 같다.

아동이 일상생활 속에서 미적 요소를 찾도록 도와준다.

예 나무 사이에 작은 줄기는 무엇일까? 어떤 모양과 색을 알 수 있니?

아동의 미술활동에 관심을 가지고 인정해준다.

예 꼼꼼하게 여러 가지 색과 모양으로 무지개물고기를 표현했구나! 정말로 멋지다.

아동이 문제를 스스로 해결할 수 있도록 지원한다.

예 비 오는 날 주인공 할아버지께 필요한 물건을 ○○이는 신문지를 이용하여 모자와 지팡이를 만들었구나.

아동의 완성된 작품을 공유하고 감상한다.

예 오늘 미술활동은 어땠니? 네 작품에 대하여 이야기해 주겠니?

2. 영유아의 연령 특성 고려

1) 영유아의 발달적 단계에 따른 지도방법

(1) 0~만 2세

영아기에는 구체적으로 미술 자체를 지도한다기보다는 인생 초기에 맨 처음 미술을 접한 영아에게 심미감을 탐색하기 위해 다양한 경험을 하도록 하는 것이 바람직하다. 아름다운 일상생활에서의 자연을 통해 우리가 자주 접하는 꽃과 나비, 나무와 열매, 구름, 빗방울 등을 섬세하게 느끼며 관찰하고 경험할 수 있게 한다. 형식적인 미술지도를 하기 전에 영아가 끼적거리고 싶을 때 언제든지 쉽게 손이 닿을 수 있도록 사용할 매체를 준비해 놓고 영아가 수시로 감각적인 표현을 하도록 돕는다. 이렇게 영아기에 자유롭게 그림을 그리고 부모 또는 교사와 많은 대화를 나누며 격려를 받은 영아는 점차 탐색을 통해 다양한 매체를 이용하여 표현하게 되고 미술활동에서 창의적인 표현을 즐기게 된다.

영아가 그림을 표현할 때 제한을 두어 무리하게 주제에 맞는 그림을 요구한다면 발달적으로 부담을 느끼게 된다. 영아들은 자신의 흥미에 적합한 매체를 이용하여 자유롭게 그림을 표현하도록 하는 것이 좋다. 교사는 영아 곁에서 관심 있게 그림을 그리는 것을 관찰하고 격려하며, 영아의 이야기를 잘 들어주는 것만으로도 훌륭한 지도자가 될 수 있다.

간혹 끼적이기를 시도하지 않는 영아에게는 교사가 먼저 그리기 도구(크레파스, 색연필)로 재미있게 그리는 모습을 자주 보여주어 영아 스스로 두려움 없이 흥미를 가지고 그리고 싶도록 편안한 상황을 이끌어 준다.

영아는 어떤 형태의 진중한 그림이 보이기보다는 거의 낙서에 가까운 수준의 결과를 보이므로 결과를 중시하지 않고 그리고자 하는 시도와 과정에 더 관심을 가지고 격려해 줄 필요가 있다. 교사가 보기에 완성한 것처럼 보이지 않더라도 영아가 다 표현한 것이라고 보여준다면 영아의 생각을 존중하여 영아의 이야기에 귀 기울여 기록하고 그림이 돋보이도록 전시한다.

영아에게는 즐겁고 안락하게 하루 일과를 지내면서 뭔가를 시도했다는 행복감을 느끼도록 하는 것이 중요하다. 주제에 맞는 그림이나 표현을 요구한다면 성장하면서 미술에 대한 즐거움, 창의적인 표현, 생각나누기 등이 부족해질 우려가 있다. 영아가 단계별로 조금씩 손에 힘이 생겨나면서 다양한 표현이 이루어지도록 교사의 미술경험과 주변의 다양한 내용을 보여주는 것이 좋다.

(2) 만 3~5세

유아기의 일반적인 특징은 자신이 아끼고 사랑하는 대상을 그린다는 것이다. 그러므로 유아가 반복적으로 그림을 그리는 것에 대해 제한을 두지 않는 것이 좋다. 또한 다양한 사물의 형태나 색에 관심이 많은 시기여서 주변의 다양한 것을 탐색하고 그리기를 시도한다.

자신감과 흥미가 부족하여 그림 그리기와 표현력에 두려움을 가질 수 있으므로 유아의 경험에 대하여 좋은 추억을 생각하게 하고 그것을 자연스럽게 표현하도록 하는 것도 좋다. 유아의 경험에 대한 이야기는 유아로부터 자발적으로 시작되어 유아의 입장에서 '질문하기'와 '대답하기'가 서로 이어질 수 있도록 한다.

모든 그림 그리기와 표현이 끝나서 전시하기 이전에 친구들과 자신의 표현에 대하여 이야기 나누는 시간을 가지는 것도 좋다. 그것을 통하여 그림 그리기와 다양한 표현방법을 습득할 수 있고 중요한 관찰과 모방이 더 좋은 미술활동의 결과물로 이어질 수 있기 때문이다. 처음에 주제를 접할 때 막연하게 생각하거나 시작의 단서가 없어서 고민하는 경우에는 좋은 출발점이 될 수도 있다.

교사는 유아들로 하여금 다양한 경험을 하도록 지원해 주며 유아들의 경험을 표현으로 연결되도록 지지하는 것이 훨씬 바람직하다. 연령에 따라서 선호하는 재료와 기법이 다양할 수 있다. 그렇기에 다양한 재료뿐만 아니라 첨가할 수 있는 재활용품도 함께 비치해주는 것도 좋다.

3. 영유아의 개별 특성 고려

1) 영유아의 개인적인 성향에 따른 지도방법

영유아들은 발달에 있어 개인차뿐만 아니라 개인적인 성향에 이르기까지 다양한 개인차가 있다. 영유아에게 미술지도를 할 때는 이러한 각 개인차를 고려하여 접근하는 것이 바람직하다. 각 영유아들의 성향에 따라 미술지도를 할 때 접근하는 방법을 살펴보면 다음과 같다(박정아, 2004; 이향, 2008).

성향 유형	지도방법
소심한 성격인 경우	여러 어린이가 모여서 그릴 경우 각자에게 다른 소재를 주어 서로 비교되지 않도록 하며, 자유스러운 분위기를 조성해 주어 마음에 여유를 갖게 한다.
주의력이 부족한 경우	주의력이 부족한 어린이는 친절하고 우호적인 태도로 대하며 그 아동만 들을 수 있을 정도의 가까운 거리에서 낮은 목소리로 개별지도를 하는 것이 좋다. 이런 유아인 경우 그림을 빨리 끝내려고 하므로 유아 스스로 그림을 그릴 시간을 정하게 하여 자신이 정한 시간에 대한 약속을 정하도록 하는 것이 좋다. 약속한 시간이 되어 완성하지 못하였을 경우에는 다른 시간에 할 수 있도록 한다. 억지로 붙잡고 시키는 것보다는 자신이 정한 시간에 대해 책임질 수 있게 한다. 약속을 지키면 칭찬을 많이 해준다.
그림에 흥미가 없는 경우	그림에 대한 두려움을 없애기 위해 나이에 관계없이 교사가 새 도화지에 크레파스나 연필로 마구 그리기를 하여 어린이도 참여하게 한다. 그다음에 비, 풍선, 크기가 다양한 원 등 단순하고 쉬운 것을 그리게 하여 그림에 자신감을 갖게 하며, 점차 다양한 것을 그리게 한다. 이때에 그리고자 하는 내용의 실물을 찍은 사진이나 다른 아동이 그린 그림을 보여주는 것도 도움이 된다. 또한 어느 시기이든 어린이가 알지 못하는 내용이나 경험하거나 관찰한 적이 없는 대상을 그리라고 할 경우 흥미를 갖고 그리기란 어려운 일이다. 그러므로 그림을 그리기 전에 경험이나 관찰이 우선적으로 이루어져야 한다. 또한, 무엇인가 완성된 형태를 요구하는 활동보다는 찍기, 오려 붙이기, 데칼코마니 등 쉽게 결과물이 나오는 활동으로 먼저 자신감을 갖게 하고 점차적으로 그릴 수 있게 유도하는 것이 좋다.

2) 영유아의 장애유형에 따른 지도방법

「장애인 등에 대한 특수교육법」을 기준으로 '시각장애, 청각장애, 지적장애, 지체장애, 정서 · 행동장애, 자폐성장애, 의사소통장애, 학습장애, 건강장애'로 나누고 그에 따른 유형별 특성 및 미술활동을 살펴보도록 한다(김수경 외 2019).

(1) 시각장애

① 시각장애 영유아의 특성

시각장애 영유아의 지능은 일반 아동과 크게 다르지 않지만 시각적 모방의 제한으로 인해 언어발달이 지연되기 때문에 그에 따른 부족한 시각경험은 인지발달과 사회성 발달에 영향을 미친다.

② 시각장애 영유아의 미술활동

미술활동이 거의 시지각에 기반을 두고 있기 때문에 활동계획 시 청각과 촉각의 활용을 통해 영유아의 창작활동이 이루어지도록 고려한다. 대체적인 미술활동으로는 곡물 작업, 종이 찢어 붙이기, 콜라주, 점토 작업, 전분 핑거페인팅이 있다.

(2) 청각장애

① 청각장애 영유아의 특성

청각장애 영유아는 농과 난청으로 구분되며 청력손실의 경우 연령, 지능, 가정환경 등의 경험에 따라 다르게 나타난다.

② 청각장애 영유아의 미술활동

청각장애의 부족한 이해능력은 타인의 행동 및 태도를 그대로 모방하거나 동일한 그림을 반복해서 그리는 경우가 많다. 미술활동에서 눈높이를 맞추며 시각적 제시를 크게 하여 주변의 소음을 줄이는 것이 중요하다. 대체적인 미술활동으로는 자유화, 만다라, 색모래 그림, 신문지활동, 폼클레이 활동, 핑거페인팅이 있다.

(3) 지적장애

① 지적장애 영유아의 특성

지적장애 영유아는 낮은 지적 수준으로 인해 사회적 습득 및 적응력이 떨어지며 의사소통 발달의 지연으로 인해 사회적 환경에 대한 적응력이 낮아 심리사회적 발달에 영향을 주게 된다.

② 지적장애 영유아의 미술활동

지적장애 영유아는 일반 영유아에 비해 짧은 주의시간을 갖기 때문에 긴 시간의 끈기를 요하는 작업보다 그들의 수준을 고려하여 실패감을 줄이고 자기효능감을 갖도록 돕는 프로그램 및 매체가 요구된다. 대체적인 미술활동으로는 가면 만들기, 재활용품으로 콜라주, 우드락 퍼즐, 스크래치 그림, 포일그림, 석고로 손가락 인형 만들기가 있다.

(4) 지체장애

① 지체장애 영유아의 특성

지체장애 영유아의 학습 및 적응능력은 장애의 유형에 따라 편차가 크기 때문에 인지능력이나 학업성취를 일반화할 수 없으나 대체로 이들이 중복장애를 가지는 경우가 많으며 신체적 불편감에 대한 다양한 조치로 수술 및 입원이 빈번한 것은 학습동기를 저하시키고 또래관계에 있어 심각한 고립감을 경험하게 한다.

② 지체장애 영유아의 미술활동

신체활용능력으로 인해 다른 장애 영유아와는 또 다른 작업환경이 요구되므로 세심한 주의가 필요하다. 미술활동으로는 뿅뿅이로 물감찍기, 천사토 작업, 데칼코마니, 구슬 그림, 먹물그림, 양초그림, 신체의 도구사용이 있다.

(5) 정서 · 행동장애

① 정서 · 행동장애 영유아의 특성

현재 자신의 위치를 알 수 있도록 일관성 있는 미술계획이 요구되며 준비단계에서 정리단계까지 체계적으로 접근시켜야 한다. 또한, 좋은 습관을 형성하기 위해서는 칭찬과 격려를 자주 해 주는 것이 좋다.

② 정서 · 행동장애 영유아의 미술활동

영유아의 정서상태를 충분히 고려하여 충분히 이완된 상태를 경험할 수 있는 배려가 필요하다. 미술활동으로는 색소금 만들기, 파스텔 그림, 비눗방울 만들기, 찰흙활동, 사포작업, 수수깡 작업이 있다.

(6) 자폐성장애

① 자폐성장애 영유아의 특성

자폐성장애 영유아는 언어습득능력이 지체되고 반복적이고 상동적인 행동을 하며 타인과의 눈맞춤이 어렵고 빈약한 애착관계를 형성한다. 특정 사물에 강한 집착을 갖는 경우가 많으며 또래관계가 어렵고 고립된 생활태도를 지닌다.

② 자폐성장애 영유아의 미술활동

자폐성장애 영유아는 변화에 대한 저항이 크기 때문에 미술활동을 통해 새로움에 대한 시도를 경험하는 것이 중요하다. 미술활동으로는 새로운 매체에 대한 점진적 접근으로 종이-종이찰흙-찰흙-물찰흙으로 이어나가고, 나무젓가락-손가락 순으로 변화를 시도한다.

(7) 의사소통장애

① 의사소통장애 영유아의 특성

타인과의 의사소통 장면에서 주고받는 대화를 이해하기 어렵고 자신이 생각하는 바를 정확히 표현하는 것이 어렵기 때문에 거절감 및 좌절감을 흔히 경험하게 되며 그로 인한 열등감으로 자존감이 낮아진다.

② 의사소통장애 영유아의 미술활동

자신의 생각을 언어로 사용해 표현하기 어려운 영유아들에게 미술이 주는 장점을 활용하여 그림이나 작품 만들기 등을 통해 자신감과 생각에 대한 지지를 받을 수 있다. 미술활동으로는 낱말카드 만들기, 엽서 만들기, 마인드 맵, 북아트, 난화 그리기, 자유화 등이 있다.

(8) 학습장애

① 학습장애 영유아의 특성

학습장애의 원인을 정확히 단정 짓기는 어려우나 환경적 · 유전적 · 생리적 요인으로 제시되고, 뇌손상으로 인한 뇌기능 장애로도 추정하고 있다.

② 학습장애 영유아의 미술활동

소근육이나 대근육을 사용하여 활동을 하는 데 어려움이 있기 때문에 시각운동 협응력을 높이기 위해 점진적이며 꾸준한 미술활동을 해야 한다. 대체적인 활동내용으로는 큰 퍼즐이나 작은 퍼즐 색칠하기, 구슬 끼우기, 집단 신체 본뜨기 점토 활동이 있다.

(9) 건강장애

① 건강장애 영유아의 특성

건강장애 영유아는 오랫동안 병원 입원으로 인해 가족들에게 많이 의존하게 되어 수동적인 양상을 보이며 매우 위축되어 있어 이에 따른 적절한 심리적 접근이 요구된다.

② 건강장애 영유아의 미술활동

초기에 매우 의존적이고 수동적이며 소극적인 성향을 보인다. 신체 상태에 따라서 적절한 매체 선택의 유연성을 두어야 한다. 대체적인 미술활동으로는 점묘화, 소망나무, 데칼코마니 콜라주, 희망탑, 천사토 활동, 플레이콘이 있다.

토의 및 토론

영유아의 개별특성을 고려하여 지도하는 방법에 대하여 알아본다.

color day

1. 알슈우라와 하트위크(Alschuler & Hattwick, 1947)의 색채 심리분석

색채사용 심리분석	보라색을 좋아하는 아동
아동의 심리	억제된 불안한 심리상태와 관련이 깊고, 많은 친구 사귀기를 싫어하는 감상적인 면이 강하다.

2. 우리 주변에서 볼 수 있는 보라색

튤립

콜라비

부레옥잠

3. 예비교사들의 미술에 대한 표현

아동미술은 개별화(이)다

미술교사는 맞춤형 리더이다

CHAPTER 07

실내외 환경구성

아동의 환경은 인적 환경과 물적 환경으로 나눈다. 아동과 만나는 인적 환경은 바로 교직원이다. 국가수준에서 요구하는 인간상을 구현하기 위한 교사는 아동의 삶 속에서 다양한 경험을 이끌어주는 모델이다. 이 장에서는 물적 환경으로 영유아를 둘러싸고 있는 교육기관에서의 실내와 실외 환경을 통하여 영유아가 경험해야 할 다양한 소재를 알아보고 경험을 쌓아보는 데 있다.

나는 날마다 새롭게 아름다운 것들을 발견한다.

– 클로드 모네 –

1. 미술경험을 지원하는 영유아반 실내외 환경

영유아의 활발한 미술활동을 지원하기 위해서는 물리적 환경이 잘 구비되어 있어야 한다. 왜냐하면 영유아의 교육적인 환경이 잘 이루어져 있을 때 영유아는 자유롭게 탐구하며 창의적으로 미술활동에 참여할 수 있기 때문이다. 미술영역을 구성할 때는 미술활동을 위한 조용하고도 물 사용이 용이한 곳에 배치하는 것이 좋다. 혹시 교실에 화장실과 개수대가 없다면 실외의 화장실과 가까운 곳으로 배치하는 것도 무방하다.

1) 미술경험을 지원하는 영유아반 실내 환경

(1) 영아 미술영역

영아는 만 1세만 지나도 성인에게 의존하던 것을 혼자서 하려고 하는 자발적인 탐색이 일어난다. 끼적거리기, 그리기, 찢기, 접기, 오리기, 자르기, 붙이기 등의 대·소근육 조절, 눈과 손의 협응력 등을 기르는 데 도움이 된다(고선옥 외, 2018). 또한 주어진 공간에 그림을 그리면서 자신이 가지고 있는 이미지를 표상하고 이를 통해 자아를 형성하게 된다. 그러므로 영아가 손으로 그림을 그리거나 밀가루 점토 만들기, 종이 자르기, 크레파스로 그리기 등으로 자유롭게 표현해 볼 수 있는 기회를 제공하고 영아의 흥미와 능력에 맞추어 환경을 조성하는 것이 좋다. 영아들의 발달 특성상 자료들을 입으로 가져가는 경우가 많으므로 위생에 주의해야 하고, 입에 넣고 빨기 때문에 유해한 성분이 없는 재질의 것인지 확인해야 한다. 벽면에는 큰 종이와 무독성 크레파스나 굵고 짧은 색연필을 달아 고정시켜 주어 영아들이 마음껏 끼적거릴 수 있도록 한다.

<표 7-1> 영아의 미술놀이 재료

구분	내용
종이류	이면지, 색지, 도화지, 헌지, 골판지, 색종이 등
재활용품	우유갑, 다양한 크기의 식음료 플라스틱 통, 빈 상자
도구	안전가위, 색연필, 크레파스, 붓, 찍기 놀이용 도구
기타	풀, 물감, 밀가루 반죽, 스티커 등

출처: 고선옥 외(2018). 놀이지도. 경기: 정민사.

구분	0세	만 1세	만 2세
실내영역 자료	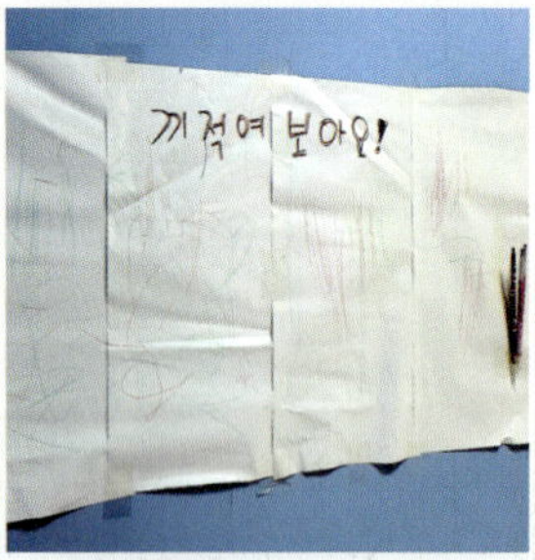		
실내영역 활동			

(2) 유아 미술영역

미술영역에서 유아들은 다양한 자료들을 가지고 활동을 함으로써 사물의 색, 선, 형태, 질감 등을 탐색하고 구별할 수 있고, 자신의 느낌과 생각을 다양하게 표현함으로써 정서적 긴장감을 해소할 수 있다. 다양한 자료를 사용하면서 눈과 손의 협응력과 문제해결 능력이 좋아지고 성취감이나 유능감을 경험할 수 있다. 미술영역은 왕래가 많지 않은 곳에 설치하며 색을 구별할 수 있는 밝은 곳이 좋고, 물이 필요한 공간이므로 물과 가까운 곳에 배치하고 바닥은 닦기가 용이한 재료를 사용하거나 부분적으로 비닐장판을 깔면 좋다.

<표 7-2> 유아의 미술놀이 재료

구분	내용
종이류	모양도화지, 색종이, 신문지, 색지, 셀로판지, 모조지, 포장지, 화선지 등
그리기 도구	크레파스, 색연필, 색분필, 물감, 사인펜, 매직펜, 파스텔, 연필, 붓, 칫솔, 실, 면봉
점토류	찰흙, 지점토, 밀가루 점토, 클레이 등
기본 자료 및 도구	가위, 풀, 스테이플러, 테이프, 펀치 등

출처: 고선옥 외(2018). 놀이지도. 경기: 정민사.

구분	만 3세	만 4세	만 5세
실내영역 자료			
실내영역 활동	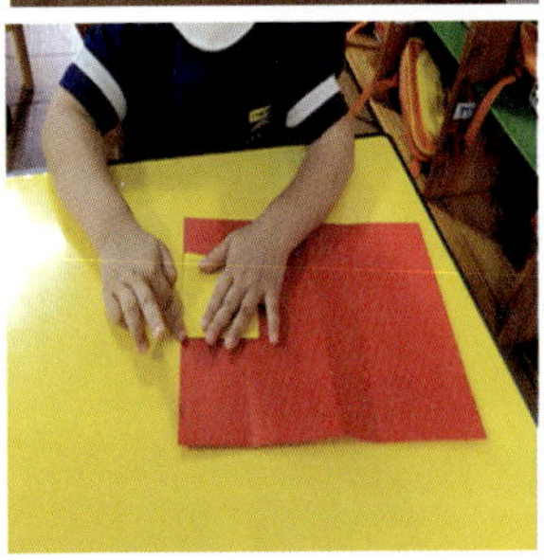		

2) 미술경험을 지원하는 영유아반 실외 환경

(1) 영아를 위한 실외 환경 구성

영아를 위한 실외놀이터는 영아기가 감각운동기에 해당되므로 다양한 감각을 고려한 놀이기구들을 설치해야 한다. 영아용으로 제작되어 안전사고를 예방하고 운동 기능이 미숙한 영아에게 좌절감을 주지 않으며 영아의 발달을 도울 수 있도록 직접 보고 듣고 만지는 경험을 충족될 수 있는 기회와 놀이 시설을 제공하는 것이 좋다.

그러므로 영아들의 바깥놀이 공간은 유아들의 공간과 분리되는 것이 좋지만 사정상 공동으로 사용해야 하는 경우에는 시간을 다르게 배정해서 영아와 유아가 다른 시간에 놀이를 할 수 있도록 하는 것이 좋다(고선옥 외, 2018).

프로스트(Frost, 1992)는 영아를 위한 실외놀이터를 구성할 때 다음의 원칙을 제시하고 있다.

① 기어오르기, 일어서기, 깡충 뛰기, 붙잡기, 잡아당기기, 밀기, 걷기, 뛰기, 균형 잡기, 회전하기 등의 동작이 가능하도록 설계한다.

② 보고, 듣고, 만지는 등의 탐색 행동을 위한 감각 경험을 제공한다.

③ 영아들에게 신기함과 다양성, 도전을 주는 환경이어야 한다.

④ 안전하고 편안하게 놀이터를 설계한다. 영아들은 기어다니고, 자주 넘어지고, 무언가를 입에 넣기 때문에 늘 안전한 환경 유지가 필요하다.

⑤ 주변 환경의 현상과 다양한 소리를 경험할 수 있는 환경을 제공한다.

구분	0세	만 1세	만 2세
실외영역 자료			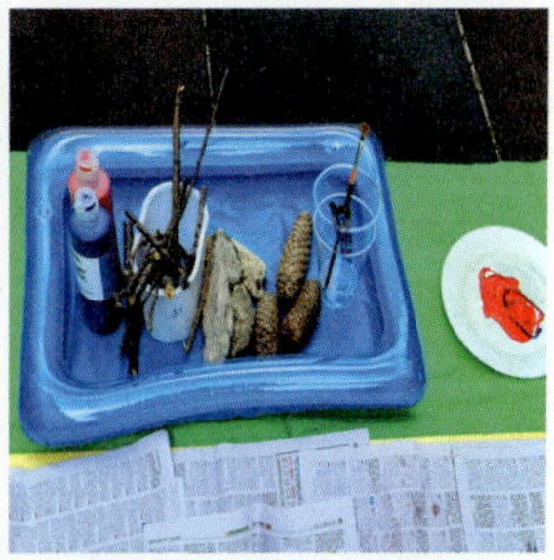
실외영역 활동			

(2) 유아를 위한 실외 환경 구성

유아를 위한 실외놀이터는 놀이가 고무되고 쉽게 접근할 수 있어야 하며, 개방적이고 편안한 공간이 되어야 한다.

프로스트와 클레인이 제시한 유아의 놀이 시설 설계 기준은 다음과 같다(Frost & Klein, 1979).

① 유아의 놀이를 장려하도록 설계한다.

② 유아가 쉽게 접근할 수 있도록 설계한다.

③ 개방적이고 편안한 공간을 조성한다.

④ 실내에서 실외로 자유롭게 이동할 수 있도록 설계한다.

⑤ 유아의 연령에 적합한 놀이 시설을 설계한다.

⑥ 유아의 감각을 자극하도록 설계하고 규모, 빛, 색깔의 변화와 대조를 경험할 수

있도록 설계한다.

⑦ 자유롭게 조절이 가능한 시설물을 설치한다.

⑧ 유아의 호기심을 다양하게 자극할 수 있도록 설계한다.

⑨ 다양한 상호작용(유아와 놀이 자료의 상호작용, 유아와 유아 간 상호작용, 유아와 성인의 상호작용)이 일어나도록 설계한다.

⑩ 실외 놀잇감을 보관할 수 있는 창고나 여름에 햇빛을 피할 수 있는 그늘 공간을 확보한다.

구분	만 3세	만 4세	만 5세
실외 영역 자료			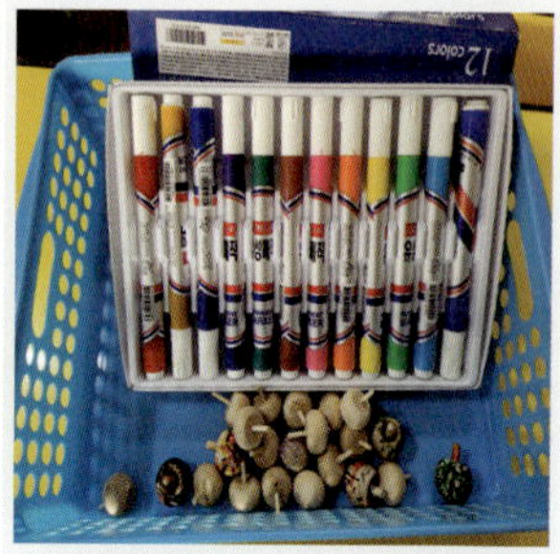
실외 영역 활동			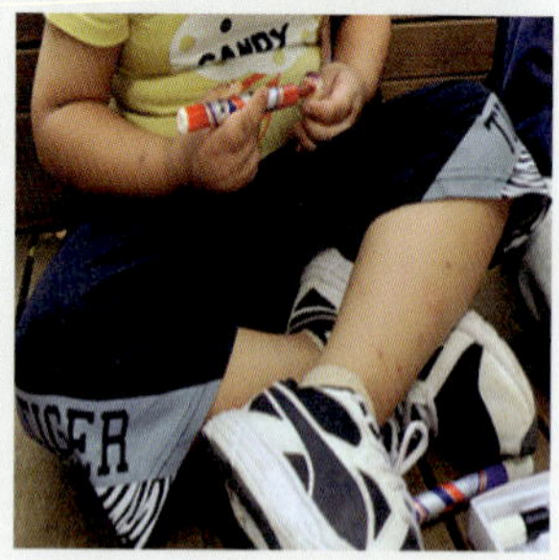

2. 다양한 미술재료와 도구

1) 다양한 미술재료와 도구의 특성

미술놀이활동에서 교사는 많은 고민에 쌓인다. 대체적인 고민의 내용은 작업 및 놀이활동에서의 안전의 문제, 재료의 친환경성, 작업 시 아동 복장의 오염 여부, 재료비의 차이, 수준별 놀이의 배분, 사용 후의 남은 재료의 특성에 따른 보관 여부이다.

재료의 구분과 내용을 살펴보면 다음과 같다.

<표 7-3> 미술놀이 재료의 구분과 내용

구분	내용
다양한 그리기 재료 및 도구	크레파스, 파스텔, 물감, 색연필, 먹, 자연물 벼루, 붓 등
만들기 재료 및 도구	재활용품, 끈, 천, 종이, 철사, 종이컵, 나무젓가락, 자연물, 꾸미기 재료 등
다양한 점토와 흙	천사점토, 오색점토, 고무찰흙, 지점토, 유점토, 폼클레이, 쌀점토
다양한 판화 재료 및 도구	자연물, 종이, 천, 스펀지, 롤러 등
다양한 염색 재료 및 도구	자연물, 천, 실, 물감, 염색색종이 등
영상물, 사진, 명화	비디오영상, 자연물 사진, 화가들의 작품

(1) 그리기 자료

그리기에 사용되는 자료는 다양하다. 그리기의 재료에는 필기용 연필, 4B연필, 색연필, 수성 볼펜, 유성 볼펜, 수성 사인펜, 유성 사인펜, 매직펜, 크레파스, 파스텔, 수채화 물감, 포스터컬러, 잉크나 먹물, 풀물감 등이 주로 그리기에 사용되는 자료들이다.

① 색연필, 크레파스와 크레용, 파스텔

끼적거리기의 영유아들은 근육운동이 자유스럽지 못하므로 짧은 손가락으로 다루기가 편리한 색연필이 크레파스보다는 끼적거리기 하는 자료로 적당하다고 하겠다.

크레파스는 영유아들이 다루기 쉬우며 물감처럼 여러 가지 도구가 필요하지 않고 사용방법이 간단하다. 크레파스는 그림을 그리거나 색칠을 할 때뿐만 아니라, 열에 녹여 표현할 수 있으며, 긁어서 표현할 수 있고, 또한 배수성을 이용하여 물감과 함께 표현할 수 있다. 주로 종이에 표현할 때 사용하지만 종이 외에도 돌멩이, 모래종이, 알루미늄 박지, 헝겊, 나무, 플라스틱 등에도 그릴 수 있는 특징을 지니고 있다. 크레파스의 종류는 대부분 12색으로 시작하여 18색, 24색, 36색, 48색, 55색 등 다양하나 아동의 예술적 탐구활동에서는 12색 내지 18색 정도면 무난하다.

크레파스는 아동이 손쉽게 사용하고 있는 것으로 어떤 종이에도 거의 사용이 가능하고 매우 중요한 자료이다. 아동이 손쉽게 다루는 자료로서 그리기 자료로 많이 사용된다.

크레용도 아동들이 사용하기 편리하고 색상이 아름다워 예술적 탐구활동 자료로 유용하다.

요즈음은 문방구에서 품질이 우수한 국산 크레용도 쉽게 구할 수 있음에도 불구하고, 지도현장에서는 대부분 크레파스를 사용한다. 크레용은 아동들의 손이나 옷에 색깔이 묻어나지 않아 아동의 예술적 탐구활동 자료로 더없이 좋은 자료이다. 예술활동 시 크레파스는 무독성이며, 아동이 잡기에 편한 크기로서 잘 부러지지 않는 것을 준비해 준다. 사용 후에는 휴지로 크레파스를 깨끗이 닦아 항상 크레파스 고유의 색을 경험하도록 격려해 준다. 또한 파스텔은 부드러워서 채색이 용이하고, 손가락으로 문지르면 독특한 촉감을 느낄 수 있으며, 손으로 문지르면 파스텔만이 가지고 있는 독특한 분위기를 느낄 수 있다. 작업이 끝난 후 투명 락카를 분사해 묻어나는 것을 방지할 수 있다.

② 색분필

색분필도 크레파스처럼 아동들이 손쉽게 다룰 수 있는 자료이다. 색분필은 칠판 · 유색종이 · 사포 등 다양한 표면에 그림을 그릴 수 있는 자료이다. 색분필을 그대로 사용하면 손에 묻어나고 도화지에 그림을 그릴 때 분필가루가 날리는 단점이 있다. 이러한 단점을 보완하기 위해서는 분필을 물에 적셔서 사용하면 손에 가루가 덜 묻어나고 도화지에서 가루가 날리지 않는다. 색분필을 사용하고 난 후에는 손을 깨끗이 씻도록 지도해야 한다.

③ 사인펜과 매직펜

사인펜은 수성과 유성 사인펜이 있으나 매직은 거의 유성 매직펜이다. 사인펜이나 매직펜은 종이 · 나무 · 옷감 등 다양한 재료에 그리기를 할 수 있고, 사용방법이 간단하고 쉬어서 아동에게 적당한 자료가 된다. 사용 전에는 항상 책상 위에 신문지나 비닐을 깔며, 사용 후 항상 뚜껑을 닫게 한다.

④ 물감

아동의 예술적 탐구활동에서 주로 사용되는 물감으로는 수채물감과 포스터컬러, 유화 물감, 아크릴 물감, 펄 물감, 마블링 물감, 스테인드글라스 물감, 염색 물감 등 다양한 종류가 있다.

수채물감과 포스터컬러는 물에 잘 녹는 성질을 이용하여 물에 녹여 쓴다. 수채물감과 포스터컬러의 차이점은 수채물감은 투명하게 표현할 수 있으나 포스터컬러는 불투명하게 표현된다. 물감은 물을 많이 섞을수록 색이 묽어지는 특성이 있다. 물감을 짤 때는 튜브의 아랫부분을 눌러 짜도록 하고, 마르지 않도록 물감을 짜고 나면 꼭 뚜껑을 닫도록 지도해야 한다. 아동의 예술적 탐구활동에서의 수채물감도 훌륭한 예술적 탐구활동 재료로 활용이 가능하다. 현재 아동의 예술적 탐구 교육현장을 보면 물감을 단순한 크레파스의 보조적인 역할로 주로 이용하고 있는 실정이다. 그러나 조금만 담임교사가 관심을 기울이면 아동의 예술적 탐구활동에서 수채물감이 독자적이 재료로 얼마든지 활용이 가능하다. 예를 들면 물감뿌리기, 흘리기, 실 그림, 데칼코마니, 여러 가지 찍기놀이 등 다양하게 이용할 수가 있다.

물감의 사용 시 유의할 점은 다음과 같다.

첫째, 활동 시에는 입고 벗기에 편한 작업복을 입게 한다.

둘째, 작업이나 놀이활동을 하는 바닥에 신문지를 깔고 하면 책상이 지저분해지는 것을 방지할 수 있다.

셋째, 붓은 한 가지 물감을 사용하고 나면 반드시 물통에 여러 번 깨끗이 빨아 사용해야 다음에 사용할 색을 순수하게 낼 수 있음을 이해시켜야 한다.

넷째, 물감을 처음에는 2~3가지 색을 사용하며 같은 색의 물감에만 붓을 넣도록 한다.

다섯째, 물감을 사용할 때마다 짜서 쓰는 것은 낭비가 너무 심하므로 물감은 팔레트에 짜놓고 쓰는 것이 경제적이다.

⑤ 풀물감

풀물감은 손가락 그림을 그리기 위한 물감으로 풀과 식물성 안료를 섞어 만든 물감을 말하며 풀물감 또는 색풀이라고도 한다. 간혹 핑거페인팅 활동 시 풀물감 대신 면도용 크림을 사용하기도 한다.

풀물감을 만드는 방법은 다음과 같다.

첫째, 풀을 준비한다(풀은 너무 되지 않는 것이 좋고 풀이 될 경우에는 물을 약간 섞어 묽게 한다).

둘째, 준비한 풀에 안료(식용색소, 자연물 등)와 세제를 넣고 잘 저어 섞은 다음에 소금과 글리세린을 약간 넣고 다시 잘 섞는다.

셋째, 풀물감을 오래 사용할 경우 방부제를 전체 재료의 30분의 1 정도를 넣어서 만들면 된다.

넷째, 풀물감 사용을 어려워하는 아동은 친숙하게 풀물감에 들어가는 재료를 알아보고 만져보고 풀물감에 손가락으로 살짝 만져보는 단계를 가진 다음에 익숙한 행동이 생길 때 지도하는 것이 좋다.

(2) 다양한 미술재료와 도구의 구입활용

① 다양한 그리기 재료 및 도구

종이의 경우에는 다양한 크기(동그라미, 세모, 네모, 하트)와 다양한 색, 다양한 종류(머메이드지, 구김지, 구공지, 화선지, 습지, 색지, 색종이 등)로 준비하여 다양한 종이의 경험을 하도록 한다.

붓의 경우에도 그림 붓(다양한 크기와 굵기), 먹을 이용한 경우에도 다양한 형태의 붓을 제공해야 한다. 색연필, 사인펜, 크레파스, 매직의 경우에도 다양한 색이 구비되어 있는 것으로 제공해야 한다.

② 만들기 재료 및 도구

일상생활 속에서 찾을 수 있는 다양한 끈, 천, 종이, 철사, 종이컵, 나무젓가락, 자연물, 재활용품 등을 깨끗하고 안전하게 인원 수만큼 준비하여 만들기와 꾸미기활동에 제공한다.

③ 다양한 점토와 흙

문구점을 이용하여 구입할 경우에는 재료의 포장 여부와 내용물의 변질을 파악하여 구입하고 마를 수 있는 제품의 경우에는 하루 전에 구입하도록 한다. 다양한 색상의 내용을 통하여 많은 작품을 다양하게 표현할 수 있다.

④ 다양한 판화 재료 및 도구

판화는 다루기는 다소 어렵지만 활동 후의 결과물에 만족하는 편이다. 자연물, 종이,

천, 스펀지, 롤러 등을 다양하게 준비하고, 영유아가 다루기 편하도록 미리 활동 전에 안전에 대한 유의점과 사용법을 알려주도록 한다.

⑤ 다양한 염색 재료 및 도구

염색은 인공적인 첨가물을 가지고 할 때는 많은 위험성을 동반한다. 영유아에게는 자연물을 이용하여 유기농 식품 첨가물을 통한 염색을 이용하는 것이 좋다. 다양한 천, 자연물, 실, 유기농 식용물감을 제공하고 설명을 통하여 즐거운 염색놀이가 되도록 한다. 실내에서는 교사와 함께 염색 색종이를 이용하여 영유아에게 염색하는 방법도 좋으나 전열기구 사용에서 안전이 요구됨을 꼭 설명해야 한다.

⑥ 영상물, 사진, 명화

각종 영상매체는 영유아들이 가장 좋아하는 주의집중의 산물이다. 주제, 교육적 측면, 비폭력적 매체 등의 여러 좋은 작품, 자연물의 사진, 미술가들의 예술작품, 박물관의 내용, 전시회의 내용, 동물들의 생활 등 다양한 주제의 좋은 교육적 매체를 구입하면 좋다.

(3) 다양한 미술재료와 도구의 관리법 이해

① 다양한 그리기 재료 및 도구

사용 후에는 깨끗하게 정리정돈하고, 주변을 닦고 잘 잠가둔다. 다음 사용을 위하여 자료실이나 미술놀이영역에 내용별로 구분하여 놓는다.

② 만들기 재료 및 도구

재활용품은 사용하기 좋게 깨끗하게 다듬고, 씻고, 말려서 종류별로 구분해둔다. 그 외의 만들기 재료는 변하지(녹슬지 않게 하기, 부패하지 않게 하기) 않도록 수시로 확인하여 보관한다.

③ 다양한 점토와 흙

점토는 종류가 다양함으로 내용에 따라서 바람과 차단하여 책의 변형을 막고, 잘 눌러서 뚜껑을 잘 닫아둔다.

④ 다양한 판화 재료 및 도구

자연물은 활동시작 하루 전에 깨끗하게 손질하여 인원수만큼 준비해둔다. 그전에 종이와 천의 구김을 확인하고, 다양한 스펀지와 롤러의 오염방지에 신경써야 한다.

⑤ 다양한 염색 재료 및 도구

다양한 색감과 자연물의 환상적인 염색은 특별히 섞이지 않도록 준비를 해야 하며, 염색색종이의 경우에는 다양한 모양을 교사가 미리 견본으로 시범을 보여주고 나서 오린 뒤에 다리미의 안전을 꼭 유의해야 한다.

다양한 매체를 이용하는 경우에는 영상매체의 원본을 구입하여 준비해두고 따로 복사를 해서 교실에서 사용해야 한다.

원본이 훼손된 경우에는 다양한 비품관리와 수선유지비가 요구된다.

토의 및 토론

실내외 환경에서 아동이 사용할 수 있는 재료와 도구에 대하여 알아보고, 안전하게 관리하는 방법을 생각해 본다.

1. 알슈우라와 하트위크(Alschuler & Hattwick, 1947)의 색채 심리분석

색채사용 심리분석	갈색을 좋아하는 아동
아동의 심리	파란색과 비교하여 갈색이 강한 것은 유아적 상태에 머무르려는 욕구의 표현이 더러운 것을 싫어하며, 이 색을 고집해서 쓸 때는 모성애의 결여와 관련이 있다.

2. 우리 주변에서 볼 수 있는 갈색

밤	**강아지**	**아이비**

3. 예비교사들의 미술에 대한 표현

아동미술은 다양한 재료와 도구이다	**미술교사는 환경구성가(이)다**

CHAPTER 08

그리기(★대면교육)

그리기는 모든 사람의 내면의 실제이다. 무언가를 써보고 그려보는 자체가 곧 삶의 여유이자 힐링이 된다. 이 장에서는 그리기 활동의 전반적인 내용과 실제를 알아보고자 한다.

> 다른 사람을 감동시키려면 먼저 자신이 감동하지 않으면 안 된다.
> 그렇지 못하면 제아무리 정교한 작품이라도 결코 생명력을 갖지 못한다.
>
> – 장 프랑수아 밀레 –

1. 다양한 그리기 활동

그리기는 연필이나 붓 등으로 어떤 사물이나 모양을 닮게 선이나 색으로 나타내는 활동이다. 다양한 도구(연필, 파스텔, 붓, 물감)를 이용하여 자신의 생각이나 현상, 느낌들을 반영하여 실제 사물이나 인물을 묘사해 보는 것으로 영유아의 마음이나 패턴이 나타난다.

바닷가 풍경 그리기

나의 생각 그리기

꽃밭 그리기

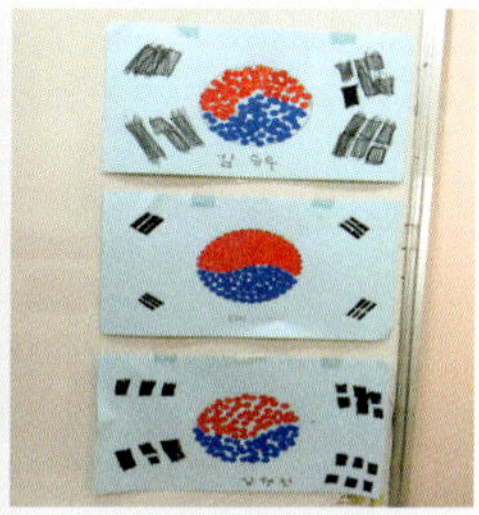
태극기 그리기

1) 영아를 위한 다양한 그리기 활동

3장 '아동기 미술표현의 발달단계'에서 이미 설명한 바와 같이 영아(0~만 2세)는 난화기 단계에서 자기표현의 첫 단계로, 무엇인가 그린다는 목적보다는 손의 근육운동과 그 결과로 생긴 선을 발견하고 즐긴다. 즉, 낙서하는 수준의 근육조절을 위한 연습을 하다가 점점 시기적으로 지그재그 모양이 형성되어간다. 영아는 아직 미숙한 도구사용의 시기를 거친다. 실내 놀이영역에서도 언어놀이에서 끼적이기판을 이용하여 다양하여 자신의 표현하고자 하는 내용을 그리는 수준이다.

바깥놀이에서도 자연물을 가지고 모형을 찍어보는 활동, 모래나 땅바닥에 그려보는 놀이활동을 종종 볼 수 있다.

0세	만 1세	만 2세

2) 유아를 위한 다양한 그리기 활동

유아는 전도식기 단계에서 무의식적인 표현과정으로부터 점차 의식적인 표현과정으로 옮겨지는 상징적 도식의 기초단계이다. 즉, 유아는 좀 더 섬세하고 발달수준별 난이도를 보인다. 실내영역에서는 언어활동의 말하기와 듣기, 읽기와 쓰기활동을 병행하면서 자신이 그려본 것을 가지고 친구들과 이야기도 만들고 직접 또래집단 앞에서 발표도 하면서 자신의 느낌을 분명하게 전달한다.

바깥놀이에서도 자연물을 가지고 여러 가지 책(식물도감, 동물도감, 조류도감, 곤충이야기, 여러 가지 꽃)에서 나오는 것을 보고 배우며, 친구들과 함께 만들어본다. 모래로 개미집짓기, 우리 동네 모형 만들기, 동화책에서 나오는 주인공의 옷을 만들어보기 등의 다채로운 활동을 통합하기도 한다.

만 3세	만 4세	만 5세

2. 종이와 도구를 활용한 평면활동

1) 그리기 활동을 통한 자신의 생각과 느낌 표현활동

아동은 그리기 활동을 통하여 예술가의 재능을 보인다. 예를 들면 음악 듣고 그리기, 롤러그림, 집과 나무, 사람 그리기, 가족들을 동물로 표현하기, 액자의 공간을 이용한 그리기, 컬러펜으로 그리기, 매직으로 그리기, 펀치를 이용한 그리기, 사진을 이용한 자화상 그리기, 색종이를 이용하여 그리기, 사포나 OHP에 그림 그리기 등의 표현을 한다.

2) 다양한 재료와 방법으로 표현하는 그리기 활동

(1) 엄마 얼굴 그리기

종이와 크레파스를 제공하여 주면서 엄마를 그려보자고 하니 얼굴을 그리면서 "우리 엄마는 빨간립스틱 발라요~"라고 말하면서 친구들과 이야기 나누며 즐거워하였다.

(2) 파스텔 그림

파스텔을 이용해 그리기를 해보고 손가락으로 문지르면서 그림 전체로 퍼져나가는 색을 탐색하였다. "아름답다, 분홍색이 너무 예쁘다" 등 언어로 표현하면서 유아들이 오랫동안 집중하는 모습을 보였다.

(3) 구슬그림

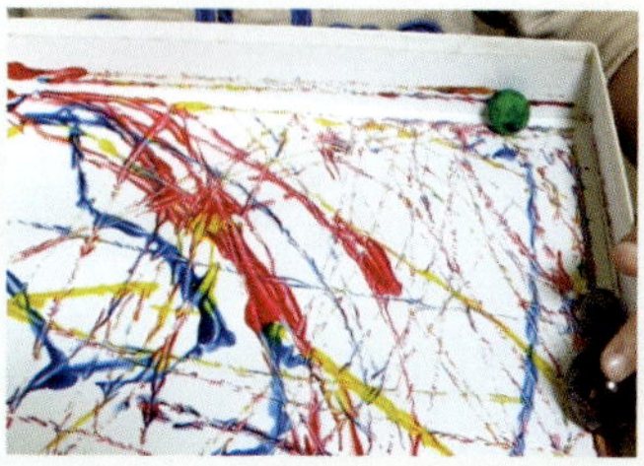

종이 상자 안에 하얀 종이를 붙여놓고, 그 위에 물감을 묻힌 구슬을 놓아두어 이리저리 상자를 흔들면서 구슬의 움직임과 구슬이 만들어낸 그림들을 관찰하였다. "떼굴떼굴 잘 굴러간다"라고 말하면서 너무나 좋아하였다.

(4) 바퀴그림

자동차 바퀴에 물감을 묻히고 종이에 쓱쓱 굴려가면서 바퀴가 남긴 흔적들을 탐색하도록 하였는데 "우리 아빠 자동차로도 할 수 있어요?"라고 물어보면서 흥미와 호기심을 가지고 활동하는 유아도 있었다.

(5) 빨대그림

종이에 물감방울을 떨어뜨려 빨대로 후~~ 불어보게 하였다. 물감이 퍼져 나가는 것을 바라보면서 "쉬 싸는 것 같다", "마셔볼까?" 등 유아들이 다양하게 표현해주었다.

(6) 사포그림

사포를 손으로 만져보게 하니 "거칠거칠해요~", "너무 느낌이 안 좋아요" 등의 표현을 해주었고 크레파스로 다양한 그림을 그리며 재미있어 하였다.

(7) OHP그림

OHP에 그림을 그리고 아래에 은색의 포일을 놓으면서 감촉을 만져보고 탐색하도록 하였는데 "미끌미끌해요", "미끄럼 타는 것 같아요"라고 말하면서 여러 가지 다양한 색의 매직을 이용하여 그림을 표현해 주었다.

3. 모의실습

영유아의 그리기 주제에 따른 놀이활동 및 교사지원에 대한 내용은 다음과 같다.

1) 0세

구분	0세
그리기 자료 및 활동모습	 
놀이활동 및 교사지원	<놀이활동> *주제: 변기 그림에 끼적이기 *목표: 배변에 필요한 물건에 관심을 가지고, 변기 그림을 탐색하며 자유롭게 표현한다. *표준보육과정 관련 요소 –예술경험 〉 창의적으로 표현하기 〉 미술재료로 느낌을 표현한다. <교사지원> *공간과 일과: 화장실에 가서 변기가 어떻게 생겼는지 탐색해 보도록 하였고, 변기 그림을 보면서 영아가 마음껏 색칠해 보도록 격려하였다. *자료: 변기 그림, 크레파스 *상호작용 –영아가 무엇에 관심이 있는지 지켜보다가 표정과 손짓 등 비언어적인 지원과 함께 언어적으로도 격려하였다. (이게 뭘까? 이걸 본 적이 있니? 무엇에 쓰는 물건일까? 와~ 꼼꼼하게 잘 하는구나~ 예쁘게 된 것 같니? 등) *안전: 영아가 크레파스를 입에 넣으려고 하는 행동을 보일 때마다 입에 닿지 않도록 제지하고 반복하여 이야기해 주었다.

2) 만 1세

구분	만 1세
그리기 자료 및 활동모습	 
놀이활동 및 교사지원	<놀이활동> *주제: 물티슈에 콕콕! *목표: 물티슈에 번지는 다양한 색깔을 탐색하고, 자유롭게 표현한다. *표준보육과정 관련 요소 –예술경험 〉 창의적으로 표현하기 〉 다양한 미술재료로 생각과 느낌을 표현한다. <교사지원> *공간과 일과: 교실 내 미술영역에서 미술재료들을 탐색해 보도록 하였고, 영아가 그만 두기를 원하지 않아서 마음껏 오랫동안 할 수 있도록 해주었다. *자료: 물티슈, 다양한 색깔의 유성매직, 종이접시 *상호작용 –호기심을 가지고 유성매직을 바라보고 있던 영아에게 다가가서 다양하게 상호작용하였다. (크레파스랑 비슷하게 생겼네~ 콕콕 찍어볼까? 어떤 느낌이 드니? 등) *안전: 유성매직은 영아의 건강에 좋지 않은 휘발성 물질이 들어 있으므로 입이나 몸에 묻지 않도록 주의를 주었고, 활동 후에는 바로 영아의 손이 닿지 않는 곳에 두었다.

3) 만 2세

구분	만 2세
그리기 자료 및 활동모습	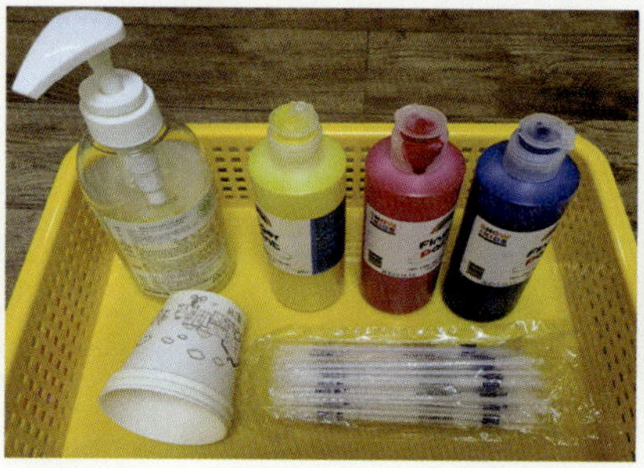 
놀이활동 및 교사지원	<놀이활동> *주제: 비누거품그림 *목표: 물과 세제가 만나서 생기는 비누거품을 탐색하고, 완성된 거품그림을 감상하면서 심미감을 기른다. *표준보육과정 관련 요소 –예술경험 〉 창의적으로 표현하기 〉 다양한 미술재료와 도구로 생각과 느낌을 표현한다. <교사지원> *공간과 일과: 화장실에서 손을 씻게 하며 거품이 만들어지는 것을 관찰하게 하였고, 미술영역에서 영아가 재료와 도구를 충분히 탐색하도록 지원하였다. *자료: 종이컵, 빨대, 주방세제, 물감 *상호작용 –다양한 재료를 탐색하게 한 후에 영아의 경험을 이야기할 수 있도록 상호작용하였다. (이게 뭘까? 주방세제를 집에서 본 적이 있니? 무엇을 할 때 사용했니? 세제가 물과 만나면 어떻게 될까? 등) –거품그림을 감상하는 영아에게 자신의 느낌을 말해 볼 수 있도록 격려하였다. (거품 모양이 어떻니? 어떤 느낌이 드는지 말해줄래? 등) *안전: 주방세제를 영아들이 삼킬 염려가 있어서 한 명씩 불러내어 안전하게 진행하였다.

4) 만 3세

구분	만 3세
그리기 자료 및 활동모습	 
놀이활동 및 교사지원	<놀이활동> *주제: 겨울이 왔어요! *목표: 겨울계절을 생각하며 창의적으로 표현할 수 있다. *누리과정 관련 요소 –예술경험 〉 창의적으로 표현하기 〉 다양한 미술재료와 도구로 자신의 생각과 느낌을 표현한다. <교사지원> *자료: 도화지, 색연필, 다양한 그리기 도구 *상호작용 –겨울에 대해 생각해 본다. (오늘 날씨는 어떤 것 같니? 겨울계절에 대해 생각해 볼까?) –겨울 그림을 그린다. (눈이 온다면 어떨까? 무슨 색으로 칠할까?) –그림을 함께 감상한다. (누가 그렸을까? 눈이 왔을 때 그려봤는데 어떠니?) *확장 및 연계활동: 쌓기 영역과 연계하여 다양한 블록들로 겨울풍경을 구성해 본다. *지도상의 유의점: 그리기 도구를 사용할 때 혼자 욕심 부리지 않고 친구와 함께 사용하도록 지도한다.

5) 만 4세

구분	만 4세
그리기 자료 및 활동모습	 
놀이활동 및 교사지원	<놀이활동> *주제: 모양을 이용한 그림을 그려요 *목표: 다양한 모양과 특징을 알아보고, 모양을 이용하여 우리 반의 모습을 표현한다. *누리과정 관련 요소 -예술경험 〉 창의적으로 표현하기 〉 다양한 미술재료와 도구로 자신의 생각과 느낌을 표현한다. <교사지원> *자료: 유성매직, 흰 도화지 *상호작용 -모양의 이름과 특징에 대해 알아본다. (동그라미를 본 적이 있니? 다른 모양도 알아볼까?) -우리 반 전체를 둘러보며 이야기 나눈다. (우리 반에는 어떤 모양이 있니?) -놀이방법을 알아본다. (모양을 이용해 마음대로 그림을 그려볼까?) *확장 및 연계활동: 수/조작영역과 연계하여 모양패턴 만들기 놀이를 할 수 있다. *지도상의 유의점: 너무 다양한 모양과 크기의 종이를 준비해 주기보다는 3~4가지 정도로만 제시해주어 유아들이 준비된 모양 안에서 자유롭게 표현하도록 한다.

6) 만 5세

구분	만 5세
그리기 자료 및 활동모습	 
놀이활동 및 교사지원	<놀이활동> *주제: 탈 것들을 그려요 *목표: 여러 종류의 탈 것들을 다양한 방법으로 표현한다. *누리과정 관련 요소 –예술경험 〉 창의적으로 표현하기 〉 다양한 미술재료와 도구로 자신의 생각과 느낌을 표현한다. <교사지원> *자료: 연필, 지우개, 그리기 도구, 도화지, 탈 것 이미지 *상호작용 –자신이 탔던 것들에 대해 이야기 나눈다. (무엇을 타 봤니? 어떻게 생겼니?) –탈 것들에 대해 이야기 나눈다. (사진에 무엇이 보이니? 타 본 적이 있니?) –다양하게 탈것들을 그려본다. (어떻게 그려볼까? 색연필로 바퀴를 그리는구나) *확장 및 연계활동: 쌓기영역과 연계하여 정비소를 만들고 친구와 함께 협력하며 놀이를 한다. *지도상의 유의점: 유아가 자유롭게 원하는 미술 도구를 선택하여 그릴 수 있도록 한다.

토의 및 토론

그리기의 재료와 주제에 대하여 알아보고, 지도상의 유의점에 대하여 생각해 본다.

color day

1. 알슈우라와 하트위크(Alschuler & Hattwick, 1947)의 색채 심리분석

색채사용 심리분석	흰색을 좋아하는 아동
아동의 심리	외부와의 관계에 대한 후회로 인한 결백한 심정으로 돌아가고 싶은 마음을 반영하였다.

2. 우리 주변에서 볼 수 있는 흰색

눈사람

오리

흰 구름

3. 예비교사들의 미술에 대한 표현

아동미술은 그리기(이)다

미술교사는 화가(이)다

CHAPTER 09

만들기와 꾸미기(★대면교육)

만들기와 꾸미기활동은 또 하나의 건축물을 만들 듯이 만들고 부수면서 느끼는 감정과 함께 또 다른 창의성을 가져온다. 이 장에서는 만들기와 꾸미기활동의 전반적인 내용과 실제를 알아보고자 한다.

고통은 지나가지만, 아름다움은 남는다.

– 오귀스트 르누아르 –

1. 다양한 만들기 입체활동

만들기는 아동 자신의 노력이나 기술로 목적하는 작품이나 모형을 이루는 것을 의미한다. 이에는 주로 자연물을 활용한 만들기, 인형 만들기, 리본 만들기, 종이를 이용하여 주사위 만들기, 가방 만들기, 재활용품으로 발명품 만들기, 모자 만들기 등이 있다.

동화 만들기

아빠와 엄마

카드 만들기

자연물로 리스 만들기

1) 영아를 위한 만들기활동

영아들은 교사의 미술활동을 통하여 수동적인 모방의 형태로 즐거움을 느낀다. 재료의 탐색과 도구의 안전성을 고려하여 만들기에 진입한다. 다양한 끈, 천, 종이, 재활용품을 활용한 표현활동에 대하여 살펴보면 다음과 같다.

(1) 끈을 이용한 자신의 생각과 느낌 표현

끈을 이용하여 매듭, 목걸이 끈, 전화기 등을 만들어본다.

두 개의 종이컵을 준비하여 양 쪽에 각각 실을 꿰어 친구와 전화하는 흉내를 내며 "여보세요~" "잘 들려?" 말하면서 재미있다고 이야기함.

(2) 천을 이용한 자신의 생각과 느낌 표현

염색한 천을 이용하여 물고기를 만들고, 생각과 느낌을 표현하도록 한다.

영아가 좋아하는 색깔로 천을 물들이고 물고기 모양으로 만들어 보았는데 "너무 귀여워요~ 진짜 물고기 같아요" 라고 말로 표현하였음.

(3) 종이를 이용한 자신의 생각과 느낌 표현

물고기 머리와 꼬리모양을 이용해 종이 비늘을 만들어 보았다.

"물고기 몸이 꼬불꼬불해요~"라고 말하며 친구들과 이리저리 왔다 갔다 하면서 즐거워함.

(4) 재활용품을 이용한 자신의 생각과 느낌 표현

일회용 숟가락을 이용하여 가족을 표현해보며 생각을 표현해 보았다.

"우리가족은 4명이야."
"아니야, 우리가족은 7명이거든"
가족의 수와 얼굴표정을 말하면서 즐거워함.

2) 유아를 위한 만들기활동

유아들은 재밌는 놀이 활동이나 주변의 매체를 통하여 얻은 지식으로 주인공도 되어보고, 상상을 통하여 다양한 주제, 재료와 도구, 방법과의 연계를 통하여 자신이 만들고자 하는 내용을 창의적으로 만든다. 다양한 끈, 천, 종이, 재활용품을 활용한 표현 활동에 대하여 살펴보면 다음과 같다.

(1) 끈을 이용한 자신의 생각과 느낌 표현

끈을 이용하여 매듭, 머리 끈, 꽃장식 등을 만들어본다.

일상생활에서 사용하는 양말의 윗부분을 가지고 유아들이 좋아하는 꽃, 머리끈을 만들어 보면서 색이나 모양에 따른 결과물이 달라지는 것을 알게 되었다.
"회색의 끈을 사용했는데~ 다음에는 분홍색으로 하고 싶어요"

(2) 천을 이용한 자신의 생각과 느낌 표현

뽕뽕이를 이용하여 포도를 만들고, 생각과 느낌을 표현하도록 한다.

연희와 주희, 혜원이가 함께 포도밭에 갔다 온 이야기를 나누면서 즐겁게 포도를 꾸민다. 청포도가 맛있다는 연희와 보라색 포도가 맛있다는 주희, 다양한 포도를 먹어봤다는 혜원이의 끊임없는 포도밭 이야기가 진행된다.

(3) 종이를 이용한 자신의 생각과 느낌 표현

두꺼운 종이에 나만의 기타를 만들면서 생각을 표현해 보았다.

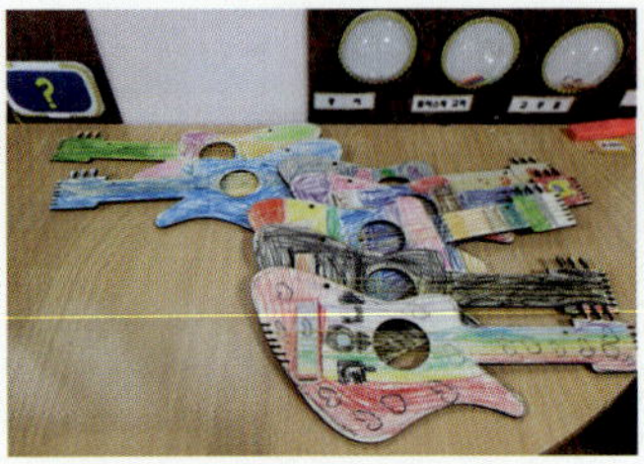

"내가 좋아하는 가수는 기타가 아주 멋져!
나도 나중에 기타 치면서 노래하는 가수가 될 거야"
고무줄을 이으면서 신나는 얼굴로 노래를 흥얼거린다.

(4) 재활용품을 이용한 자신의 생각과 느낌 표현

사진 필름통을 이용하여 당근이나 무를 만들어보며 생각을 표현해 보았다.

동그랗고 까만 필름통에 하얀색 부직포를
두르고, 초록색 무청까지 붙이고 나니
유아들이 "우와~ 귀여운 무가 되었네"
하면서 시장놀이로도 확장하면서 즐거워함.

2. 다양한 꾸미기 입체활동

꾸미기는 모양이 나도록 매만져 차리거나 손질하는 것을 의미한다. 주로 동화의 내용을 이야기로 꾸미기, 사계절 환경판 꾸미기, 행사를 위한 초대장 꾸미기, 신발 꾸미기, 모자이크 그림 꾸며보기, 우리동네 이미지에 맞는 담을 예쁘게 꾸며보기 등이 있다.

자연물로 부채 꾸미기

잠자리 꾸미기

지끈으로 벽면에 꽃

사과 가습기 만들기

1) 영아를 위한 꾸미기활동

영아들은 탐색을 통하여 주변의 물건과 재료들이 익숙해지도록 한다. 영아가 쉽게 볼 수 있는 재료의 친근감이 영아의 꾸미기활동을 돕는다. 주제를 정해주는 방법, 재료를 정해주는 방법, 기법 및 구성의 아이디어를 정해주는 방법에 따라서 영아의 일상생활에서의 모방이나 창의성을 이끈다.

영아들의 입체활동을 위한 방법은 **<표 9-1>**과 같으며, 다양한 끈, 천, 종이, 재활용품을 활용한 표현활동에 대하여 살펴보면 다음과 같다.

<표 9-1> 영아들의 입체활동

방법	내용
주제를 정해주는 방법	엄마, 아빠, 우리가족, 친구, 인형, 강아지, 고양이
재료를 정해주는 방법	크레파스, 색연필, 스펀지, 유기농 식재료, 솜, 종이컵, 솔방울
기법 및 구성의 아이디어를 정해주는 방법	칠하기, 붙이기, 찍기, 찢기, 바르기

(1) 끈을 이용한 자신의 생각과 느낌 표현

기다란 실을 이용하여 실그림을 꾸며보며 그 모양을 감상한다.

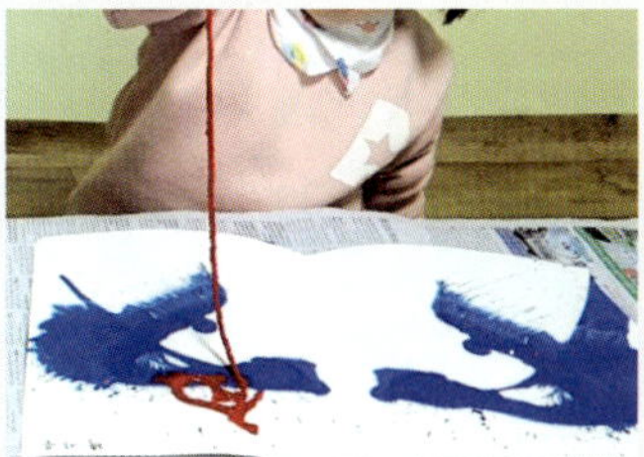

물감을 묻힌 기다란 실을 종이의 한 쪽 면에 꼬불꼬불 놓은 뒤, 반으로 접어서 실을 빼니 "와~ 나비다!" 하면서 유아가 생각을 표현함.

(2) 천을 이용한 자신의 생각과 느낌 표현

하얀색 천에 천연재료를 이용해 염색을 하면서 생각과 느낌을 표현한다.

하얐던 색깔의 천이 노란색으로 변한 것을 보고는 "마술 같다" "노란 손수건이네~ 엄마 줘야지~~"라고 표현함.

(3) 종이를 이용한 자신의 생각과 느낌 표현

신문지를 이용하여 모자와 티셔츠를 꾸미고 생각과 느낌을 표현한다.

신문지에 색종이를 이용하여 꾸며보는 활동을 하면서 “빨간색으로 해봐! 아니야, 파란색이 더 좋아”라고 하면서 서로 색종이를 접어서 표현함.

(4) 재활용품을 이용한 자신의 생각과 느낌 표현

재활용 요구르트병을 활용하여 찍기놀이를 하며 생각과 느낌을 표현한다.

“우와~~ 동그라미다~”
요구르트병을 찍을 때마다 감탄하면서 즐겁게 활동하였음.

2) 유아를 위한 꾸미기활동

유아들은 다양한 놀이와 여러 가지 경험을 통하여 풍부한 상상력으로 꾸미기활동에 들어간다. 주제를 정해주는 방법, 재료를 정해주는 방법, 기법 및 구성의 아이디어를 정해주는 방법에 따라서 유아의 일상생활에서의 경험을 꾸미거나, 동화책에서의 주인공을 창의적으로 꾸며보기도 한다.

유아들의 입체활동을 위한 방법은 **<표 9-2>**와 같으며, 다양한 끈, 천, 종이, 재활용품을 활용한 표현활동에 대하여 살펴보면 다음과 같다.

<표 9-2> 유아들의 입체활동

방법	내용
주제를 정해주는 방법	나, 우리집, 사계절, 공룡, 동물, 식물, 곤충, 교통기관, 우리나라, 우주
재료를 정해주는 방법	물감, 붓, 신문과 잡지, 사인펜, 도화지, 스케치북, 면봉, 화장지, 물풀, 나뭇잎, 볼펜뚜껑, 스탬프, 마블링, 물감, 색연필, 나무판
기법 및 구성의 아이디어를 정해주는 방법	불기, 말기, 자르기, 오리기, 찢기, 구기기, 칠하기, 접기

(1) 끈을 이용한 자신의 생각과 느낌 표현

여러 가지 색의 실을 이용하여 엄마를 꾸며보며 그 모양을 감상한다.

다양한 색의 실을 가지고 엄마의 모습을 꾸미면서 머리 모양을 여러 번 바꾸어 가면서 예쁘게 꾸며보고 있다.
"우리엄마는 파마 했을 때 제일 예뻐!"
나는 파란색머리로 만들고 싶어!" 하면서
유아가 생각을 표현함.

(2) 천을 이용한 자신의 생각과 느낌 표현

부직포나 펠트지를 이용하여 문어를 꾸며보고 낙지에 대하여 생각과 느낌을 표현한다.

그림책을 읽고 역할놀이용 문어를 꾸미면서 "내 것이 이쁘다" "흰색으로 하면 더 좋을까~ 낙지 움직이는 것 봤니?"라고 표현함.

(3) 종이를 이용한 자신의 생각과 느낌 표현

합동그림으로 종이를 접고, 오리면서 나무를 꾸미고 생각과 느낌을 표현한다.

유아들이 종이를 접고, 나뭇잎을 오리고 사인펜으로 글씨도 쓰면서 자신의 생각과 느낌을 친구들과 이야기 나누었음.

(4) 재활용품을 이용한 자신의 생각과 느낌 표현

낡은 고무신을 이용하여 화분을 만들면서 식물의 성장에 대한 생각과 느낌을 표현한다.

"우와~~ 신발이 멋진 화분이 되었어~"
다양한 색의 고무신에 그림을 그리고 다육이를 심으면서 식물이 잘 자라기를 서로 이야기하며 즐겁게 활동하였음.

3. 모의실습

영유아의 만들기 및 꾸미기의 주제에 따른 놀이활동 및 교사지원은 다음과 같다.

1) 0세

구분	0세
만들기 자료 및 활동모습	 
놀이활동 및 교사지원	<놀이활동> *주제: 마이크 만들기 *목표: 마이크의 쓰임새에 대해 알고, 나만의 마이크를 꾸며본다. *표준보육과정 관련 요소 -예술경험 〉 창의적으로 표현하기 〉 다양한 미술재료와 도구로 생각과 느낌을 표현한다. <교사지원> *공간과 일과: 실제 마이크가 설치되어 있는 아파트 관리실에 영아들을 데리고 가서 마이크의 모양과 쓰임새에 대해 관찰하도록 하였고, 교실 내 미술영역에 있는 마이크 사진도 탐색해 보도록 지원하였다. *자료: 동그란 구, 휴지 속심, 포일, 뽕뽕이, 색종이, 풀, 가위 *상호작용 -만들기 재료를 탐색하며 언어적 상호작용을 하였다. (어떤 재료가 있니? 마이크는 어떨 때 쓰는 물건이었지?) -완성 후에는 영아의 느낌에 대해 상호작용하였다. (마이크를 만들어보니 기분이 어때? 같이 노래해 볼까?) *안전: 영아들이 소근육이 많이 발달하지 않아 가위질을 하는 것이 위험하여 조심해야 한다는 말을 반복하여 이야기해 주었다.

2) 만 1세

<table>
<tr><th>구분</th><th>만 1세</th></tr>
<tr><td>만들기
자료 및
활동모습</td><td>

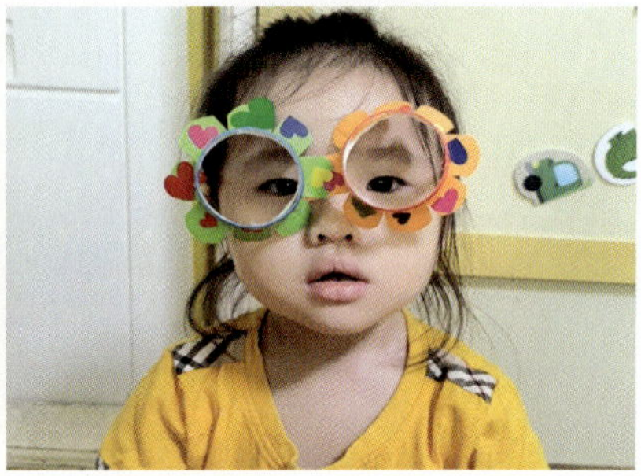</td></tr>
<tr><td>놀이활동
및
교사지원</td><td><놀이활동>
*주제: 안경 만들기
*목표: 안경의 색깔과 모양에 관심을 가지고 내 생각대로 마음껏 꾸며본다.
*표준보육과정 관련 요소
–예술경험 〉 창의적으로 표현하기 〉 다양한 미술재료와 도구로 생각과 느낌을 표현한다.

<교사지원>
*공간과 일과: 안경을 쓰고 계시는 다른 반 선생님께 찾아가서 실제 안경을 탐색하도록 하였고, 미술영역에 미리 준비된 안경 틀 주변을 마음껏 꾸며보도록 하였다.
*자료: 색깔종이컵, 풀, 가위, 스티커
*상호작용
–다른 반 선생님이 쓰고 있는 안경을 관찰해 보도록 격려하고, 흥미를 가질 수 있도록 언어적으로 상호작용하였다.
(선생님이 쓰고 계신 안경은 어떤 모양이니? 만들어 볼 수 있겠니? 등)
*안전: 풀을 입으로 가져가거나 가위로 손가락을 다치지 않도록 주의를 기울이며 진행하였다.</td></tr>
</table>

3) 만 2세

구분	만 2세
만들기 자료 및 활동모습	 
놀이활동 및 교사지원	<놀이활동> *주제: 수박부채 만들기 *목표: 수박의 겉과 속 색깔과 모양을 알고, 색칠하기와 꾸미기를 통하여 소근육 발달을 돕는다. *표준보육과정 관련 요소 –예술경험 〉 창의적으로 표현하기 〉 다양한 미술재료와 도구로 생각과 느낌을 표현한다. <교사지원> *공간과 일과: 마트에서 배달된 수박을 냉장고에서 꺼내어 영아들 앞에서 칼로 잘라 수박의 겉과 속이 다름을 탐색하도록 하고, 교실 내 미술영역에 준비된 재료들을 가지고 만들어 보도록 격려하였다. *자료: 수박 그림, 나무막대, 스티커, 크레파스, 풀, 가위 *상호작용 –영아들의 경험을 이야기할 수 있도록 상호작용하였다. (이게 뭘까? 먹어본 적이 있니? 맛은 어땠니? 등) –수박의 겉과 속을 탐색하며 상호작용하였다. (수박을 자르기 전에는 무슨 색이었니? 자르니까 무슨 색이 나왔니? 작고 까만 건 뭘까? 등) *안전: 영아들 앞에서 칼로 수박을 자를 때 위험요인이 생길지 몰라서 최대한 떨어져서 보도록 하였다.

4) 만 3세

구분	만 3세
만들기 자료 및 활동모습	 
놀이활동 및 교사지원	<놀이활동> *주제: 뱅글뱅글 바람개비 *목표: 바람을 이용한 놀이에 대해 알고, 바람개비를 접어본다. *누리과정 관련 요소 -예술경험 〉 창의적으로 표현하기 〉 다양한 미술재료와 도구로 자신의 생각과 느낌을 표현한다. <교사지원> *자료: 색종이, 가위, 풀, 사인펜 *상호작용 -바람을 이용해 돌아가는 것에 대해 이야기 나눈다. (이것을 본 적이 있니? 바람으로 무엇을 만드는 걸까?) -바람을 이용한 놀이에 대해 이야기 나눈다. (바람개비는 어떻게 돌아가니? 바람이 없다면 돌아갈까?) -활동방법을 알아본다. (만드는 방법을 함께 알아보도록 하자~) *확장 및 연계활동: 바깥놀이와 연계하여 바람개비 들고 달리기, 종이비행기 날리기 등을 해 볼 수 있다. *지도상의 유의점: 색종이를 미리 잘라 준비해두어 놀이시간을 충분히 길게 가질 수 있도록 한다.

5) 만 4세

구분	만 4세
만들기 자료 및 활동모습	 
놀이활동 및 교사지원	<놀이활동> *주제: 장승 만들기 *목표: 우리 것의 아름다움을 경험해본다. *누리과정 관련 요소 -예술경험 〉 아름다움 찾아보기 〉 예술적 요소에 관심을 갖는다. <교사지원> *자료: 장승 그림, 색종이, 풀, 가위, 그리기 도구 *상호작용 -장승을 보며 이야기 나눈다. (이것이 무엇이니? 장승을 보니 어떤 것 같니?) -장승 만들기에 대해 이야기 나눈다. (장승을 만들어 볼 건데 어떻게 만들어 볼까?) -활동 방법을 알아본다. (어떤 재료가 있니? 풀로 꼼꼼하게 색종이를 붙여보자) *확장 및 연계활동: 쌓기 영역과 연계하여 장승을 다양한 블록들로 만들어본다. *지도상의 유의점: '천하대장군' 글자 쓰기를 어려워하는 유아를 위해 교사가 미리 글자 종이를 준비해 둔다.

6) 만 5세

구분	만 5세
만들기 자료 및 활동모습	 
놀이활동 및 교사지원	<놀이활동> *주제: 비치백 만들기 *목표: 비치백의 용도를 알고 다양한 재료로 꾸민 후 백을 만들어 사용해 본다. *누리과정 관련 요소 –예술경험 〉 예술적 표현하기 〉 자발적으로 미술활동하기 <교사지원> *자료: 아스테이지 가방, 스티커, 유성매직, 가위 *상호작용 –비치백에 대해 알아본다. (이 가방을 본 적 있니? 무엇으로 만들었을까?) –미술 재료와 도구를 보며 이야기 나눈다. (어떤 재료가 있니? 만져보니 어떤 느낌이 들지?) –활동 방법에 대해 알아본다. (비치백 만드는 방법을 같이 알아볼까?) *확장 및 연계활동: 역할영역과 연계하여 해변에 여행 가는 놀이를 한다. *지도상의 유의점: 스티커를 오리기 힘든 유아가 있어서 미리 칼집을 내어 쉽게 오릴 수 있도록 준비해둔다.

토의 및 토론

만들기와 꾸미기의 다양한 방법에 대하여 알아보고, 지도상의 유의점에 대하여 생각해 본다.

1. 알슈우라와 하트위크(Alschuler & Hattwick, 1947)의 색채 심리분석

색채사용 심리분석	회색을 좋아하는 아동
아동의 심리	대인관계가 원만하지 않고, 경계심이 강하며, 열등감을 많이 가지고 있다. 가정에서 만성적으로 억압감을 갖고 있는 경우가 많다.

2. 우리 주변에서 볼 수 있는 회색

기와

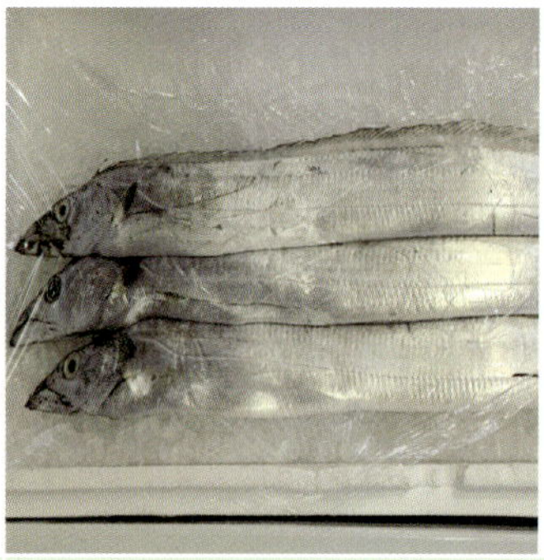
갈치

돌

3. 예비교사들의 미술에 대한 표현

아동미술은 만들기와 꾸미기이다

미술교사는 장식자이다

CHAPTER 10

조소, 판화, 직조, 염색(★대면교육)

매력적인 작품의 세계는 다양한 고민과 창의성이 요구된다. 하나의 작품으로 만들어지는 과정에서 얻는 노력의 대가는 무한하다. 이 장에서는 조소, 판화, 직조, 염색활동의 전반적인 내용과 실제를 알아보고자 한다.

자연은 눈에 보이는 모든 것뿐만 아니라
영혼의 내면까지 포함한다.

– 에드바르트 뭉크 –

1. 다양한 점토와 흙을 활용한 표현활동

점토와 흙은 만지는 대로 형태와 반응이 잘 일어나므로 영유아들이 많이 좋아하는 자료이다. 자료의 특성상 복원이 용이하고 스트레스와 긴장감 해소에 탁월하며, 상상력을 길러주어 영유아들의 대·소근육 발달에 중요한 역할을 한다.

1) 영유아를 위한 여러 종류의 점토와 흙 재료

영유아들이 좋아하는 점토와 흙 재료는 다음과 같다.

(1) 진흙점토

영아보다는 유아들이 가장 좋아하는 자료이다. 좋아하는 만큼 많이 만지기 때문에 유아의 몸이나 옷, 교실환경을 지저분하게 만들 수 있어 교사들이 다소 꺼려한다. 대체적으로 재료를 구입해서 활동 전까지는 마르지 않게 잘 보관하고 실외에서 하는 것을 권장한다.

(2) 밀가루점토

밀가루는 가루놀이로 많이 사용되며 다양한 색과 향을 넣어서 만들 수 있는 매력적인 자료이다. 밀가루점토를 만들어서 사용할 만큼만 제외하고는 비닐봉지에 담아서 냉장고에 보관하면 언제라도 사용이 용이하고 여러 번을 사용해도 무방하다. 영유아들에게 촉감, 질감 등으로 탐색을 하는 데 아주 좋다.

(3) 놀이용 점토

시중에서 판매되고 있는 놀이용 점토는 무독성이며 색상과 향기가 다양하다. 초기 구입 시 점토가 들어 있는 용기에 잘 보관하면 여러 번 사용이 가능하나 잘게 부서지는 단점이 있다. 녹말점토, 지점토, 유점토, 고무점토, 톱밥점토 등이 있다.

2) 영유아를 위한 여러 종류의 점토와 흙을 활용한 활동

(1) 영아를 위한 점토활동

처음에는 다소 낯설기만 한 점토는 영아에게 다양한 색과 고운 입자로 이루어져서 직접 손으로 만지면 부드러운 성질 때문에 정서적인 긴장감 해소와 소근육 발달을 돕는다.

영아들이 사용하기에 적절한 점토로 만든 작품은 다음과 같다.

진흙점토

밀가루점토

놀이용 점토

(2) 유아를 위한 점토활동

무형에서 유형의 형태로 만들어지는 점토의 매력 때문에 유아는 집단활동으로 미술 작업에 임하게 된다. 친구들과 자연스럽게 의사소통 능력이 생기면서 창의성을 동반하고, 자신의 내적 감정상태를 표현하기도 한다.

유아들이 사용하기에 적절한 점토로 만든 작품은 다음과 같다.

지점점토

오색점토

천사토

진흙 점토

2. 다양한 재료와 기법의 찍기 활동

1) 판화의 의미

여러 가지 재료를 이용하여 찍혀서 나오는 표현기법이 바로 판화이다. 판화의 근본적인 원리에는 오목판, 볼록판, 평판, 공판의 4가지 분류가 있으며, 재료에 따라서 목판, 석판, 종이판, 동판, 야채판 등으로 부른다. 아동에게 있어 판화는 촉각과 시각을 통한 표현놀이로서 의미가 있으며, 많은 재료와 다양한 기법을 이용한 경험의 즐거움을 준다.

아동의 생활 속에서 판화를 이용한 활동에는 크리스마스카드 만들기, 가족이나 친구의 생일카드, 헝겊을 이용한 커튼 만들기가 있다. 또한, 자신의 작품에 대한 소중함, 주변에서 만나는 다양한 자료(재료)의 탐색과 물건에 대한 가치를 생각하는 경험이 이루어진다.

2) 판화활동의 실제

(1) 다양한 재료와 기법

판화가 주는 느낌은 다양하다. 생활용품을 이용한 활동, 채소와 과일을 이용한 활동, 찍기용 도구를 이용한 활동, 종이를 오려서 나타내는 활동 등이 있다.

생활용품을 이용한 찍기

채소와 과일을 활용한 찍기

찍기용 도구나 종이활용 찍기

(2) 다양한 재료와 기법의 찍기 활동

판화의 종류에 따라 찍기의 결과물이 달리 표현된다.

<표 10-1> **판화의 종류**

종류	판을 만드는 재료	판화용구
실물판화	일상 속에서 흔히 볼 수 있고 아동이 다루기 쉬운 것을 생각한다.	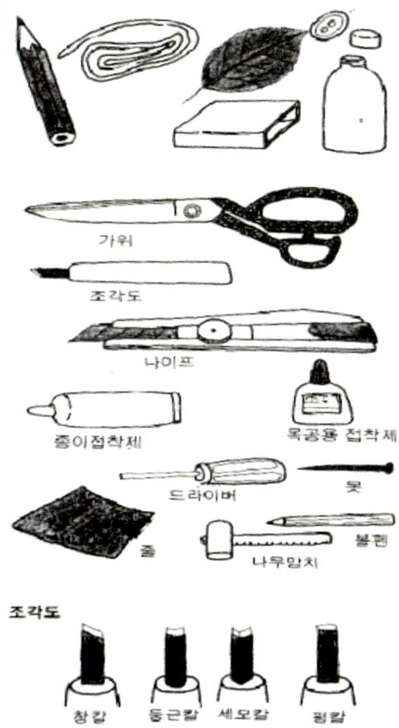
종이판화	도화지, 켄트지, 보드지, 두꺼운 종이, 얇은 종이	
석고판화	엽서크기의 석고판이 보통이며, 큰 것은 석고로 판을 만든다.	
목판화	내성이 있는 봉판, 벚나무판, 참나무판, 합판	

출처: 오정현(1989). 부모·교사를 위한 아동미술.

3. 종이, 끈과 천으로 하는 직조

1) 직조의 의미

직조란 실(날실과 씨실)을 엮어내 직물을 만드는 작업이다. 직물제조 작업으로는 뜨개질, 레이스, 펠트 등이 포함된다. 아동에게는 종이를 활용하거나 천을 이용하거나 끈을 이용하여 다양한 직조의 경험을 느껴볼 수 있다.

2) 영유아를 위한 다양한 직조

(1) 다양한 방법을 활용한 직조

종이로 만든 직조

끈으로 만든 직조

천으로 만든 직조

(2) 종이, 끈, 천으로 하는 직조활동

재료에 따라 다른 느낌을 주는 여러 직조활동은 아동에게 즐거움을 준다.

활동모습	자신의 느낌과 생각
	다양한 색깔의 잘라진 종이를 제공하여 직조활동을 하도록 하였더니 "지그재그 들어가니까 신나요" "그런데 어렵기도 해요"라고 표현함.
	털실로 직조활동을 하는 것을 가르쳐 주었는데 "시간이 오래 걸리지만 종이로 하는 것보다 더 재미있어요~"라고 말함.

4. 다양한 방법으로 하는 염색

1) 염색의 의미

염료를 사용하여 실이나 천 따위에 물을 들이는 일이다. 혹은 '물들이다'라는 표현 외에 '탈색하다', '색염하다'라는 표현을 쓰기도 한다.

2) 염색의 실제

(1) 염료와 천연 염색재료

갈옷	양파껍질	포도

(2) 염료와 천연염색을 활용한 물들이기 활동

활동모습	자신의 느낌과 생각
	커다란 대야에 강황가루를 섞은 물을 담아서 하얀 천을 넣어 주무르게 하였더니 "와~ 색깔이 변한다!" 소리치며 좋아함. 빨랫줄에 널어줄 때에도 너무 재미있다고 표현함.
	황토물에 손수건을 담그고 손으로 주물주물하면서 "느낌이 좋아요", "손이 더러워졌는데 기분은 좋아요"라고 말하면서 활동함.

5. 모의실습

조소, 판화, 직조, 염색의 주제에 따른 놀이활동 및 교사지원은 다음과 같다.

1) 0세 조소

구분	0세
조소 자료 및 활동모습	 
놀이활동 및 교사지원	<놀이활동> *주제: 말랑말랑 재미있는 밀가루놀이 *목표: 밀가루 탐색을 통해 다양한 감각을 경험하고, 표현력과 창의성을 기른다. *표준보육과정 관련 요소 –예술경험 〉 아름다움 찾아보기 〉 미술적 요소 탐색하기 <교사지원> *공간과 일과: 주방에서 밀가루와 물을 가지고 나와 거실 넓은 공간에서 반죽이 되는 과정을 영아가 탐색하도록 하였다. *자료: 밀가루, 물, 칼 모형 *상호작용 –밀가루와 준비된 재료들에 관심을 보이는 영아에게 언어적 상호작용을 하였다. (이게 뭘까? 하얀 색깔이 보이네~ 만져볼까? 등) –반죽으로 다양한 모양을 만들어 보도록 하면서 영아와 상호작용하였다. (칼로 잘라볼까? 어떤 모양으로 만들어볼까? 등) *안전: 모든 사물을 입으로 탐색해 보려는 영아이기에 입에 넣지 않도록 영아에게서 눈을 떼지 않고 안전하게 진행하였다.

2) 만 1세 판화

구분	만 1세
판화 자료 및 활동모습	 
놀이활동 및 교사지원	<놀이활동> *주제: 손도장 판화 *목표: 판화에 대해 알고 결과물을 탐색하며 아름다움을 느낀다. *표준보육과정 관련 요소 –예술경험 〉 아름다움 찾아보기 〉 예술적 요소 탐색하기 <교사지원> *공간과 일과: 주방에 미리 준비해 둔 밀가루를 만지며 탐색하도록 하였고, 교실 내 미술영역에서 주어진 재료를 이용하여 자유롭게 활동할 수 있도록 지원하였다. *자료: 검은 종이, 밀가루, 풀, 색연필 *상호작용 –준비된 재료들을 보면서 영아의 경험과 생각들에 대해 상호작용하였다. (밀가루를 본 적이 있니? 풀은 어떨 때 사용하지? 등) –손바닥 모양 그림에 붙은 밀가루 판화를 보면서 어떤 느낌이 드는지 말할 수 있도록 격려하였다. (정말 멋지구나~ 느낌이 어떤지 말해줄 수 있니? 등) *안전: 손바닥 모양에 풀을 붙이고 그 위에 밀가루를 뿌릴 때와 밀가루를 바닥에 털어낼 때 가루가 영아 쪽으로 날리지 않도록 조심히 진행하였다.

3) 만 2세

(1) 직조

<table>
<tr><th>구분</th><th>만 2세</th></tr>
<tr><td>직조 자료
및
활동모습</td><td> </td></tr>
<tr><td>놀이활동
및
교사지원</td><td><놀이활동>
*주제: 직조 치마 만들기
*목표: 직조 짜기 활동을 통해 소근육 발달을 돕고, 직조의 원리를 이해한다.
*표준보육과정 관련 요소
–예술경험 〉 아름다움 찾아보기 〉 예술적 요소 탐색하기

<교사지원>
*공간과 일과: 거실 역할놀이에 미리 준비해 둔 직조 바구니를 영아가 탐색해 보도록 하였으며, 미술영역에도 직조를 경험할 수 있도록 충분한 재료를 준비하여 지원하였다.
*자료: 두 가지 색깔의 종이, 풀, 가위
*상호작용
–직조에 대해서 알고 있는지 영아의 경험과 생각을 물어 보며 상호작용하였다.
(이게 뭘까? 바구니는 어떻게 생겼니? 이런 걸 본 적이 있니? 등)
–활동하는 중간중간 영아가 어려워하지 않도록 표정이나 눈빛 등 비언어적 격려와 언어적 상호작용을 하였다.
(넣었다 뺐다 하는 것이 어렵지 않니? 느낌이 어때? 등)
*안전: 가위로 반듯하게 오리는 것이 아직은 미흡하여 선을 따라 미리 칼집을 내어 영아가 안전하게 활동할 수 있도록 하였다.</td></tr>
</table>

(2) 염색

구분	만 2세
염색 자료 및 활동모습	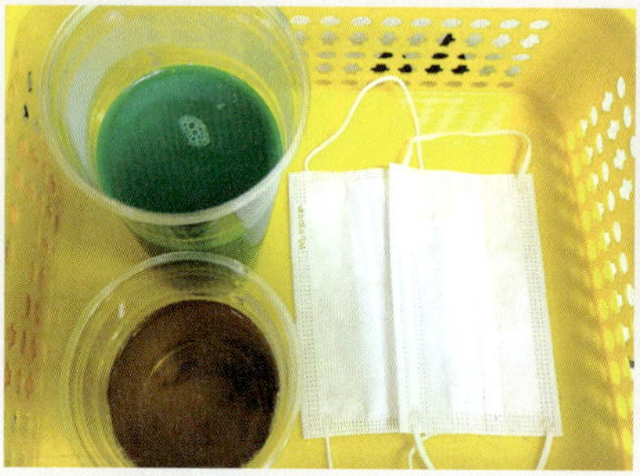 
놀이활동 및 교사지원	<놀이활동> *주제: 마스크 염색놀이 *목표: 다양한 색감의 마스크를 만들 수 있음을 알고, 염색하는 방법에 관심을 가진다. *표준보육과정 관련 요소 –예술경험 〉 아름다움 찾아보기 〉 예술적 요소 탐색하기 <교사지원> *공간과 일과: 화장실 거울장 안에 있는 다양한 색깔의 수건들을 보여주며 어떤 색이 있는지, 색깔들이 어떻게 달라지는지 호기심을 가질 수 있도록 지원하였다. *자료: 마스크, 물감 탄 물, 시금치 우려낸 물, 투명 용기 *상호작용 –재료에 관심을 가지는 영아에게 염색이 무엇이고, 어떻게 변하게 될지 생각해 보도록 상호작용하였다. (마스크는 무슨 색이니? 어떤 색으로 변할까? 등) –염색이 된 마스크를 보며 느낌을 나누었다. (어떤 쪽 마스크가 더 진하니? 어떤 색이 좋으니? 등) *안전: 물감을 탄 물은 영아의 손에 묻거나 입에 닿지 않도록 최대한 조심히 진행하였다.

4) 만 3세 조소

구분	만 3세
조소 자료 및 활동모습	 
놀이활동 및 교사지원	<놀이활동> *주제: 쿠키를 만들어요 *목표: 지점토를 이용하여 만드는 것을 알아보고, 쿠키를 만든다. *누리과정 관련 요소 –예술경험 〉 창의적으로 표현하기 〉 다양한 미술재료와 도구로 자신의 생각과 느낌을 표현한다. <교사지원> *자료: 지점토, 오븐 그림, 찍기 틀, 다양한 색 점토, 가위 *상호작용 –오븐 그림을 보며 이야기 나눈다. (이것은 무엇이니? 이 안에는 무엇이 들어갈까?) –지점토를 탐색해 본다. (지점토 만져 볼까? 어떤 느낌이니?) –만들기 방법을 알아본다. (지점토로 무엇을 만들면 좋을까? 필요한 건 뭐니?) *확장 및 연계활동: 역할영역과 연계해서 주방 놀이를 한다. *지도상의 유의점: 준비한 지점토를 만지는 과정에서 유아의 입 속에 들어가지 않도록 충분히 교육한다.

5) 만 4세 판화

구분	만 4세
판화 자료 및 활동모습	 
놀이활동 및 교사지원	<놀이활동> *주제: 가을 판화 *목표: 가을 나무와 잠자리를 꾸민 후, 잠자리 판화로 가을을 느껴본다. *누리과정 관련 요소 -예술경험 〉 창의적으로 표현하기 〉 다양한 미술재료와 도구로 자신의 생각과 느낌을 표현한다. <교사지원> *자료: 물감, 물, 도화지, 잠자리 찍기 틀, 그리기 도구, 가을 나무 *상호작용 -가을에 대해 이야기 나눈다. (가을은 어떤 계절일까?) -준비된 미술재료들을 살펴본다. (어떤 재료들이 있니? 잠자리 찍기는 어떻게 사용할까?) -놀이방법을 알아본다. (어떻게 꾸며주는 것이 좋을까?) *확장 및 연계활동: 언어영역과 연계하여 가을에 볼 수 있는 것들에 대해 알아보고, 이야기 나눈다. *지도상의 유의점: 다양한 색들을 사용하도록 격려해 준다.

6) 만 5세

(1) 직조

구분	만 5세
직조 자료 및 활동모습	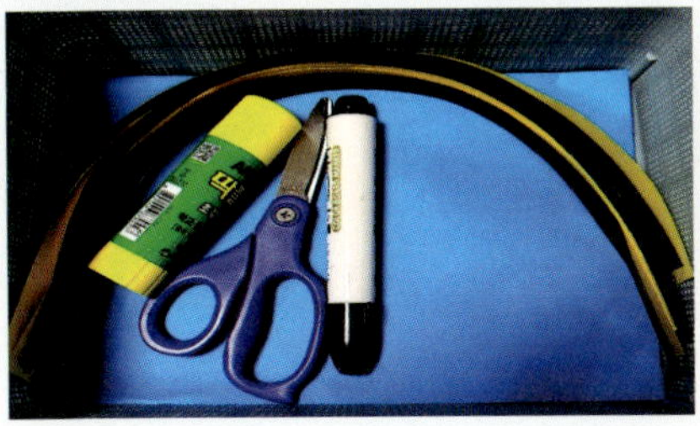 
놀이활동 및 교사지원	<놀이활동> *주제: 벌집을 만들어요 *목표: 직조에 대해 알아보고, 색종이를 이용해 벌집 직조를 만든다. *누리과정 관련 요소 -예술경험 〉 창의적으로 표현하기 〉 다양한 미술재료와 도구로 자신의 생각과 느낌을 표현한다. <교사지원> *자료: 검정과 노랑 색지, 활동지, 가위, 풀, 검은색 매직 *상호작용 -벌에 관해 이야기를 나눈다. (꿀벌에 대해 알고 있니? 어떤 집에 살고 있니?) -벌집을 관찰한다. (꿀벌이 사는 벌집을 살펴볼까? 이 모양은 육각형이란다) -직조 활동에 대해 알아본다. (직조가 무슨 말일까? 색종이를 옆으로 엮어보자) *확장 및 연계활동: 음률영역에서 꿀벌의 여행 노래를 감상할 수 있고 과학영역에서는 영상이나 사진을 활용해 꿀벌에 대해 자세히 알아볼 수 있다. *지도상의 유의점: 활동방법을 설명할 때 교사가 활동을 진행하면서 설명하면 이해가 더 빠르다.

(2) 염색

구분	만 5세
염색 자료 및 활동모습	 
놀이활동 및 교사지원	<놀이활동> *주제: 먹물 족자 그림 *목표: 먹물의 특징을 알아보고, 먹물을 이용해 한지를 염색한다. *누리과정 관련 요소 –예술경험 〉 예술 감상하기 〉 우리나라 전통 예술에 관심을 가지고 친숙해진다. <교사지원> *자료: 한지, 벼루와 먹, 붓, 그릇, 물감 *상호작용 –전통 그림을 감상하고 이야기 나눈다. (우리나라 전통그림을 살펴볼까? 어떤 느낌이 드니?) –먹물을 탐색한다. (어떤 색으로 보이니? 물을 넣을수록 어떻게 달라지니?) –먹물을 이용해 그림을 그린다. (한지에 그림을 그려보자. 어떤 그림을 그렸니?) *확장 및 연계활동: 과학영역과 연계하여 먹물의 농도를 조절하면서 관찰하는 놀이를 할 수 있다. *지도상의 유의점: 먹물을 사용하기 때문에 유아들의 옷에 묻을 수 있으므로, 앞치마나 팔토시를 제공한다.

토의 및 토론

조소, 판화, 직조, 염색의 다양한 방법에 대하여 알아보고, 지도상의 유의점을 생각해 본다.

1. 알슈우라와 하트위크(Alschuler & Hattwick, 1947)의 색채 심리분석

색채사용 심리분석	검은색을 좋아하는 아동
아동의 심리	정서행동에 결함이 있는 것으로 자유로운 가정의 흐름이 결여되어 있고, 공포와 불안을 가지고 압박감을 느끼며, 고독하다.

2. 우리 주변에서 볼 수 있는 검은색

서리태

수제 비누

항아리

3. 예비교사들의 미술에 대한 표현

아동미술은 점토와 판화이다

미술교사는 창조자이다

CHAPTER 11

감상 및 공유

미술은 사람의 정서적인 내면의 표현이다. 미술가가 자신을 둘러싸고 있는 생태학적으로 다양한 관계에서 표현한 것을 결코 환경이나 물체 그 자체만을 재현한 것만은 아니다. 이에 감상자들은 작가의 내면세계에 동일시 되어야만 비로소 작품을 이해할 수 있다. 이 장에서는 영유아미술의 감상과 공유에 대해서 살펴보고자 한다. 감상자의 태도 및 발달수준, 작품의 주제, 작품의 표현방법에 따라서 어느 정도의 작품에 대한 감상경험과 지식을 가질 수 있도록 영유아교육현장에서 미술표현 과정을 알아보고 결과물을 전시나 공유하는 방법에 대하여 모색하고자 한다.

> 진정 치열하고 진실해야 한다.
> 어느 한 사람에게 진실한 것이 결국 모든 사람에게 진실하기 때문이다.
>
> – 오귀스트 로댕 –

1. 다양한 예술을 감상하며 상상하기

1) 다양한 예술을 감상하기

(1) 감상의 개념

아동미술에서 감상은 작품과 미적인 대상이 가진 질적 가치를 발견하고, 느끼는 것을 말한다. 미술감상활동은 감상하는 사람과 미술작품의 상호작용을 통하여 작품이 가지고 있는 아름다움을 오감을 통하여 느끼고, 공유하는 것을 의미한다.

미술감상의 교육적 측면은 다음과 같다.

첫째, 작품을 감상할 때 아름다움을 느끼고 정상적인 반응을 통해 아름다움을 기억하는 것을 말한다.

둘째, 작품을 감상할 때 아름다움의 가치를 느끼고 이해하는 반응으로 이해와 인식에 의해 미적 가치를 얻는 것을 말한다.

셋째, 작품을 대상으로 정서적 반응과 지적 반응 간의 상호작용으로 이루어지는 종합적인 활동을 말한다.

이처럼 아동은 미술감상활동을 통해서 심미감을 발달시킬 수 있다. 미적인 대상인 작품을 통하여 지적인 발달뿐만 아니라 정서적인 행복감을 동반하여 아동의 성격 형성에도 많은 도움이 될 수 있다.

(2) 감상활동의 필요성

감상교육은 아동에게 미적인 경험을 통해 심미감과 미적 경험, 전인적인 성격형성, 미술적 표현방법과 창의성에 도움을 줄 수 있다.

아동에게 감상교육이 필요한 이유는 다음과 같이 살펴볼 수 있다.

첫째, 아동에게 지적발달 및 정서적 발달을 돕는 전인적인 성격형성에 도움을 준다.

둘째, 다양한 자료와 도구사용을 통한 미술표현 능력을 향상시킨다.

셋째, 다양한 사고를 통한 미술기법의 능력개발과 세계 여러 나라의 문화를 이해할 수 있다.

넷째, 작품을 보는 감각을 길러준다.

(3) 감상의 의미

아동미술에서의 감상은 많은 작가의 작품에서 사상, 감정, 정신 등의 표현을 경험하게 한다. 미술은 사람의 정서적인 내면의 표현이다. 미술가의 작품은 자신을 둘러싸고 있는 생태학적 다양한 관계에 따른 환경이나 물체 그 자체만을 재현한 것이 아니다. 이에 아동 감상자들은 작가의 작품 속 내면세계에 동일시 되어야만 비로소 작품을 이해할 수 있다. 많은 결과물을 통하여 해석하는 방법이 다양하듯, 교사의 지식수준, 작품의 이해도에 따라서 전달하는 내용이 달라질 수도 있다. 또한, 감상작품에서 작가 개인이 가지고 있는 특유의 사상과 다양한 감정들을 작품 속에서 느낄 수 있는 감상법이 좋은 감상의 기준이라고 할 수 있다.

(4) 감상의 방법 및 지도원칙

감상의 방법은 다양하다. 아동이 작품에 대한 높은 관심, 작품의 설명에 대한 이해수준, 작품을 통한 창의적인 사고와 표현방법을 모색하는 것도 좋다. 일반적으로 예술적 탐구활동 교육에서 기대하는 인격형성의 주요내용은 창의성과 사고력의 육성이며, 교육을 통하여 미적 감수성과 체험 · 판단능력을 기르며 정서를 함양하는 데 있다(오정현 외, 2011).

작품을 감상하는 방법을 살펴보면 다음과 같다.

첫째, 감상하고자 하는 아동의 작품에 대한 흥미를 파악하여 시작한다. 흥미를 통하여 작품에 대한 집중도를 파악할 수 있고, 그 속에서 즐거움을 느낀다.

둘째, 작품의 다양한 정보(작가의 작품 설정의 계기, 작품을 제작하는 환경, 작가의 삶의 배경)를 감상하는 경우가 있다.

감상활동 지도의 원칙은 다음과 같다.

첫째, 영유아의 발달에 맞아야 한다.

둘째, 간접적이어야 한다.

셋째, 개방적이어야 한다.

넷째, 영유아의 조화로운 발달을 중요시해야 한다.

(5) 감상의 태도

감상자가 작품을 감상하는 것들은 작가가 사물 자체의 직접적인 표현이 아니라 작가의 다양한 경험과 감정, 사상과 사물 간의 관계, 시대적 감성 트렌드에 따라 표현한 것이라고 할 수 있다. 감상자인 영유아의 관점에서 발달수준이 다르면, 작품에 대한 이해도가 다를 수 있다.

작품을 감상할 때에는 연령에 상관없이, 작품을 제작한 작가와 작품에 대해 정중해야 하며, 같이 작품을 감상하는 사람들에게도 피해를 끼치지 않도록 해야 깊게 감상할 수 있다.

2) 상상하기를 즐기는 경험 이해

아동은 상상하기를 좋아한다. 아동은 스스로 오늘은 꽃이 되었다가 내일은 로봇이 되었다가 끊임없이 주인공이 변해가는 변화무쌍한 예술가이다. 미술감상은 교실에서의 감상 외에 견학을 통한 미술관이나 박물관 문화유적지를 통하여 상상하기를 즐길 수 있다.

(1) 견학

동물원

감자 캐기

수목원

교실 안에서의 자유로운 감상 외에도 영유아는 실제적인 그림을 통하여 작가의 작품을 이해하고 다양한 문화를 접할 수 있는 기회를 견학으로 경험한다.

미술관이나 박물관은 흥미로운 자료가 전시되어 있어 영유아들이 그곳에서 상상력을 가지고 예술적으로 반응하고 인식하며 민감하게 느끼면서 관찰하도록 한다. 영유아는 다양한 색의 그림들, 거대한 조각작품, 판화 전시품 등을 보고 적극적이고 정서적으로 반응하고, 현장학습을 통해 보고자 하는 것이 무엇이며, 누구에 의해서 어떻게 만들어졌는지와 관련하여 이야기 나누는 시간을 갖는다.

미술관과 박물관에 가기 전에 학습 전체 혹은 소그룹으로 관련 자료나 홈페이지를 통해 전시물에 대해 알아보고 더 알고 싶은 것을 정해본다. 전시물을 미리 감상하면서 가장 마음에 드는 작품을 찾아보고, 자연사 박물관 등 규모가 클 경우에는 관람 영역이나 종류를 결정해 볼 수 있다. 그리고 전시 관람 경험을 나누어 보면서 전시 관람 예절 및 안전 규칙에 대해서도 이야기 나누어 관람예절을 지키며 관람하도록 한다. 유아들은 미술관에서 작품감상에 흥미를 느끼기보다는 권태로움을 느끼는 경우가 많다. 그러므로 미술관을 견학할 때에는 눈과 마음으로 감상하여야 한다는 것을 인식시키고, 미술관 견학에 대해 일반적인 태도를 토의한 다음 실행한다(김정규 외, 1983).

현장 견학 시에는 전문가의 도움을 받아서 작품에 대한 설명을 들을 수 있다. 궁금하거나 알아보고 싶었던 점들은 도슨트 설명시간에 전문가에게 질문하도록 한다. 전시장에 전시된 미술작품을 여유롭게 관람하며 마음에 드는 작품을 찾아 감상한다. 작품을 감상할 때에는 아주 가까이 또는 멀리 서서 때로는 낮은 자세로 감상해 보며, 조형물의 경우에는 위치(오른쪽 옆, 왼쪽 옆, 정면, 뒷면)를 바꾸어 가며 감상한다(이숙재 외, 2002).

교사는 동기 유발 전략을 사용하여 유아들이 흥미를 잃지 않고 감상할 수 있도록 하여야 한다. 다음은 미술관에서 작품을 감상할 수 있는 방법이다. 미술관에서 활동이 이루어질 경우 다른 사람들의 관람에 방해가 될 수 있으므로 미술관에서 지켜야 할 약속을 정해 숙지하여 방해되지 않는 범위에서 다양한 접근으로의 감상이 이루어지도록 돕는다.

- 작품을 다양한 각도에서, 위치(위, 아래)에서, 거리(멀리, 가까이)에서 감상할 수 있도록 한다.
  - -작품을 가까이서 보자.
  - -작품을 멀리서 보자.
  - -작품을 가까이서 볼 때와 멀리서 볼 때 어떤 차이점이 있었니?
  - -작품을 위에서, 아래에서 볼 때 어떤 차이점이 있었니?
  - -정면에서 볼 때와 어떤 다른 점이 있었을까?
- 작품에 대해서 처음 보았을 때의 느낌, 자세히 살펴보고 난 후의 느낌의 변화 등 자신의 생각과 느낌에 대해 자유롭게 서로 이야기해 보도록 한다.
- 작품에 대해서 새로운 이름을 지어보고, 그 이유를 말해 보도록 한다.

-미술가는 이 작품에 어떤 이름을 지었는지 살펴보자.
-미술가는 이 작품의 이름을 이것으로 정했을까?
-네가 이 미술품에 새로운 이름을 짓는다면 어떤 이름을 지어주고 싶니?
-왜 그렇게 생각했니?

- 10초 동안 작품을 감상하고 기억하며 묘사해 보도록 한다(김정규 외, 1983).
  -이 그림을 자세히 본 후, 보지 않고 그림을 기억해 내는 게임을 할 거란다.
  -둘씩 짝을 지어보자.
  -자세히 작품을 살펴보자.
  -그리고 뒤를 돌아보렴.
  -그림에서 기억나는 것이 무엇이니?
  -네가 기억해 낸 것은 무엇이었니? 그리고 기억해 내지 못한 것은 또 무엇이었니?
- 화랑의 주인이 되어 미술품을 전시하고 판매하기 위해 어떤 말을 할 것인지 표현해 보도록 한다.
  -작품을 파는 화랑의 주인이라고 생각해 보자.
  -다른 사람에게 이 작품을 팔기 위해 너는 어떤 말을 할 거니?
  -작품에 대해 어떤 말로 소개할 거니?
- 순서대로 돌아가면서 한 단어를 사용하여 작품을 묘사해 보게 한다.
  -작품을 보면서 생각나는 낱말이 무엇이니?
- 만일 영유아 자신이 작품을 그린 미술가이어서 작품을 수정하거나 첨가하고 싶은 상황이었을 때 무엇을 어떻게 할지 생각해 보도록 한다.
  -네가 이 작품을 그린 미술가라고 생각해 보자.
  -네가 그린 이 그림이 마음에 들지 않아 뭔가 바꾸고 싶은 마음이 생겼단다. 다시 고칠 수 있는 기회를 갖는다면 어떤 부분을 고치고 싶니? 아니면 무엇을 첨가하여 더 그리고 싶니?

작품을 감상한 후에 미술관에 관련 체험활동이 있다면 미리 예약해서 진행할 수도 있다. 관람 후, 교실로 돌아와 사후활동으로 경험한 것에 대해 이야기 나누거나 포스터를 전시할 수도 있다. 그리고 관심 있는 작품의 기법이나 재료 등을 통해 표현해 보는 경험을 가질 수 있고 조사한 것을 공유해 보는 등 유아의 관심에 따라 다양하게 접근해 볼 수 있다(김희진 외, 2011).

(2) 학교나 지역사회에서의 예술가와의 접촉

미술관

박물관

문화유적지

예술가의 작업장을 영유아들이 방문하는 것은 대단히 의미 있는 일이다. 작업장에서 그림을 그리고, 조각하고, 디자인하고, 찍어내고, 수공예를 하고 있는 모습을 보면서 하나의 작품을 완성하는 데 있어서 그 절차와 소요되는 시간이 어느 정도인지를 눈으로 확인할 수 있다. 작업장 안에는 현재 작업 중인 작품뿐만 아니라 완성된 작품들이 많이 있어 영유아들은 호기심과 흥미를 가질 수 있고, 미술이 어떤 것인지 이해하게 된다. 그리고 전시장이나 예술가들의 작업장을 견학하는 것뿐만 아니라 예술가들을 학교로 초대하여 작업 진행과정을 실제로 보여주고 전시회를 열 수도 있다(김정규 외, 1983).

또한 여러 나라와 민족의 미술적 유물과 다양한 미술품을 감상시키는 것은 다양한 문화에 접하도록 기회를 주며, 미술이라는 것은 누구에게나 중요하고 아름다운 매체라는 것을 이해하게 한다. 민속미술은 미술작품에 대한 흥미와 동기를 일으키는 데 도움을 주며, 다른 사람들의 생활방법에 관한 지식을 제공한다.

2. 미술표현 과정과 결과물, 작품 등을 공유

1) 미술표현 과정에 대한 기록, 결과물, 전시물, 작품 등의 전시

(1) 미술표현 과정에 대한 영유아의 기록

미술활동을 통한 표현과정에 대한 영유아의 기록물은 다음과 같다.

<표 11-1> 영아의 미술활동 평가

구분	미술활동 평가
0세	영아와 신문지 찢기 활동을 해보았는데 신문지 끝을 미리 찢어두었는데도 어려워하여서 신문지 찢기 활동 대신 신문지를 구겨서 공 만들기 활동을 하였더니 영아들이 매우 즐거워하며 놀이하는 모습을 보였음.
만 1세	미술영역에서 밀가루 점토놀이를 해 보았는데 여러 가지 찍기 도구들과 장난감 그릇 등 다양한 놀잇감을 충분히 제공하여 주었더니 영아들이 매우 즐거워하며 오랫동안 집중하면서 놀이하였음.
만 2세	오늘은 미술영역에서 안경 만들기를 해보았는데 여러 가지 색깔의 스티커로 자유롭게 꾸미기 놀이를 하면서 즐거워하는 모습을 보임. 안경을 쓰고 엄마 아빠 흉내도 내어보며 매우 재미있게 활동하였음.

출처: 초록나무어린이집(2021). 일일보육일지 평가 일부.

<표 11-2> 유아의 미술활동 평가

구분	미술활동 평가(일일 보육일지의 내용)
만 3세	종이에 친구 얼굴 그리기 활동을 해보았는데 ㅇㅇ가 친구 얼굴을 다 그리더니 "꼭 꼭 약속해" 노래를 친구와 함께 부르며 그림을 들고 춤도 즐겁게 추면서 음률놀이로 확장되었음.
만 4세	우유갑을 활용하여 자동차 만들기를 해보았는데 몇몇 유아들이 산책할 때 보았던 횡단보도와 자동차 길을 남은 재료로 만들어 주어서 놀이가 더욱 활성화되었음.
만 5세	미술영역에서 딱지 만들기를 해보았는데 만든 딱지가 친구 것과 섞여 다투는 상황이 벌어지기도 하였음. 내일은 자기 것을 보관할 수 있는 보관함을 만들 수 있는 재료를 제공해 주어야겠음.

출처: 태인원광어린이집(2021). 일일보육일지 평가 일부.

(2) 미술표현 과정에 대한 영유아의 결과물

① 영아

구분	감상 및 공유 자료사진	감상 및 공유하는 모습
0세		
만 1세		
만 2세		

② 유아

구분	감상 및 공유하는 모습	
만 3세		
만 4세		
만 5세	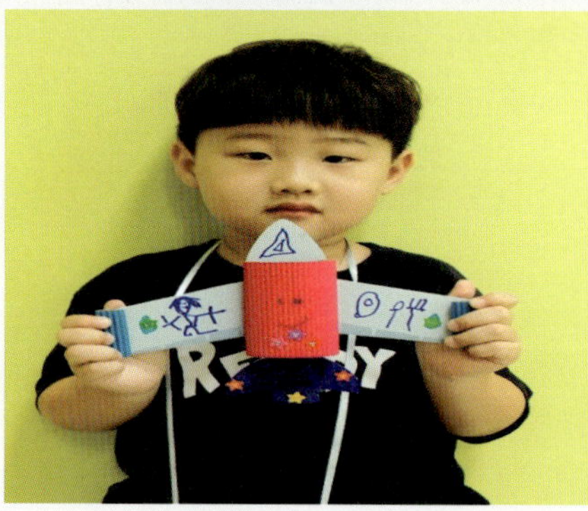	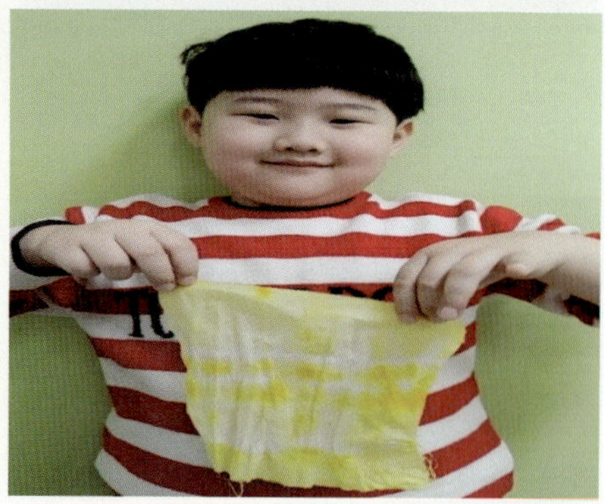

(3) 미술표현 과정에 대한 영유아의 전시물

영아의 보육과정에 따른 전시물과 유아의 교육과정에 따른 놀이활동 결과물은 다음과 같다.

(4) 미술표현 과정에 대한 영유아의 작품

전반적인 영유아교육기관의 보육·교육과정에 따른 행사에서의 영유아 작품을 전시한 경우는 다음과 같다.

2) 미술표현 과정에 대한 기록, 결과물, 전시물, 작품 등의 공유방법

(1) 미술영역에서의 작품 전시

교실의 벽면이나 공간을 통하여 영유아들의 작품을 전시하고 서로 표현내용에 대하여 이야기 나누며 즐긴다.

(2) 휴대전화, 알림장, 키즈노트, 전시회 안내장(초대장)

영유아들의 작품사진이나 활동장면을 사진으로 남기는 측면과 전체적인 교육활동을 마치고 전시회나 예술제를 통하여 부모와 지역사회에 알리거나 신문이나 인터넷카페를 통하여 영유아교육기관의 전반적인 보육·교육과정을 알린다.

좋아하는 색깔로 거북이와 토끼를 꼼꼼하게 색칠한 뒤 · 네모난 스티커 · 거북이와 토끼 색칠 스티커 · 리본 · 인조눈을 붙여 멋진 가방 만들어 어깨에 메고 토끼처럼 · 거북이처럼 경주하는 모습 흉내 내 보았어요!
동물을 골라 휴가 가고 싶은 곳에 이름을 영어로 따라 말해보고 동물을 융판에 붙여보는 활동 했어요
수현이 색칠놀이하는데 선 밖으로 나가지 않고 색칠을 꼼꼼하게 하네요!!!

비닐에 유성펜으로 자유롭게 그리고 색종이를 찢어 비닐에 담아 물고기 만들어 보았어요 작은 동물원 노래 불러보고 율동 따라 해 보았어요
라바콘을 길게 연결해보고 집 만들어보는 체육활동 했어요
색종이를 찢는데 수현이가 갑자기 오징어 같다고 말을 하여 웃음 빵— 집에서 어머니께서 많이 보여주셨나 봅니다!ㅎ

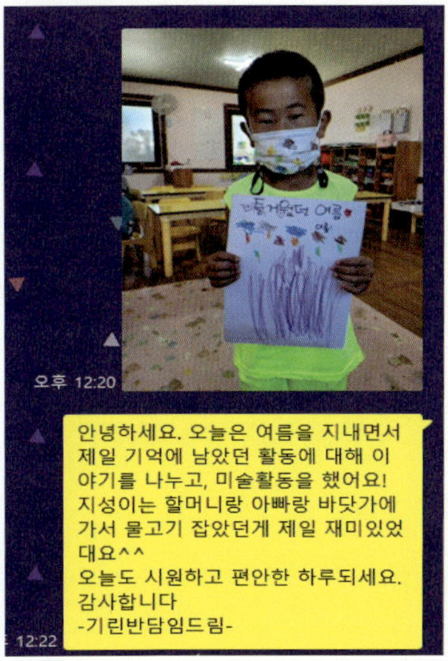

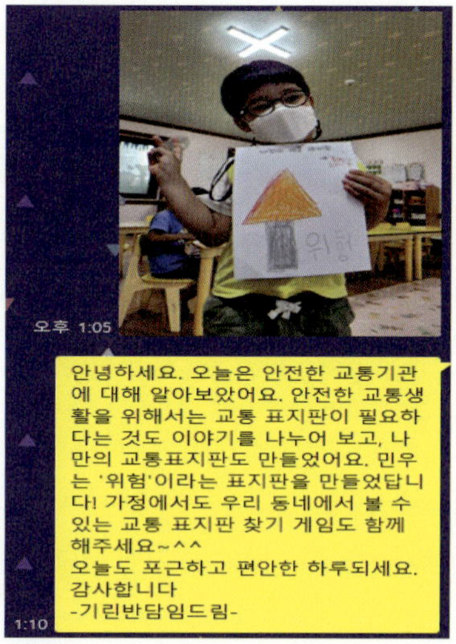

알림장 & 키즈노트 사례

토의 및 토론

감상활동에서의 지도방법에 대하여 알아보고, 감상활동 후의 교사지원에 대하여 생각해 본다.

color day

1. 알슈우라와 하트위크(Alschuler & Hattwick, 1947)의 색채 심리분석

색채사용 심리분석	난색 계통을 좋아하는 아동
아동의 심리	따뜻한 감성으로 남을 위하는 마음이 많으며 어른에게 의존하는 경향이 짙고, 마음의 동요가 심하다.

2. 우리 주변에서 볼 수 있는 난색

코스모스

파프리카

과일들

3. 예비교사들의 미술에 대한 표현

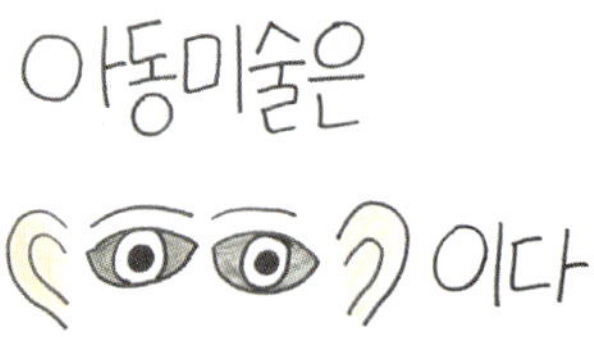

아동미술은 감상이다

미술교사는 감수성훈련가이다

CHAPTER 12

통합적 경험

모든 교육은 영유아의 경험에 의하여 통합적으로 연계되어간다. 이전의 경험이 없으면 현재의 상태에서 다양한 경험이 이루어지도록 교사의 끊임없는 지원계획이 중요하다. 영유아의 삶의 터전인 생태학적 입장에서 경험하지 못한 것들은 이론(교재와 매체)과 실기(실습과 견학, 행사)를 통하여 취학 전에 해결해야 한다. 이 장에서는 통합적 경험을 국가수준의 보육 · 교육과정과 연계하여 알아보고자 한다.

보는 능력을 부여받은 인간은 적다.
그리고 그것을 표현하는 능력을 부여받은 인간은 더욱 적다.

– 앙리 드 툴루즈 로트렉 –

1. 통합적으로 영아의 경험과 연계

1) 영아 미술계획

▶ 0세 연간계획

월	주제	소주제	미술활동	월	주제	소주제	미술활동
3	낯설어요	• 엄마와 함께해요 1 • 엄마와 함께해요 2 • 선생님을 만나요 1 • 선생님을 만나요 2	• 마음대로 끼적여요 • 마음대로 그려요 • 병아리그림 위에 끼적이기 • 복숭아그림 위에 끼적이기	9	놀이는 재미있어요 I	• 움직이는 놀잇감 1 • 움직이는 놀잇감 2 • 구멍이 있는 놀잇감 1 • 구멍이 있는 놀잇감 2 • 까꿍 놀잇감	• 마음대로 그려요 • 강아지그림 꾸미기 • 색고리 끼적이기 • 마이크 만들기 • 코스모스 그림에 스티커 붙이기
4		• 선생님을 만져봐요 • 선생님과 놀아요 1 • 선생님과 놀아요 2 • 익숙해졌어요 1 • 익숙해졌어요 2	• 사과 그림 색칠하기 • 왕관 만들기 • 꽃그림 꾸미기 • 막대인형 만들기 • 놀이기구 그림 꾸미기	10		• 굴러가는 놀잇감 1 • 굴러가는 놀잇감 2 • 소리가 나는 놀잇감 1 • 소리가 나는 놀잇감 2	• 자동차 만들기 • 기차 그림 위에 나뭇잎으로 찍기 • 나뭇잎으로 머리띠 만들기 • 악기 그림 위에 뽕뽕이로 콕콕
5	느껴보아요	• 씻으며 느껴요 • 입으며 느껴요 • 먹으며 느껴요 1 • 먹으며 느껴요 2	• 마음대로 그려요 • 사자그림 색종이 붙이기 • 모양 찍기 • 종이컵 전화기 만들기	11	놀이는 재미있어요 II	• 통, 상자 놀이 1 • 통, 상자 놀이 2 • 헝겊, 천 놀이 • 공놀이 1	• 상자 만들기 • 선물상자 그림 위에 끼적이기 • 허수아비 만들기 • 공 그림 위에 색종이 붙이기
6		• 놀며 느껴요 1 • 놀며 느껴요 2 • 자연을 느껴요 1 • 자연을 느껴요 2	• 향기 나는 꽃 주머니 만들기 • 과자목걸이 만들기 • 물고기그림 위에 색종이 붙이기 • 황소그림 위에 끼적이기	12		• 공놀이 2 • 악기 놀이 1 • 악기 놀이 2 • 그릇 놀이 1 • 그릇 놀이 2	• 공 그림 위에 색칠하기 • 마라카스 만들기 • 실로폰 그림 위에 스티커 붙이기 • 마음대로 그리기 • 풍선에 끼적이기
7	움직여요	• 누워서 움직여요 • 앉아서 움직여요 1 • 앉아서 움직여요 2 • 기어요 1 • 기어요 2	• 마음대로 꾸며요 • 문어 만들기 • 나무그림 위에 스티커 붙이기 • 목걸이 만들기 • 거북이 그림 위에 끼적이기	1	좋아해요	• 마주 봐요 • 안아줘요 • 같이 해봐요 1 • 같이 해봐요 2	• 친구 얼굴그림 위에 끼적이기 • 엄마 얼굴 꾸미기 • 왕관 만들기 • 주스 그림 위에 색종이 붙이기
8		• 서고 걸어요 1 • 서고 걸어요 2 • 잡아보아요 1 • 잡아보아요 2	• 슬리퍼 만들기 • 당근그림 위에 채소도장 찍기 • 물고기 만들기 • 버섯그림 위에 색칠하기	2		• 함께 웃어요 1 • 함께 웃어요 2 • 사랑해요 1 • 사랑해요 2	• 면봉으로 콕콕 • 복주머니 만들기 • 고양이그림 위에 스티커 붙이기 • 하트목걸이 만들기

▶ 0세 일일계획 예시

단원	낯설어요
제목	선생님과 함께 그림 그려요
활동목표 (내용범주)	1. 종이 위에 크레용으로 끼적이기를 시도한다. (예술경험 〉 예술적 표현하기 〉 단순한 미술경험하기) 2. 교사와 함께 놀이하는 경험을 한다. (사회관계 〉 더불어 생활하기 〉 안정적인 애착 형성하기)
준비물	종이, 크레용
사전활동	다양한 색깔의 크레용을 미리 준비하여 영아가 선택하도록 하였다.
단계	활동방법
도입	크레용을 제시하며 영아의 흥미를 유도한다. -ㅇㅇ아~ 이건 무엇일까요? -알록달록 색깔이 많이 있구나~~
전개	영아와 함께 크레용을 탐색한다. -크레용이 길쭉하게 생겼구나~ -크레용을 굴려볼까? -ㅇㅇ도 크레용을 한번 굴려볼래요? 교사가 크레용을 쥔 영아의 손을 잡고 함께 끼적여본다. -크레용을 손으로 쥐어볼까요? -선생님이랑 같이 슥슥~~ 그림을 그려보자. -우와~~ 크레용이 지나갈 때마다 그림이 그려지네~
	-혼자서도 해볼까?
마무리	영아가 사회적 관계 맺기에 긍정적인 생각을 가지도록 상호작용한다. -선생님이랑 그림을 그려보니까 기분이 좋아요? -선생님도 00랑 함께 그림을 그리니까 기분이 참 좋았어요.
확장활동	모양 그리기 동요를 틀어주어 춤도 추면서 음률놀이로 확장하였다.
가정 연계활동	엄마 아빠와 큰 종이에 그림을 그려보도록 한다.

▶만 1세 연간계획

월	주제	소주제	미술활동	월	주제	소주제	미술활동
3	어린이집에 왔어요	• 우리 반이에요 • 엄마, 아빠와 헤어질 수 있어요 • 선생님, 친구들을 만나요 • 놀잇감으로 놀이해요	• 마음대로 끼적여요 • 병아리그림 위에 색칠하기 • 사과 그림에 스티커 붙이기 • 친구얼굴 그림 위에 끼적이기	9	우리 가족이 있어요	• 엄마, 아빠가 좋아요 • 가족 놀이를 해요 • 우리 가족을 소개해요 1/추석 • 우리 가족을 소개해요 2	• 가족사진 액자 만들기 • 가면 만들기 • 내 얼굴 꾸미기 • 넥타이 만들기
4	어린이집이 좋아요	• 내가 좋아하는 놀잇감이에요 1 • 내가 좋아하는 놀잇감이에요 2 • 바깥놀이가 좋아요 1 • 바깥놀이가 좋아요 2	• 나만의 화분 • 바람개비 만들기 • 꽃 목걸이 만들기 • 놀이터그림 끼적이기	10	가을이에요	• 가을 나들이 가요 • 알록달록 물들어요 • 색깔 놀이해요 • 그리기 놀이해요	• 가을나무 모자이크 • 단풍잎 꾸미기 • 고추잠자리 꾸미기 • 휴지심 꽃 그림
5	봄이에요	• 안전하게 바깥놀이해요 • 꽃구경을 해요 • 벌레가 꿈틀꿈틀해요 • 봄나들이 가요	• 봄꽃 모자이크 • 꽃 도장 찍기 • 애벌레 꾸미기 • 꿀벌 집에 끼적여요	11	동물 놀이해요	• 내가 좋아하는 동물이 있어요 • 엄마 동물, 아기 동물이 있어요 • 동물 흉내 내요 • 동물을 사랑해요	• 강아지 모자이크 • 거북이 등을 꾸며요 • 종이컵 공작새 • 문어 만들기
6	나는 느껴요	• 내 몸을 살펴보아요 • 느껴보아요 • 내가 좋아하는 것이 있어요 • 혼자서 할 수 있어요	• 손가락 도장 찍기 • 초콜릿 언덕 꾸미기 • 색깔돋보기 만들기 • 시계 만들기	12	겨울이에요 / 모양 놀이해요	• 추워요 • 따뜻하게 지내요 • 겨울 놀이가 좋아요 • 즐거운 성탄절이에요	• 솜 그림 • 눈사람 꾸미기 • 팽이 그림 색칠하기 • 크리스마스 트리 만들기
7	여름이 왔어요	• 더워졌어요 • 비가 많이 와요 • 몸을 깨끗이 씻어요 • 즐겁게 물놀이해요	• 부채 만들기 • 우산 그림 모자이크 • 신문지 구겨 찍기 • 튜브 그림에 색칠하기	1	우리 반이 좋아요 I	• 사랑하는 친구가 있어요 • 함께 놀아요 1 • 함께 놀아요 2 • 형님이 되어요	• 머리카락 꾸미기 • 망원경 만들기 • 털장갑을 꾸며요 • 자동차 핸들 만들기
8	놀이할 수 있어요	• 놀잇감은 재미있어요 1 • 놀잇감은 재미있어요 2 • 까꿍 놀이는 재미있어요 1 • 까꿍 놀이는 재미있어요 2	• 자동차 바퀴그림 • 비치백을 만들어요 • 물고기 만들기 • 우산 모자이크	2	우리 반이 좋아요 II	• 선생님이 좋아요1 • 선생님이 좋아요2 • 즐거웠던 우리 반 1 • 즐거웠던 우리 반 2	• 선생님그림 위에 색칠하기 • 복주머니 만들기 • 우리 반 액자 만들기 • 친구 사진에 하트스티커 붙이기

▶ 만 1세 일일계획 예시

단원	새로운 것이 낯설어요
제목	풍선 위에 그림을 그려요
활동목표 (내용범주)	1. 풍선 위에 자유롭게 그림을 그린다. (예술경험 〉 예술적 표현하기 〉 단순한 미술경험하기) 2. 풍선에 관심을 갖고 탐색한다. (자연탐구 〉 과학적 탐구하기 〉 물체와 물질 탐색하기)
준비물	풍선, 매직펜
사전활동	영아가 눌러도 잘 터지지 않도록 풍선을 작게 불어 준비한다.
단계	활동방법
도입	풍선을 제시하며 영아와 함께 살펴본다. –이것은 무엇일까요? –동그랗고 말랑말랑한 풍선이네요~
전개	교사가 풍선에 그림 그리는 모습을 보여주고 영아는 모방하여 따라 그리도록 한다. –풍선에도 종이처럼 그림이 그려질까요? –풍선에 슥슥~ 그림을 그려보자. –우와~ 풍선에도 그림이 잘 그려지는구나. –ㅇㅇ도 선생님처럼 풍선에 그림을 그려보겠니? 영아가 그림 그린 풍선과 친구들 것을 비교해보며 탐색한다. –친구는 무엇을 그린 것 같니? –친구 풍선이랑 바꿔서 그림을 그려볼까?
마무리	좋아하는 친구나 선생님, 가족에게 선물할 수 있도록 한다. –그림을 너무 잘 그려주었구나. –이 풍선을 선물해주고 싶은 사람이 있니?
확장활동	완성된 그림 풍선을 날리면서 자유롭게 신체놀이를 즐길 수 있도록 하였다.
가정 연계활동	엄마 아빠와 함께 풍선을 공처럼 데굴데굴 굴려보도록 한다.

▶만 2세 연간계획

월	주제	소주제	미술활동	월	주제	소주제	미술활동
3	어린이집이 좋아요 I	• 나는 ㅇㅇ반이에요 • 엄마, 아빠와 헤어질 수 있어요 • 우리반 선생님과 친구들이에요 • 재미있는 놀잇감이 있어요	• 마음대로 그려요 • 모양 종이에 그려요 • 친구들과 선생님 사진에 색칠해요 • 놀잇감 그림 위에 그려요	9	나는 가족이 있어요	• 엄마 아빠가 좋아요 • 우리 가족을 소개해요 1 • 우리 가족을 소개해요 2 • 우리 가족을 흉내내요	• 면봉으로 집을 그려요 • 가족액자 만들기 • 빨대그림 • 넥타이 만들기
4	어린이집이 좋아요 II / 봄나들이 가요 I	• 내가 좋아하는 놀잇감이에요 • 안전하게 놀아요 • 편안하게 지내요 • 바깥놀이가 재미있어요	• 팝콘 나무 꾸미기 • 가방 그림에 색칠하기 • 나비 만들기 • 빨대 목걸이 만들기	10	알록달록 가을이에요	• 가을이에요 • 가을 나들이 • 단풍이 물들어요 • 알록달록 색깔나라	• 가을과일 색칠하기 • 가을 꽃나무 꾸미기 • 나뭇잎 프로타주 • 낙엽왕관 만들기
5	봄나들이 가요 II	• 안전하게 바깥놀이해요 • 꽃구경은 즐거워요 • 벌레가 꿈틀꿈틀해요 • 봄나들이 갈까요?	• 색종이 모자이크 • 꽃을 꾸며요 • 애벌레 꾸미기 • 병아리 만들기	11	동물놀이해요	• 여러 가지 동물이 있어요 • 엄마동물 아기동물 • 동물흉내를 내요 • ㅇㅇ반이 좋아하는 동물	• 금붕어 접어 꾸미기 • 강아지 그림 색칠하기 • 동물도장 찍기 • 사자의 갈기 표현하기
6	나는요	• 나는 ㅇㅇㅇ이에요/내 몸을 살펴보아요 • 나는 느껴요 • 내가 좋아하는 것이 있어요 • 혼자서도 잘해요	• 내 얼굴 꾸미기 • 물줄기 그리기 • 종이접시 모자 만들기 • 개구리 만들기	12	추운 겨울이에요	• 추워요 • 따뜻하게 지내요 • 성탄절이에요 • 겨울 놀이가 있어요	• 겨울풍경 꾸미기 • 장갑 만들기 • 크리스마스 카드 만들기 • 털실로 꾸며요
7	재미있는 여름이에요 I	• 날씨가 더워졌어요 • 비가 많이 와요 • 깨끗하게 씻어요 • 물놀이가 재미있어요 1	• 수박부채 만들기 • 비 오는 날 • 비누거품그림 • 슬리퍼 만들기	1	겨울과 모양을 즐겨요 / 나는 친구가 있어요 I	• 여러 가지 모양이 있어요 • 모양 놀이해요 • 내 친구가 좋아요 • 친구와 함께하는 놀이가 있어요	• 수수깡으로 모양 만들기 • 모양 목걸이 만들기 • 무지개 그리기 • 사이좋은 친구 꾸미기
8	재미있는 여름이에요 II	• 물놀이가 재미있어요 2 • 여행을 가요 1 • 여행을 가요 2 • 재미있는 여름이 좋아요	• 물감으로 콕콕 • 자동차 바퀴그림 • 구긴 종이로 찍기 • 무늬를 색칠해요	2	나는 친구가 있어요 II	• 우리는 ㅇㅇ살 • 형·언니가 되어요/설날 • 즐거웠던 우리 반이에요 1 • 즐거웠던 우리 반이에요 2	• 채소도장 찍기 • 복주머니 만들기 • 망치 만들기 • 지퍼백 스노우볼 만들기

▶ 만 2세 일일계획 예시

단원	어린이집이 좋아요
제목	도트 물감놀이
활동목표 (내용범주)	1. 도트 물감을 찍으며 그림을 그린다. (예술경험 〉 예술적 표현하기 〉 자발적으로 미술활동하기) 2. 도트 물감을 도화지에 찍으며 탐색한다. (자연탐구 〉 탐구하는 태도 기르기 〉 호기심 가지기)
준비물	도트 물감, 도화지
사전활동	물감으로 꾸민 미술작품들을 감상해 보도록 하며 흥미를 갖도록 하였다.
단계	**활동방법**
도입	도트 물감을 보여주며 탐색해 보도록 한다. -이것은 무엇일까요? -풀처럼 생겼구나~ 뚜껑을 열어볼까요?
전개	교사가 도트 물감을 도화지에 찍는 모습을 보여주고 함께 활동한다. -이건 콩콩 도화지에 찍으면 색깔이 나오는 도트 물감이에요. -ㅇㅇ도 도화지에 콩콩 도트 물감을 찍어볼래요? -도트 물감이 도화지에 어떻게 찍히나요? -작은 동그라미 모양으로 찍히는 구나~ 도트 물감을 찍으며 자유롭게 그림을 그린다. -도트 물감이 찍힌 도화지에 그림을 그려볼까요? -어떤 그림을 그려볼까요? -우와~ 알록달록 정말 예쁜 그림이 되었구나.
마무리	완성된 그림을 감상하며 이야기 나눈다. -00는 여러 가지 색깔을 번갈아 찍어서 길쭉한 길을 그렸구나. -그림을 그려보니 느낌이 어때요?
확장활동	완성된 그림을 벽면에 게시하며 친구들에게 이야기해 보는 시간을 가졌다.
가정 연계활동	넥타이 그림에 도트 물감을 찍어 예쁜 모양을 꾸며보도록 한다.

2) 영아의 경험과 6개 영역 간의 통합적 연계

표준보육과정의 영아영역은 기본생활, 신체운동, 의사소통, 사회관계, 예술경험, 자연탐구의 6개 영역으로 구성된다.

0세의 그리기, 만들기와 꾸미기, 조소활동에 따른 6개 영역 간의 통합적 연계는 다음과 같다.

▸0세 그리기

(기본생활)
절제/기다릴 수 있어요

(신체운동)
선을 따라 움직여요

(의사소통)
긴 소리와 짧은 소리에 맞추어 그려요

변기 그림에 끼적이기

(사회관계)
친구와 함께 놀아요

(예술경험)
크레파스로 끼적여 보아요

(자연탐구)
무슨 모양일까?

▸0세 만들기와 꾸미기

(기본생활)
질서/차례를 지켜요

(신체운동)
신나게 뛰어요

(의사소통)
마이크에 대고 이야기하기

마이크 만들기

(사회관계)
친구와 노래해요

(예술경험)
마이크 들고 노래하며 춤추기

(자연탐구)
동그란 것은?

▸0세 조소

(기본생활)
절제/입에 넣지 않아요

(신체운동)
손가락으로 조물조물

(의사소통)
하얗고 부드러워요

말랑말랑 밀가루놀이

(사회관계)
선생님과 음식 상을 차려요

(예술경험)
말랑말랑 점토놀이

(자연탐구)
밀가루와 물이 만나면?

만 1세의 그리기, 만들기와 꾸미기, 판화활동에 따른 6개 영역 간의 통합적 연계는 다음과 같다.

▶ 만 1세 그리기

(기본생활)
청결/깨끗하게 정리해요

(신체운동)
꼼지락 꼼지락 만지며 놀아요

(의사소통)
마른 것과 젖은 것

물감으로 콕콕!

(사회관계)
선생님과 만져요

(예술경험)
콕콕 찍어보아요

(자연탐구)
돋보기로 관찰해요

▶ 만 1세 만들기와 꾸미기

(기본생활)
예절/안경 쓰고 인사해요

(신체운동)
손가락 가위질

(의사소통)
선생님을 따라 말해요

안경 만들기

(사회관계)
친구와 안경 쓰고 마트에 가요

(예술경험)
나만의 안경을 꾸며요

(자연탐구)
생김새를 살펴봐요

▶ 만 1세 판화

(기본생활)
청결/흘리지 않게 조심해요

(신체운동)
손바닥 발바닥 치기

(의사소통)
신체 명칭을 알아요

손도장 판화

(사회관계)
내 손 친구 손

(예술경험)
손바닥 모양을 따라 그려요

(자연탐구)
밀가루가 붙었어요

만 2세의 그리기, 만들기와 꾸미기, 직조, 염색활동에 따른 6개 영역 간의 통합적 연계는 다음과 같다.

▶만 2세 그리기

(기본생활)
자조/혼자 할 수 있어요

(신체운동)
어푸어푸 세수해요

(의사소통)
치카치카 말해요

비누거품그림

(사회관계)
비누로 친구 손을 씻어줘요

(예술경험)
거품그림 주변에 색칠해요

(자연탐구)
거품이 어떻게 생길까?

▶만 2세 만들기와 꾸미기

(기본생활)
인성/도와줄 수 있어요

(신체운동)
수박처럼 데굴데굴 굴러봐요

(의사소통)
더워요 시원해요

수박부채 만들기

(사회관계)
수박은 몇 통인지 선생님과 세어보아요

(예술경험)
수박파티 노래 들으며 스카프 춤추기

(자연탐구)
수박의 겉과 속

▶만 2세 직조

(기본생활)
존중/예쁜 모습으로 인사해요

(신체운동)
지그재그 움직여요

(의사소통)
내 물건에 이름이 있어요

직조치마 만들기

(사회관계)
사이좋게 나눠요

(예술경험)
가위로 오리고 풀로 붙여요

(자연탐구)
직선과 곡선

▶만 2세 염색

(기본생활)
협동/힘을 합해 완성해요

(신체운동)
넓었다 뺐다

(의사소통)
마스크 쓰고 말해요

마스크 염색하기

(사회관계)
마스크 쓰고 친구와 카트 끌기

(예술경험)
색깔의 변화를 감상해요

(자연탐구)
어떻게 변했을까?

3) 영아의 흥미와 관심에 따른 주변생활에서의 통합적 연계

영아주변에서 흥미와 관심을 가질 수 있는 내용을 살펴보면 다음과 같다.

구분	주제	그림책	사물	우연한 상황
내용	강아지	플란더스의 개, 나는 개다 개와 고양이, 의로운 개	강아지 연필, 강아지 인형 강아지 조각품	할머니집 강아지

① 주제: 영아들이 좋아하는 주제로는 날씨, 동물, 꽃, 장난감, 공에 대한 경험과 함께 놀이진행으로 이루어진 활동을 의미한다.

② 그림책: 영아들이 좋아하는 그림책 중에서 찾아보고 내용을 익힌다.

③ 사물: 어린이집의 환경에 있는 다양한 내용을 읽어보고 감상하며, 가정에서의 사물(시계, 거울, 다양한 도구) 등의 단어와 모양을 그려보고 글로 써본다.

④ 우연한 상황: 할머니집에서의 알게 된 내용, 엄마와 아빠의 경험, 견학 등에서 알게 된 지식과 생각들을 그려보고 꾸며본다.

2. 통합적으로 유아의 경험과 연계

1) 유아 미술계획

▶ 만 3세 연간계획

월	주제	소주제	미술활동	월	주제	소주제	미술활동
3	우리 원	우리 반의 모습	네모 접어 블록 쌓기	9	우리나라	전통 놀이	색종이 가오리연
		우리 반의 하루	하루 일과표 만들기			전통 생활문화	전통문양 노리개
		우리 반 친구	친구의 모습을 꾸며요			예술과 문화/추석	송편바구니 꾸미기
		우리 선생님	선생님의 머리카락			상징과 자랑거리	손가락 도장 태극기
		즐거운 우리 원	그림병풍 만들기			옛날과 오늘날	지도 모자이크
4	봄	봄 날씨	봄 옷 디자인	10	가을	가을 날씨	자연물로 만든 곤충
		봄의 모습	봄 풍경을 꾸며요			알록달록 가을	알록달록 가을나무
		궁금해 동 · 식물	꼬물꼬물 뱀			풍성한 가을	감이 주렁주렁
		함께하는 자연	나무를 꾸며요			가을 나들이	등산 모자 만들기
5	나와 가족	나의 몸과 성장	색종이 줄 인형	11	환경과 생활	물	사인펜 물 그림
		소중한 나	웃는 내 얼굴 그리기			돌과 흙	흙 연필꽂이
		소중한 가족	숟가락 가족인형			공기와 바람	뱅글뱅글 바람개비
		행복한 우리 집	가족 액자 만들기			빛과 소리	무지개 모자이크
6	우리 동네	궁금한 우리 동네	함께 만드는 우리 동네	12	겨울	겨울 날씨	눈 결정체
		우리 동네 생활	건빵으로 동네 만들기			겨울 생활	겨울나무 옷 입히기
		다양한 기관	소방관 구슬그림			신나는 겨울	내가 만든 눈사람
		도움을 주는 사람들	움직이는 동네사람들 인형			건강한 겨울	겨울 모자 만들기
		우리 동네 시장	장바구니를 채워요			따뜻한 겨울	복주머니
7	여름	달라진 여름	여름 숲을 만들어요	1	생활도구	다양한 생활도구/새해	생활도구 모양카드
		건강한 여름	아얏 아얏 주사기			움직이는 힘	스프링 요요
		신나는 여름	수영복을 꾸며요			안전한 사용	콘센트 덮개 만들기
		맛있는 여름	건강한 밥상			다양한 미디어	찰칵찰칵 카메라
8	교통기관	다양한 육상 교통기관	자동차 저금통			자라난 나/설날	새 달력 만들기
		다양한 항공 교통기관	날쌘 비행기	2	즐거웠던 우리 반	다섯 살의 추억	추억 액자 만들기
		다양한 해상 교통기관	멋진 잠수함			동생에게 들려주는 이야기	하트 목걸이 만들기
		안전한 교통 생활	내가 꾸민 교통표지판			형님 반에 간다네	수료식 왕관비행기

▶ 만 3세 일일계획 예시

단원	환경과 생활
제목	흙 연필꽂이
활동목표 (내용범주)	1. 흙을 이용하여 만든 것을 알아보고 연필꽂이를 만든다. (예술경험 〉 예술적 표현하기 〉 다양한 재료로 생각과 느낌을 표현한다.) 2. 서로 다른 표현 방법을 존중하는 태도를 가진다. (의사소통 〉 듣기와 말하기 〉 말이나 이야기를 관심 있게 듣는다.)
준비물	찰흙, 풀, 냅킨, 펜, 가위
사전활동	바깥에 나가서 화단의 흙을 만져보도록 하면서 관심을 갖도록 하였다.
단계	활동방법
도입	흙으로 만든 것에 대해 이야기를 나눈다. –이것은 무엇이니? 흙으로 만든 것은 무엇이 있을까? –옛날에는 흙으로 그릇을 만들어 사용했단다.
전개	찰흙을 탐색해 본다. –찰흙을 만져볼까? –만져보니까 느낌이 어떻니? –색은 어떤 색이니? 만들기 방법을 알아보고, 찰흙으로 연필꽂이를 만든다. –찰흙으로 무엇을 만들면 좋을까? –연필꽂이 모양을 만들어볼까? –냅킨 그림을 가위로 잘라보자. –어디에 붙이면 좋을까?
마무리	완성된 연필꽂이를 친구들에게 소개하며 활동을 마무리한다. –어떤 모양의 연필꽂이를 만들었니? –흙으로 만든 연필꽂이는 시간이 흐르면 어떻게 될까?
확장활동	과학영역: 찰흙이 햇빛에 의해 마르는 과정을 탐색할 수 있다.
가정 연계활동	엄마 아빠와 밀가루 점토놀이를 해 본다.

▶ 만 4세 연간계획

월	주제	소주제	미술활동	월	주제	소주제	미술활동
3	우리 원	새로운 우리 반	나무 이름표 만들기	9	세계 속의 우리나라	우리나라의 생활문화	떡에 무늬를 찍어요
		우리 반의 하루	하루 일과 그리기			우리나라의 전통	덩덩 쿵덕쿵 농악
		우리 반 친구들	친구들 찰흙 오브제			우리나라의 자랑거리/추석	토우를 만들어요
		우리 선생님	선생님 얼굴 모자이크			세계의 생활과 전통	이글루 만들기
		즐거운 우리 원	재활용품으로 원 꾸미기			세계의 문화유산	세계여행 상상그림
4	봄	다양한 봄 날씨	황사 마스크 만들기	10	가을	달라진 가을	내 가방에 놀러온 가을
		봄의 모습	봄꽃 화분을 만들어요			알록달록 가을	낙엽 가면 만들기
		궁금해 동 · 식물	식물 본 뜨기			풍성한 가을	감을 접어요
		함께하는 자연	자연보호 약속판			신나는 가을	주렁주렁 사과나무
5	나와 가족	나의 성장	양말인형 만들기	11	환경과 생활	물	물을 넣어 부는 피리
		소중한 나	색종이 줄 인형			돌과 흙	땅 속 개미집
		소중한 가족	우리 가족 신문 만들기			공기와 바람	뱅글뱅글 바람개비
		가족의 생활	가족 액자 만들기			빛과 소리	소리가 보인다면
6	우리 동네	궁금한 우리 동네	우리 동네의 밤	12	겨울	달라진 겨울	눈 오는 날 그리기
		우리 동네 생활	나만의 가게			겨울 풍경	점점 커지는 눈사람
		다양한 기관	공원 분수대 꾸미기			신나는 겨울	스크래치 겨울그림
		우리 동네 사람들	종이컵 인형 만들기			함께하는 겨울	오르골 트리 만들기
		우리 동네의 전통과 문화	동네 축제를 그려요			따뜻한 겨울	감사 카드를 만들어요
7	여름	달라진 여름	와! 여름이다	1	생활도구	다양한 생활도구/새해	휴지 케이스
		건강한 여름	얼음 그림을 그려요			생활도구의 힘	에너지 절약 스티커
		맛있는 여름	수박 부채를 만들어요			다양한 미디어	스마트폰 만들기
		안전한 여름	물놀이 안전 포스터			미래의 생활도구	미래 생활도구 만들기
8	교통기관	다양한 육상 교통기관	버스 정류장 만들기	2	즐거웠던 우리 반	성장한 나/설날	쑥 쑥 자라는 나
		다양한 항공 교통기관	열기구 모빌			여섯 살의 추억	우정 목걸이 만들기
		다양한 해상 교통기관	배를 만들어요			동생에게 들려주는 이야기	나이 메달
		안전한 교통 생활	교통표지판 만들기			감사한 분들과 우리 반 친구들	펠트로 만든 꽃다발

▶만 4세 일일계획 예시

단원	새로운 우리 반
제목	모양을 이용한 그림을 그려요
활동목표 (내용범주)	1. 다양한 모양의 특징을 알아보고 우리 반의 모습을 표현한다. (예술경험 〉 예술적 표현하기 〉 다양한 재료로 생각과 느낌을 표현한다.) 2. 자신의 느낌이나 생각을 표현하는 과정을 즐긴다. (의사소통 〉 듣기와 말하기 〉 자신의 경험, 느낌, 생각을 말한다.)
준비물	모양카드, 모양 조각들, 색연필, 풀, 흰 도화지
사전활동	여러 가지 모양조각들을 미리 가위로 오려두었다.
단계	활동방법
도입	모양의 이름과 특징에 대해 알아본다. –주변에서 동그라미를 본 적이 있니? –동그라미 모양인 것을 어떻게 알 수 있었니?
전개	준비된 재료들을 탐색하며 이야기 나눈다. –이것들은 무엇이니? –종이조각들을 이용하여 어떤 놀이들을 할 수 있을까? –다양한 모양을 이용해 그림으로 표현할 수 있을까? 놀이 방법을 알아보고 그림 그리기 놀이를 한다. –우리 반에는 어떤 모양이 숨어있을까? –우리 반의 어떤 곳을 표현해 보고 싶니? –어떤 모양이 필요하니?
마무리	놀이가 끝난 후 평가한다. –모양을 이용해 표현해 본 느낌이 어떠니? –그림으로 표현해 보면서 가장 재미있었던 점은 무엇이었니?
확장활동	수/조작영역: 제시된 모양 종이를 이용해 모양패턴 만들기를 할 수 있다.
가정 연계활동	모양조각들을 자유롭게 붙이며 인디언 모자를 만들어본다.

▸만 5세 연간계획

월	주제	소주제	미술활동	월	주제	소주제	미술활동
3	우리 원	새로운 우리 반	우리 반 안전 약속판	9	세계 속의 우리나라	우리나라의 전통	나만의 탈을 만들어요
		우리 반의 하루	놀이계획 주사위			우리나라 생활문화	예쁜 한복을 꾸며요
		우리 반 친구들	나무로 만든 친구들			우리나라 자랑거리/추석	우리나라의 상징
		우리 원 선생님	선생님 종이 인형			세계의 전통	인디언 모자 만들기
		즐거운 우리 원	우리 원 깃발 만들기			세계의 자연과 사회현상	나눔 포스터
4	봄	다양한 봄 날씨	봄 옷 콜라주	10	가을	달라진 가을 모습	가을 비 내리는 날
		즐거운 봄	봄 풍경 액자			알록달록 가을	잠자리의 가을여행
		궁금한 동·식물	동물들의 기차여행			풍성한 가을	곡식으로 꾸민 가을들판
		자연과 함께하는 우리	자연물을 점토에 찍기			신나는 가을	가을 산의 나무
5	나와 가족	나의 성장	생일 축하합니다	11	환경과 생활	물	비 오는 날 모빌
		소중한 나	알록달록 기분 파이			돌과 흙	알록달록 샌드아트
		소중한 가족	가족 달력			공기와 바람	풍차 만들기
		다양한 가족	다양한 가족 만들기			빛과 소리	나만의 병에 빛을 담아요
6	우리 동네	궁금한 우리 동네	나와 마을	12	겨울	달라진 겨울	눈 내리는 날
		우리 동네 생활	우리 동네 건물			겨울 풍경	겨울잠을 자는 동물
		우리 동네 이웃들	층간소음 예방 포스터			신나는 겨울	연 만들기
		우리 동네의 기관	딱지로 꾸민 우리 동네			나누는 겨울	종이접시 리스
		우리 동네 전통과 문화	모래 음식 축제			따뜻한 겨울	연하장 만들기
7	여름	반가운 여름	바람 솔솔 선풍기	1	생활도구	다양한 생활도구/새해	크레파스를 접어요
		건강한 여름	모기 쫓는 계피요정			안전한 사용방법	내가 만든 망치
		맛있는 여름	수박씨를 접어요			다양한 미디어	나만의 노트북
		안전한 여름	구명조끼 디자인			미래의 생활도구	상상 속 미래모습
8	교통기관	다양한 교통기관	멋진 유람선	2	졸업	나의 성장/설날	나에게 주는 상장
		고마운 교통기관	소방차를 만들어요			즐거웠던 우리 원	추억 액자
		교통기관의 옛날과 오늘	미래의 교통기관			일학년이 되면	초등학교 시간표
		안전한 교통 생활	신호등 만들기			졸업	졸업하는 친구들

▶ 만 5세 일일계획 예시

단원	동·식물과 자연
제목	벌집을 만들어요
활동목표 (내용범주)	1. 직조에 대해 알아본다. (예술경험 〉 예술적 표현하기 〉 자발적으로 미술활동하기) 2. 색종이를 이용해 벌집 직조를 만든다. (자연탐구 〉 생활 속에서 탐구하기 〉 주변에서 반복되는 규칙을 찾는다.)
준비물	색종이, 활동지, 가위, 풀
사전활동	직조 방법이 활용된 꽃바구니 2개를 미술영역에 전시해 두었다.
단계	활동방법
도입	동요 "꿀벌의 여행"을 불러보고, 벌에 대해 이야기 나눈다. –이 노래를 알고 있니? –너희들은 꿀벌에 대해 알고 있니? 꿀벌은 육각형 모양의 집에 살고 있어.
전개	벌집을 관찰한다. –꿀벌이 사는 벌집을 관찰해 볼까? –꿀벌들은 애벌레도 키우고 꿀을 만들어 보관하기도 한단다. 직조 활동에 대해 알아보고, 색종이로 직조 활동을 한다. –직조라는 말을 들어본 적이 있니? –색종이를 이용해서 우리는 직조활동을 해 볼 거야. –한번은 위로, 한번은 아래로 넣어보자. –어떤 색깔의 종이로 하고 싶니?
마무리	활동을 마무리하고, 사용한 자리와 도구를 정리한다. –내가 만든 벌집 직조를 살펴볼까? –벌집과 비슷하게 잘 만들어진 것 같니?
확장활동	음률영역: "꿀벌의 여행" 노래를 감상할 수 있다.
가정 연계활동	엄마 아빠와 함께 꿀벌 자연관찰 책을 읽어보도록 한다.

2) 유아의 경험과 5개 영역 간의 통합적 연계

누리과정의 유아영역은 신체운동 · 건강, 의사소통, 사회관계, 예술경험, 자연탐구의 5개 영역으로 구성된다.

만 3세의 그리기, 만들기와 꾸미기, 조소활동에 따른 5개 영역 간의 통합적 연계는 다음과 같다.

▶ 만 3세 그리기

(신체운동 * 건강)
눈, 코, 입 마사지하기

(의사소통)
"소중한 나" 책 읽기

(사회관계)
친구 얼굴과 내 얼굴 비교하기

웃는 내 얼굴을 그려요

(예술경험)
"얼굴" 노래 들으며 춤추기

(자연탐구)
돋보기로 관찰하기

▶ 만 3세 만들기와 꾸미기

(신체운동 * 건강)
무궁화 꽃이 피었습니다 놀이하기

(의사소통)
건곤감리의 의미 이야기 나누기

(사회관계)
태극기 모양 찾기

태극기 꾸미기

(예술경험)
태극기 노래 부르기

(자연탐구)
우리나라의 상징에 대해 찾아보기

▶ 만 3세 조소

(신체운동 * 건강)
흙 길을 따라 걷기

(의사소통)
흙으로 만든 것 찾아보고 말하기

(사회관계)
친구와 같이 만들고 이야기하기

흙 연필꽂이

(예술경험)
말랑말랑 점토놀이하기

(자연탐구)
흙과 물이 만나면 어떻게 될지 생각하기

만 4세의 그리기, 만들기와 꾸미기, 판화활동에 따른 5개 영역 간의 통합적 연계는 다음과 같다.

▸만 4세 그리기

(신체운동 * 건강)
몸으로 동그라미 표현하기

(의사소통)
어떤 모양인지 말하기

(사회관계)
친구에게 하트모양 오려주기

모양을 이용한 그림을 그려요

(예술경험)
모양 스크래치 그리기

(자연탐구)
나뭇잎 모양 탐색하기

▸만 4세 만들기와 꾸미기

(신체운동 * 건강)
바람개비 들고 뛰기

(의사소통)
바람이 들어가는 동화책을 찾아 읽기

(사회관계)
친구와 뱅글뱅글 돌아보기

뱅글뱅글 바람개비

(예술경험)
바람개비 종이 위에 색칠하기

(자연탐구)
돌아가는 원리 탐색하기

▸만 4세 판화

(신체운동 * 건강)
분수가 되어보기

(의사소통)
강하게 약하게 말하기

(사회관계)
분무기를 함께 뿌려보기

분무기 판화

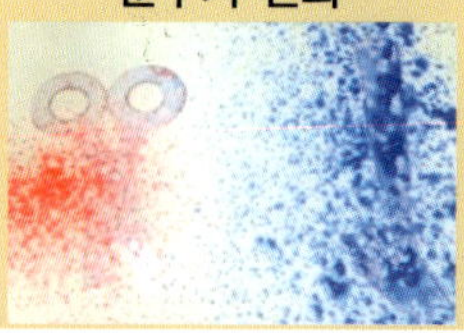

(예술경험)
채소도장 찍기

(자연탐구)
안개는 왜 생기는지 생각하기

만 5세의 그리기, 만들기와 꾸미기, 직조, 염색활동에 따른 5개 영역 간의 통합적 연계는 다음과 같다.

▸만 5세 그리기

(신체운동 * 건강)
봄비를 몸으로 표현하기

(의사소통)
봄에 들을 수 있는 소리 말하기

(사회관계)
선생님과 함께 봄 풍경 감상하기

봄 풍경 표현하기

(예술경험)
봄꽃 콜라주 꾸미기

(자연탐구)
씨앗의 발화과정 탐색하기

▸만 5세 만들기와 꾸미기

(신체운동 * 건강)
손을 들고 바르게 건너기

(의사소통)
빨강이 초록이 이야기 나누기

(사회관계)
선생님 손을 잡고 건너보기

신호등 만들기

(예술경험)
"건너가는 길" 노래 부르기

(자연탐구)
색의 변화 탐색하기

▸만 5세 직조

(신체운동 * 건강)
벌처럼 나비처럼 날아보기

(의사소통)
꿀벌 책 읽기

(사회관계)
엄마 벌과 아기 벌 역할놀이하기

벌집 만들기

(예술경험)
"꿀벌의 여행" 노래 부르며 춤추기

(자연탐구)
벌집 관찰하기

▸만 5세 염색

(신체운동 * 건강)
둥글게 둥글게 걷기

(의사소통)
검은 것과 하얀 것 이야기 나누기

(사회관계)
선생님을 따라서 행동하기

먹물 족자그림

(예술경험)
치자 염색하기

(자연탐구)
진한 것과 연한 것 구별하기

3) 유아의 흥미와 관심에 따른 주변생활에서의 통합적 연계

구분	주제	그림책	사물	우연한 상황
내용	나비	애벌레의 꿈, 나비, 나비의 꿈, 애벌레에서 나비까지, 나비의 집, 포기가 너무 빠른 나비	나비머리핀, 나비날개옷, 나비모자	꽃밭에 나비가 날아온다.

① 주제: 유아들이 좋아하는 '나비' 주제를 보고 떠오르는 경험을 연계한다.

② 그림책: 유아들이 좋아하는 나비의 동화책을 생각해 본다.

③ 사물: 유아의 주변에서 볼 수 있는 '나비'에 대하여 찾아본다.

④ 우연한 상황: 꽃밭에 날아온 '나비'를 보고 "나비야 나비야" 노래를 불러본다.

토의 및 토론

일일계획에 맞추어 다양한 활동의 방법과 교사지원에 대하여 알아본다.

color day

1. 알슈우라와 하트위크(Alschuler & Hattwick, 1947)의 색채 심리분석

색채사용 심리분석	한색 계통을 좋아하는 아동
아동의 심리	비판적 사고를 가지고 있고, 자기중심적이며 지적이고 의지적이며 독립심이 강하다.

2. 우리 주변에서 볼 수 있는 한색

소나무	청둥오리	복주머니

3. 예비교사들의 미술에 대한 표현

아동미술은 세상의 통합이다	미술교사는 상황판단가이다

CHAPTER 13

평가 및 지원계획

평가는 모든 부분에 반드시 필수적인 사항이다. 아동의 발달수준과 놀이경험을 통하여 모든 교육내용의 계획, 교사의 지원방향을 수립하는 데 중요한 단서가 바로 평가이기 때문이다. 이 장에서는 아동미술의 평가와 미술경험 지원계획에 대하여 알아보고자 한다.

> 잘 보낸 하루 끝에 행복한 잠을 청할 수 있듯이
> 한 생을 잘 산 후에는 행복한 죽음을 맞을 수 있다.
>
> – 레오나르도 다빈치 –

1. 아동미술 평가

1) 평가의 목적 이해

평가는 아동의 발달과 교육 프로그램의 개선을 위한 필수적인 과정이며, 주관성이 중심이 되는 아동의 개성, 독창성, 미적 감각 등과 같은 미술의 특성을 기반으로 평가하게 된다. 교사는 아동의 보육 및 교육과정을 파악하고, 이에 따라 프로그램을 개선 및 운영하여 아동이 다양한 미적 경험을 제공하기 위해서 평가에 대한 내용을 알고 있는 것이 중요하다.

(1) 아동미술 평가의 의의

조형활동과 미술활동은 표현 중심으로 되어 있다고 할 수 있다. 조형활동과 미술활동은 표현, 감상, 평가가 잘 이루어져야만 학습활동의 목표에 도달했다고 말할 수 있다. 표현활동은 각자의 개성에 따라 사상 및 시각 언어를 표현하는 것이다. 감상활동은 작품의 시각 언어를 익고 이해하는 활동을 말한다고 할 수 있다.

평가란 학습활동 결과를 어느 정도 학습 목표에 도달했는가를 측정하는 것을 말한다. 학습활동이 끝나고, 학습 목표에 얼마나 도달했는가, 학습 성과를 올렸는지 등을 확인하고, 학습활동에 도움을 수 있도록 하는 것을 학습활동 평가라고 말한다.

(2) 아동미술 평가의 목적

평가의 목적은 다양하지만 바람직한 미술교육을 위해서는 필수적인 요소이며, 왜 평가를 진행해야 하는지에 대한 정확한 목적을 생각해야 한다. 아동미술에서의 중요한 목적 중의 하나는 아동의 올바른 성장과 조형활동에 도움을 얻기 위한 것이다.

바람직한 아동미술 평가의 방향은 다음과 같다.

① 평가를 위한 정확한 목표가 있어야 한다.

② 평가자의 객관성을 지닌 평가가 될 수 있도록 해야 한다.

③ 신뢰성을 갖도록 해야 한다.

④ 아동의 개인차를 고려해서 평가를 진행해야 한다.

⑤ 평가는 아동의 미술활동에서 과정을 중심으로 평가하는 것이 평가하는 것이 중요하다.

(3) 아동미술 평가의 필요성

아동미술 평가의 유형은 두 가지로 나눌 수 있다.

첫째, 아동에 대한 평가이다. 아동의 미술활동 후 미술적 능력, 아름다운 탐색능력, 미적 표현능력, 미술감상능력 등을 포함하여 아동미술과 연계된 다양한 능력들이 얼마나 향상되었는지 알아보는 것을 말한다.

둘째, 아동미술의 프로그램 평가이다. 아동에게 제공한 미술활동의 내용과 교수-학습방법 등이 얼마나 효과적으로 이루어졌는지에 대한 평가이다. 효과가 없었을 경우에는 어떤 점을 개선해야 할지를 알아보는 것을 말한다.

아동은 스스로의 미술활동 결과물을 가지고, 가까운 사람들에게 평가받기를 원한다. 아동이 집중하여 만든 미술작품을 제작하는 과정을 관찰했던 교사와 부모들은 아동에게 노력에 대한 칭찬하기, 격려하기, 인정해주기를 해 주는 것이 아동의 예술적인 활동에 자신감을 주어 많은 발전을 가져올 수 있다.

2) 평가방법 이해 및 활용

(1) 평가 대상 및 평가 내용

아동미술교육의 평가는 아동들의 미술활동의 결과물인 작품을 대상으로 하되, 작품을 완성시키는 활동 과정까지를 평가하는 것을 말한다.

미술놀이활동을 진행할 때, 정확한 목표와 활동이 이루어져야 하며, 작품 평가를 할 경우 활동결과물이 교육 목표에 얼마나 도달했는지 측정하는 것이다. 목표에 도달하지 못했을 때는 적절한 평가가 이루어지기 어렵다.

① 지도 목표

- 목표 설정이 적절하였는가?

(연령, 영역내용, 지도사항, 아동발달단계 등)

② 지도 계획

- 지도 내용, 시간 배분, 시설 및 준비물은 잘 준비되었는가?

③ 지도 방법

- 구체 항목을 정하여 평가해 보자.

(계획안의 전개, 준비, 내용의 연구, 교사의 지원과정, 지도방법 등)

④ 활동 성과

- 작품 평가에 있어서 어떠한 기준으로 할 것인가?

(표현력 평가, 감상력 평가, 이해 평가, 기술 평가, 태도 평가, 습관 평가 등)

⑤ 결과 처리

- 활동 결과물이나 작품으로 남기는 것이 중요하다.

(포트폴리오를 만들어 이후 발달에 연계해서 사용할 수 있도록 하는 것이 중요하다)

(2) 평가의 기준

아동의 작품을 평가할 때에는 완성된 작품도 중요하지만 활동과정도 매우 중요하다. 아동의 연령, 미적인 감각, 재능 여부, 환경고려, 지적 경험수준 등을 배려하여, 칭찬과 격려를 기반으로 평가를 진행해야 한다. 아동의 연령에 따라 작품을 완성하는 시간은 다양하다. 작품의 완성도 중요하지만 작품보다는 활동 속에서 아동의 신체적인 활동을 고려하고 심리적인 상태를 배려해야 한다.

활동 및 제작 과정을 잘 관찰하여 다음과 같은 기준으로 평가를 진행해야 한다.

① 활동 및 작품 제작 과정을 본다(성실성).

② 활동 및 작품을 통해 아동의 개성과 창의력을 본다(창조성).

③ 활동 및 작품을 통해 아동의 상상력을 본다(감동 및 재능성).

④ 활동 및 작품을 통해 아동의 발달 수준을 본다(경험 및 표현내용).

⑤ 활동 및 작품을 통해 아동의 생각과 마음 상태를 본다(집중력).

⑥ 활동 및 작품 제작 과정을 통하여 재료와 도구의 활용 방법을 본다(섬세함).

(3) 평가에 적절한 표현

아동의 평가에 있어서 가장 중요한 것은 칭찬과 격려이다. 적절한 표현을 해 줄 때 아동은 스스로 노력한 결과에 대한 성공감과 자아효능감을 상승시킬 수 있다.

"○○이는 정말 이 일에 집중했구나."

"끝까지 해내는 걸 보니 멋지다."

"어떻게 그런 생각을 해냈어."
"이것을 만들고 그리는데 재미있었구나."
"○○이가 정말 재밌고 행복해 보이는구나."
"그림을 표현하는데 붓과 색연필을 독특하게 사용했구나."
"○○이의 웃는 모습을 보니 잘 표현되었다고 생각되는구나."

(4) 평가 유형

영유아에게 있어서 평가는 발달단계에 따른 목표의 달성 여부에 맞추어 평가하는 것이 중요하다. 그래서 많이 하는 평가방법으로는 포트폴리오 평가, 평가목록표에 의한 평가, 토의 활동으로 정리할 수 있다.

① 포트폴리오 평가

- 영아의 작품이나 활동은 학기별, 연령별로 따로 모아서 앨범으로 꾸며 작품집을 대신하는 경우가 많다.
- 유아의 작품이나 활동은 학기별, 연령별로 따로 모아서 작품집이나 프로젝트 활동 모음집으로 많이 진행하고 있다.
- 영유아미술 평가에서 가장 많이 활용되는 평가내용이다.

<표 13-1> 영아와 유아 포트폴리오 목차 예시

순	영아용 주제	유아용 주제
1	손 찍기	나&우리가족/장미반 친구들(우리반 소개)
2	과일 그림에 끼적이기	야채모음집(찍기)/수수깡 구성
3	스티커로 꾸미기	실 그림/한지구성
4	파스텔 그림	잡지로 꾸미기/사포그림
5	색종이 모자이크	물체 찍기/얼굴 그리기

순	영아용 주제	유아용 주제
6	물감 데칼코마니	이름모자이크/나의 몸 꾸미기
7	나뭇잎 프로타주	가면 만들기/자유화 I
8	솜그림	풀그림/무지개 꾸미기
9	면봉그림	지문그림/손바닥 찍기
10	바퀴그림	종이접기/데칼코마니
11	야채도장 찍기	금&은 종이 꾸미기/나뭇잎 찍기
12	빨대 그림	물감불기/신문지로 구성하기
13	눈 코 입 꾸미기	양초그림/펀치로 꾸미기
14	종이 구겨 찍기	색연필 그림/색종이 구성하기
15	비누거품그림	발바닥 찍기/톱밥구성
16	털실그림	먹물그림/필름구성
17	자연물 콜라주	껌종이 구성/분필그림
18	립스틱으로 입술 찍기	눈 오는 날 그리기/식빵으로 얼굴 꾸미기
19	크리스마스 트리 꾸미기	소망나무 만들기/물고기 꾸미기
20	복주머니 만들기	사랑이야기/1년을 마치면서

<표 13-2> 예비교사 포트폴리오 목차 예시

주	활동명	준비물
1주	• 아동미술은 ○○이다/미술교사는 ○○이다	도화지, 4B연필, 지우개, 색연필
2주	• 그리기-나에 대하여/나는 특별하다	활동지, 볼펜, 색연필, 사인펜
3주	• 사포그림/OHP그림	사포, 크레파스, 유성매직, 포일, OHP
4주	• 먹물 불어 그리기/데칼코마니 기법	먹, 벼루, 붓, 물감,
5주	• 골판지로 꾸미기/정원 꾸미기	골판지, 칼, 자, 가위, 글루건, 잡지
6주	• 판화 찍기/점토로 동화 꾸미기	고무, 조각도, 클레이, 점토, 동화책
7주	• 색종이 접기/직조/종이감기 활동	색종이, 색상지, 칼, 가위, 오공본드
8주	• 펠트지로 인형 만들기/꽃 만들기	펠트지, 인형도안, 가위, 글루건, 꽃재료

주	활동명	준비물
9주	• 소금 파스텔/마블링 기법	소금, 파스텔, 유리병, 마블링물감
10주	• 생일판/날짜판/감정판/영역판	글자, 그림, 사진, 숫자, 가위, 풀, 판
11주	• 한지 물들이기/천연염색	한지, 천연염색 안료, 천, 염색색종이
12주	• 리본공예/재활용품 공예	리본, 글루건, 우유갑, 플라스틱병
13주	• 사계절 환경판/사계절 모빌	환경판, 색상지, 곤충핀, 낚싯줄, 모루
14주	• 화분 꾸미기/곡식 모자이크	화분, 식물, 고무신, 도화지, 곡식
15주	• 카드 및 초대장 만들기/전시회	도안, 글씨, 색상지, 리본, 글루건

② 평가목록표에 의한 평가

영유아의 미술작품, 미술표현 및 활동과정에서 언어적 반응, 작품 제작 과정에서의 교사의 관찰, 교사와 부모와의 면담기록 등 영유아의 미술발달에 관한 정보를 종합적으로 평가하기 위해서 평가목록표를 작성하는 것을 말한다.

③ 토의 활동

- 영아의 작품에 대하여 교사와 영아들이 함께 보며 이야기 나누고 생각을 말해 보는 시간을 가진다.
- 유아들이 자신의 작품을 설명하고, 반응을 알아보는 방법으로 자신의 활동과정과 결과에 대해 이야기하면서 미술과 관련된 용어와 개념을 활용하는 방법이다.
- 영유아들이 작업과정을 통해서 문제점을 인식하고 해결하는 방법에 대해 배우게 된다.

3) 교사에 대한 평가

교사에 대한 평가는 교사 자신의 성장과 향상을 가져오고, 놀이 배움자인 영유아에게 유익함을 주게 된다. 또한, 영유아의 성장에 큰 영향을 미치게 된다. 교사는 끊임없이 노력하고, 교수방법이 적절한지에 대한 끊임없는 고민을 해야 한다. 특히, 교사는 자신의 문제점을 빠르게 발견하고 개선하고자 하는 노력의 과정을 통하여 성장한다.

(1) 미술 환경 평가

영유아의 효과적인 미술활동을 위하여 교사는 준비된 환경을 제공해야 한다. 특히, 미적 발달을 위한 좋은 환경인가를 평가하는 기준으로 다음과 같은 사항을 고려해야 한다.

첫째, 영유아발달에 도움을 주는 미술 재료와 도구가 준비되어 있는가?

둘째, 미술활동을 하면서 위험한 요소 확인과 안전한 재료와 도구를 제공하는가?

셋째, 미술활동 주제와 관련된 자료가 반드시 준비되고 있는가?

넷째, 영유아의 미적 발달을 위하여 좋은 작품을 감상할 수 있는 자료가 배치되어 있는가?

다섯째, 미술공간의 배치와 재료들의 용이한 사용을 돕는가?

여섯째, 영유아들의 작품을 효과적으로 보관하고, 전시할 수 있는 환경이 준비되어 있는가?

일곱째, 미술활동을 하면서 영유아들이 활동하는데 적절한 공간을 가지고 있는가?

(2) 미술활동 평가

미술활동 평가에서 가장 중요한 것은 미술활동을 통한 통합적인 발달의 성공을 요구한다는 것이다. 평가를 진행할 때는 영유아의 신체적, 사회적, 정서적, 인지적 발달과 창의성, 통합, 다른 사람의 작품, 반성 등을 기준으로 평가를 진행하게 된다. 미술활동 평가 예시를 살펴보면 다음과 같다(김정희 외, 2021).

첫째, 신체적 발달: 한 가지 감각 이상을 사용하도록 요구하는가?

둘째, 사회적 발달: 다른 영유아들과 함께 작업할 수 있도록 허용하는가?

셋째, 정서적 발달: 영유아가 스스로 작업하도록 하는가?

넷째, 인지적 발달: 변화를 관찰할 수 있도록 하는가?

다섯째, 창의성: 영유아에게 문제를 인식하고, 해결하도록 요구하는가?

여섯째, 통합: 다른 교과 영역의 지식을 강화하는가?

일곱째, 다른 사람의 작품: 다른 사람의 작품을 경험할 기회가 있는가?

여덟째, 반성: 자신의 작품을 제시하도록 하는가?

전반적인 미술활동 평가를 살펴보면 다음과 같다.

① 관찰

영유아의 미술활동을 통하여 잠재된 내면의 생각과 창의적인 생각을 찾아볼 수 있다. 자신의 무궁무진한 생각들을 그리기, 만들기, 꾸미기, 감상하기 등을 통하여 다양한 경험을 길러줄 수 있다. 이에 교사의 적극적인 관찰과 지원은 중요하다.

② 기록

기록은 영유아의 발달을 결정한다. 미술활동을 통하여 자신의 경험을 쓰기와 말하기, 표현하기(동작, 음악, 미술) 등의 알림장, 키즈노트, 교육(보육)일지, 생활기록부, 포트폴리오에 남겨져 영유아의 발달을 지원한다.

③ 포트폴리오

영유아의 포트폴리오를 제시하면 다음과 같다.

▸ 0세

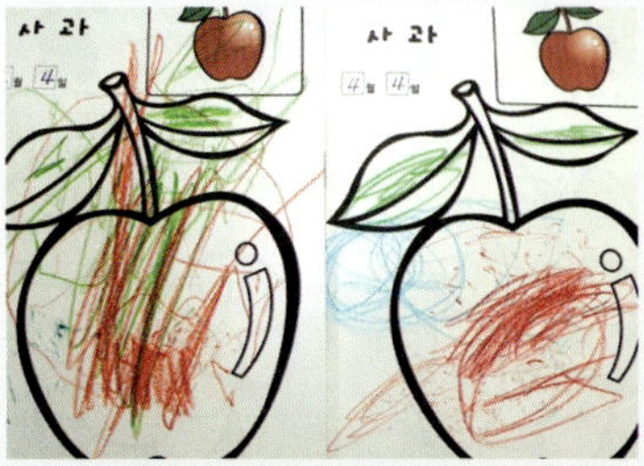

사과 그림에 끼적이기

물고기 그림 꾸미기

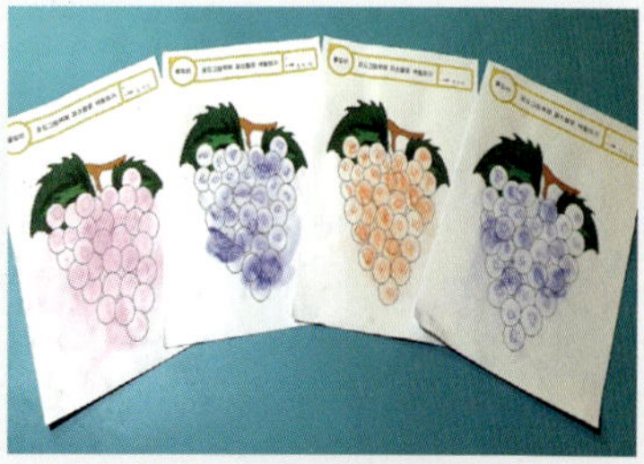
파스텔 그림

나무 그림 꾸미기

수영복 그림 꾸미기

색종이 붙이기

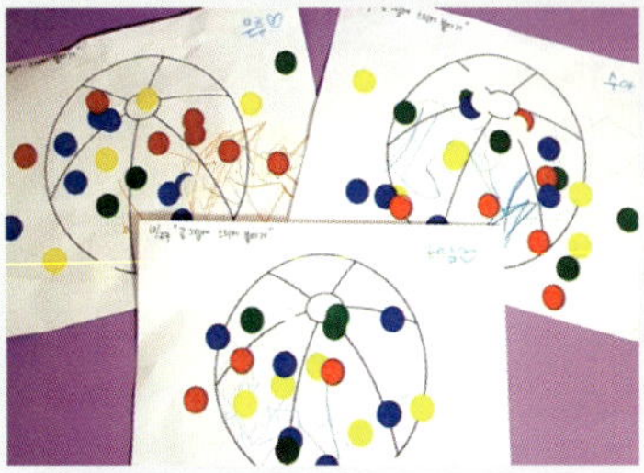
공 그림에 스티커 붙이기

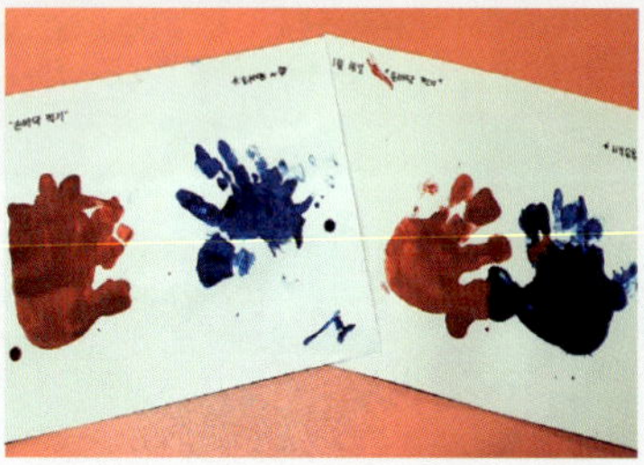
손바닥 찍기

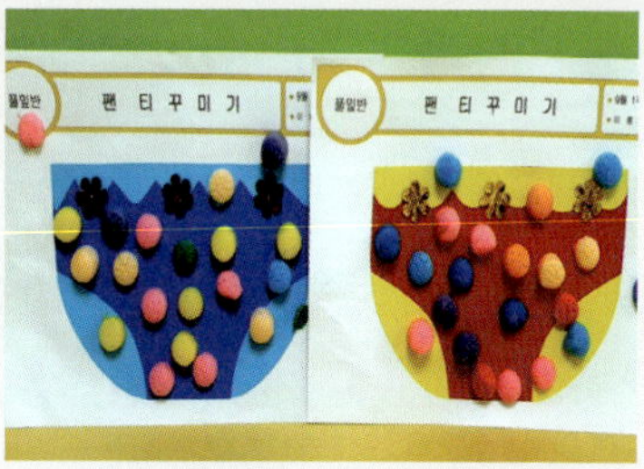

팬티 꾸미기

사자 그림 모자이크

나무 그림에 물감 찍기

나뭇잎 프로타주

▸만 1세

팬티를 꾸며요

솜 그림

폭죽 그림

면봉으로 콕콕

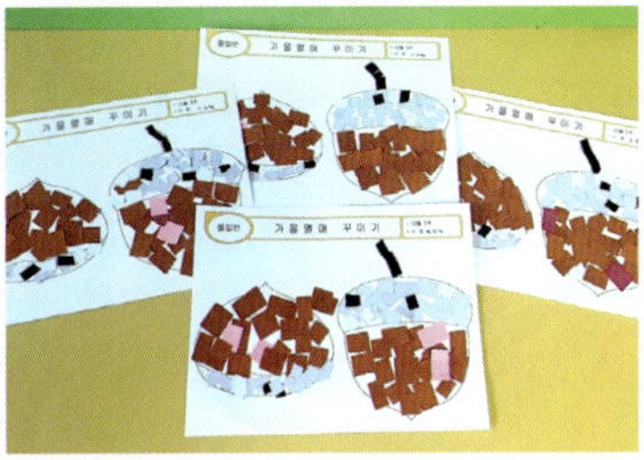

가을열매 꾸미기

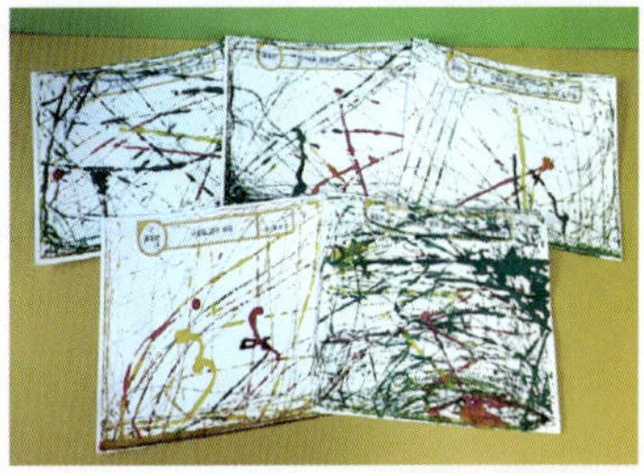

바퀴 그림

나뭇잎 콜라주

빗방울 모자이크

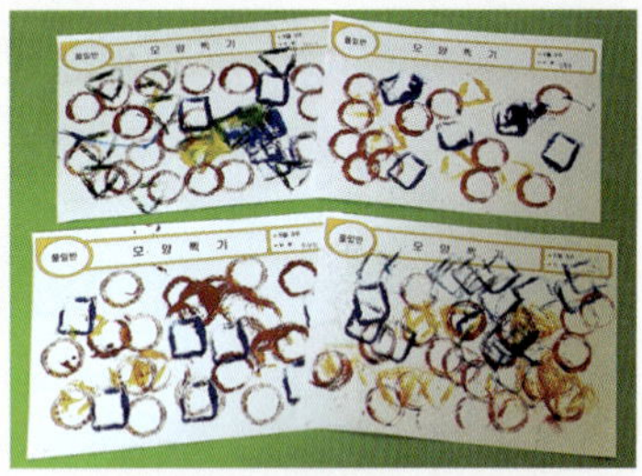

모양 찍기

빨대 그림

야채도장 찍기

겨울나무를 꾸며요

▶만 2세

눈을 붙여주세요

머리카락 꾸미기

화분 꾸미기

종이 구겨 찍기

아이스크림 꾸미기

비누거품 그림

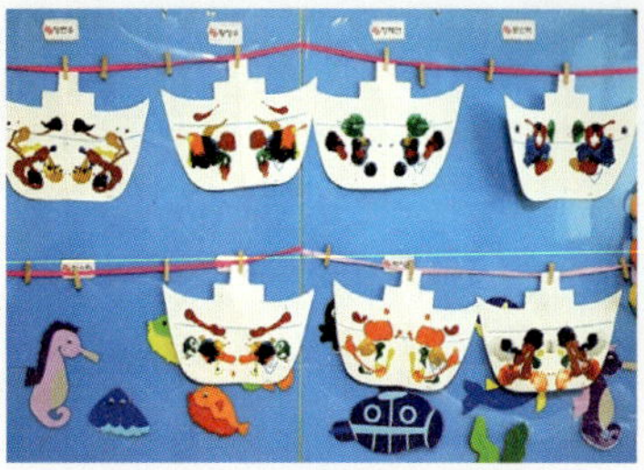
데칼코마니

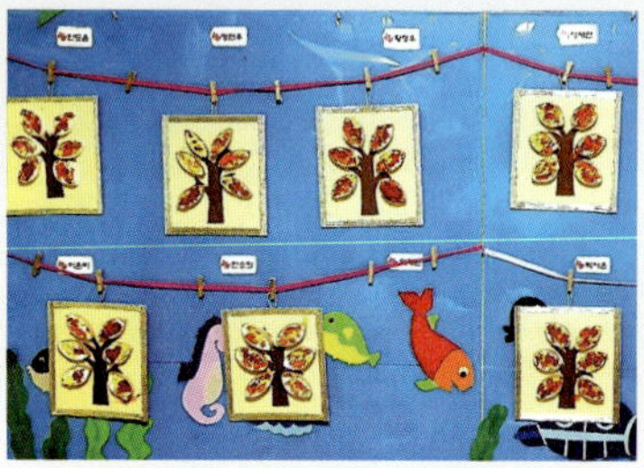
골판지 나무 꾸미기

나뭇잎 모자이크

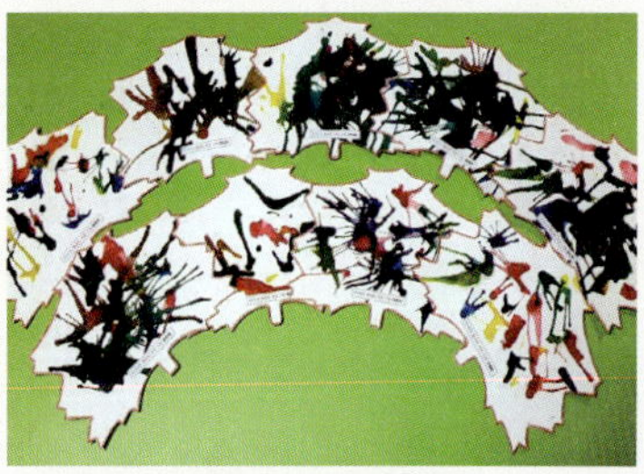
불어서 꾸며요

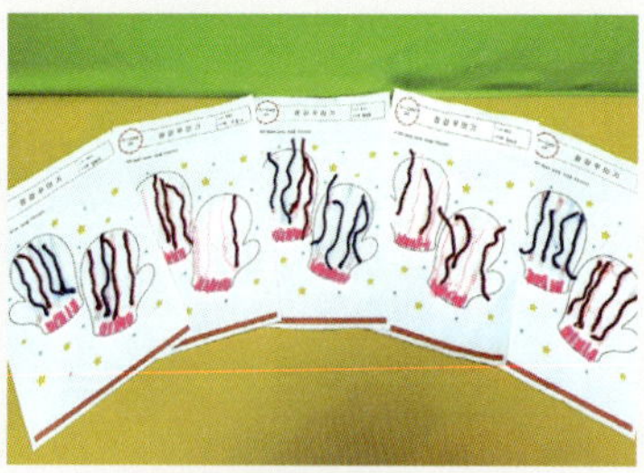
털실 그림

복주머니 꾸미기

▸만 3세

친구들 그리기

내 모습 꾸미기

트리 꾸미기

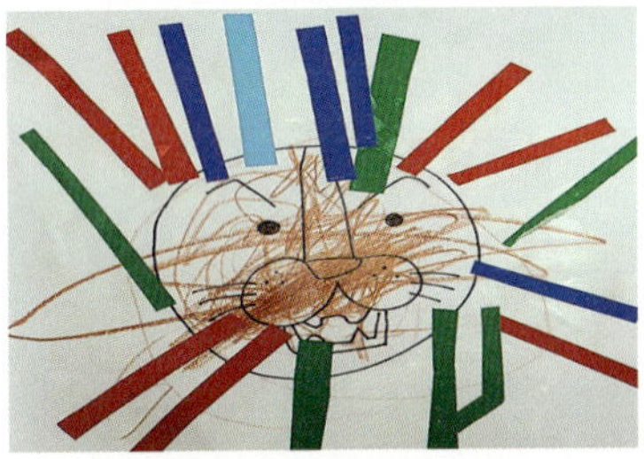

사자 갈기 붙이기

모양 모자이크

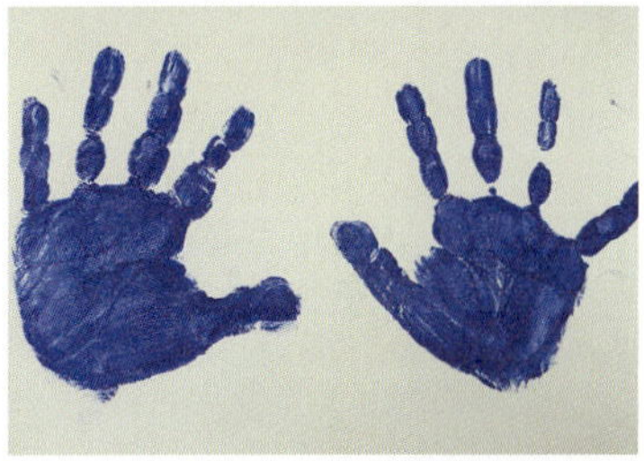

손바닥 찍기

팝콘나무 꾸미기

손가락 지문 그림

나뭇잎 프로타주

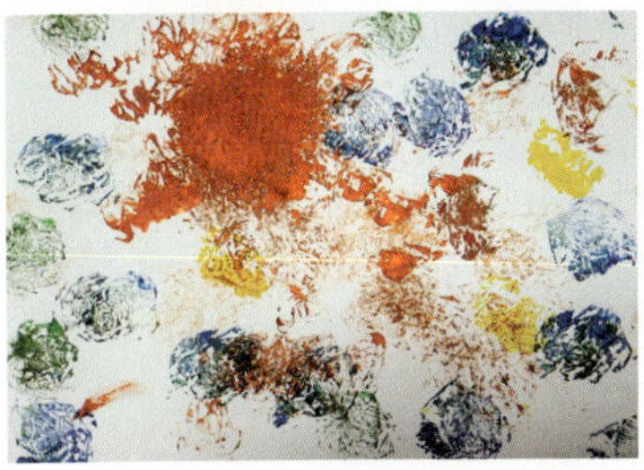

종이 구겨 찍기

눈 오는 날

화장지 눈사람 꾸미기

▶ 만 4세

점토 집 만들기

시골풍경 벽면 꾸미기

우리 가족 그리기

물방울 모자이크

사인펜 그림

수박 접기

스펀지로 찍기

크레파스 접기

나뭇잎 나비 꾸미기

염색 천에 그리기

나뭇잎 얼굴

나이테 그리기

▶ 만 5세

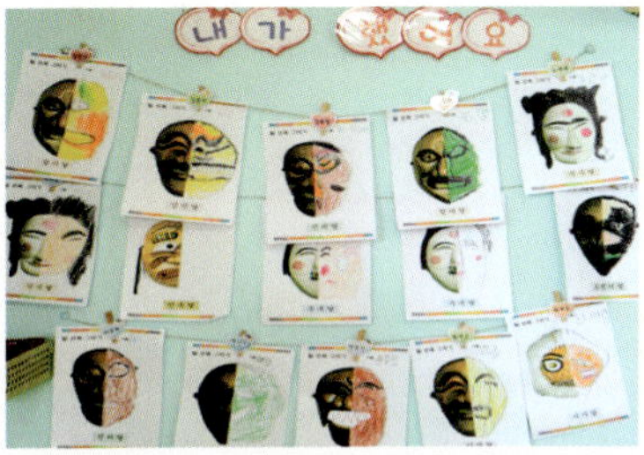

탈의 반쪽

꽃머리 꾸미기

수채화 그림

퍼즐 그림

면봉으로 찍기

바다 속 꾸미기

아이스크림 그리기

점토 나무 꾸미기

OHP 그림

가을 풍경 그리기

코스모스 접기

마블링 그림

2. 미술경험 지원계획

1) 0~만 1세 영아의 경험이해

주제: 비 오는 날 창가에서

영아가 창가의 빗방울을 바라보고 의도하지 않게 잠깐 끼적인 흔적을 바라보다 다시 끼적이고 바라보는 경험을 통해 의도하지 않은 흔적을 만들어내는 것을 즐겼다.

(1) 공간

영아가 창가에 서서 안정적으로 빗방울의 흐름을 경험할 수 있도록 주변 환경을 정비하였다. 교실의 이동용 칠판이나 바닥에 전지를 붙여주어 자유롭게 끼적이기를 할 수 있는 안전한 공간을 확보해 주었다.

(2) 일과

비 오는 날의 하루 일과 중 실내놀이시간에 창문을 통해 빗방울의 흐름과 특성을 경험하였다.

(3) 자료

모조지 전지, 영아용 크레파스, 이동용 칠판(고정), 수성마커, 색연필을 제공해 주었다.

(4) 상호작용

영아가 창가의 빗방울에 관심을 가질 때 영아의 호기심을 언어로 지원해주었다.

영아가 창문의 빗방울을 문지르는 행동을 보일 때 의성어, 의태어로 상호작용을 하였다.

예 빗방울 노래, 나의 요술원피스 장면의 빗방울 소리, 노란우산, 이슬비색시비, 빗방울 소리의 셈여림

(5) 안전

영아가 창가에 서 있을 때 교사는 뒤편에서 영아를 안전하게 보살폈다.

2) 만 2세 영아의 경험이해

주제: 색의 혼합에서

영아가 벽면에 붙어 있는 종이와 준비해 놓은 물감과 붓을 보고 좋아하며 여러 가지 색의 물감을 칠하기 시작한다. ㅇㅇ이는 빨간색을 칠하고, ㅇㅇ이는 파란색을 칠한다. '여기 바람은 세게 불고 저기 바람은 여리게 분다'고 하면서 붓으로 펼치다 보니 색이 혼합되어 보라색이 된 부분을 보면서 소리를 지르고 즐거워한다.

(1) 공간

영아가 벽면에 색의 변화를 표현하도록 주변 환경을 정비하였다. 자유롭게 끼적이고 표현하도록 넓고 안전한 공간을 확보해 주었다.

(2) 일과

색에 대한 이야기를 나누기, color day(색의 날), 물체의 변화에 대한 주제가 있는 날에 색에 대한 느낌과 특성을 경험하였다.

(3) 자료

모조지 전지, 다양한 붓, 다양한 물감을 제공해 주었다.

(4) 상호작용

영아 스스로 원하는 색으로 표현하고 원하는 방법으로 진행하도록 기다려주고 지켜보면서 적절한 시점에 언어적 지원을 해 주었다.

영아가 부드럽게 표현하거나 거칠게 표현하는 것에 따라서 의성어, 의태어로 상호작용을 하였다.

예 겨울바람 노래, 바람 부는 소리, 바람 부는 날의 풍경에 대하여, 바람의 세기

(5) 안전

영아가 붓으로 물감을 묻힐 때 힘의 조절 여부와 물감의 흐름 방지를 위해 조절해 주었다.

영아가 붓으로 친구들에게 물감을 묻히지 않도록 지원해 주었다.

3) 만 3~5세 유아의 경험이해

주제: 비 오는 날

유아가 비 오는 날 창문을 바라보며 교사에게 바깥으로 나가자고 제안한다. 우비와 장화 차림으로 작아지는 빗소리와 장화로 걸을 때의 내 발자국과 친구의 발자국을 보며 신기해한다. 비 온 뒤의 다양한 경험 속에서 유아들은 새로운 것을 찾아서 신나게 활동을 시작한다.

(1) 공간

바깥놀이 공간에서 다양하게 채집과 도구를 발견하여 모래놀이와 병행하여 꽃으로 케이크 꾸미기, 나무로 그림 그리기 등의 다양한 놀이를 하도록 넓고 안전한 공간을 확보해 주었다.

(2) 일과

바깥놀이 시간에 계절과 날씨 변화에 따른 주변의 다양한 채집을 통하여 오감을 즐기는 활동을 경험하게 하였다.

(3) 자료

우비와 장화, 우산, 모래, 나뭇가지, 다양한 풀잎과 꽃들을 채집하도록 공간을 제공해 주었다.

(4) 상호작용

유아 스스로 경험에 의한 다양한 것들을 채집하고 비 오는 날의 활동에 맞는 오감활동을 하도록 기다려주고 지켜보면서 적절한 시점에 언어적 지원 및 확장활동을 제공해 주었다.

예 빗소리에 맞는 다양한 표현들과 수수께끼, 낱말잇기, "비" 하면 생각나는 연상퀴즈

(5) 안전

- 유아에게 우비와 장화를 잘 입어 비에 젖지 않도록 하였다.
- 유아의 활동 중에 위험한 곳이나 미끄러운 곳은 가지 않도록 사전에 약속하였다.
- 유아에게 만약에 비가 더 오게 되면 바로 들어오자고 제안했다.

토의 및 토론

영유아의 일상생활에서 다양한 경험을 알아보고, 상호작용의 방법에 대하여 알아본다.

1. 일상생활에서 만나는 우리들의 색 이야기

우리가 살아가는 세상의 많은 색과 모양 속에서 오늘도 우리는 나의 마음의 여유(사색)와 좋은 창의적 사고를 만들어간다.

2. 우리 주변에서 만나는 다양한 색

다육이 화분

골판지 텔레토비

일출 풍경

3. 예비교사들의 미술에 대한 표현

아동미술은 포트폴리오이다

미술교사는 앨범구성가이다

APPENDIX

영유아와 예비교사들의 행복한 미술활동

Ⅰ. 그리기

Ⅱ. 만들기와 꾸미기

Ⅲ. 조소, 판화, 직조, 염색

Ⅳ. 영유아의 환경

Ⅴ. 행사

Ⅰ. 그리기

주제	사포그림
학습목표	–촉감에 대한 다양한 느낌을 자유롭게 표현한다. –사포와 크레파스를 활용하면서 확산적 사고를 유도할 수 있다. –새로운 재료를 발견하여 그림을 그리는 활동을 통해 창의성을 계발한다.
준비물	사포, 크레파스
제작과정	–사포에 밑그림을 그린다(연한 색깔 사용). –사포에 크레파스로 색칠을 한다.
활동결과물	 

주제	OHP그림
학습목표	–OHP필름의 특성을 이해하고, 자유롭게 표현한다. –눈과 손의 협응력 및 소근육을 발달시킨다. –상상력과 창의력을 발달시킨다.
준비물	OHP필름, 유성사인펜, 쿠킹포일
제작과정	–밑그림을 준비한다. –밑그림 위에 OHP 필름을 올리고 검은색 유성사인펜으로 그린다. –OHP 필름을 뒤집은 후에 여러 가지 컬러의 유성사인펜으로 채색한다. –쿠킹포일을 구긴다. –쿠킹포일의 반짝이는 부분을 OHP필름에 고정한다. –지저분한 테두리를 골판지나 색지 등으로 꾸며준다.
활동결과물	  

주제	비누거품그림
학습목표	–친숙한 퐁퐁을 통해 색색의 비눗방울을 만들어 보고, 다양한 매체를 통해 작품을 완성할 수 있다.
준비물	종이컵, 퐁퐁, 도화지, 빨대, 물감, 색종이, 크레파스
제작과정	–물에 물감과 퐁퐁을 타서 섞는다. –빨대로 불어 거품을 낸다. –일어난 거품을 도화지에 묻히고 사그라들 때까지 기다린다. –거품이 마르면 그 위에 색종이를 붙이고 그림을 그려 꾸미거나 거품종이를 오려서 크레파스로 그림을 그린다.
활동결과물	  

주제	스크래치 그림
학습목표	스크래치 기법에 관심을 가진다.
준비물	크레파스, 나무막대, 이쑤시개
제작과정	–도화지에 여러 가지 크레파스 색으로 색칠을 한다. –여러 가지 크레파스 색깔로 색칠한 위로 검은색 크레파스로 덧칠을 한다. –검은색 크레파스로 덧칠한 그림에 나무막대나 이쑤시개로 긁어 그리고 싶은 그림을 표현한다. –긁어서 나온 크레파스 가루를 정리하고 그림을 완성한다.
활동결과물	  

주제	지점토 냉장고 자석
학습목표	–지점토를 이용하여 생활의 필요한 물건을 만들어 활용할 수 있다. –수채화 물감을 표현해봄으로써 색의 혼합과 표현 방법을 알 수 있다.
준비물	지점토, 자석, 수채화 물감, 바니시, 본드
제작과정	–지점토를 동그랗고 납작하게 만들어 그늘에 말린다. –말린 지점토에 그리고 싶은 그림을 그린 다음 뒤에 자석을 붙인다. –물감이 다 마른 후 바니시를 바르고 마르기를 2~3번 반복하여 완성한다.
활동결과물	

주제	실그림
학습목표	–실의 특성을 이해한다. –실과 물감을 이용해 작품을 표현해 본다.
준비물	도화지, 실, 물감, 접시, 나무젓가락 등
제작과정	–실을 30~40cm 정도로 잘라 나무젓가락에 묶는다. –물감을 몇 가지 색을 준비하여 접시에 짠다. –실에 물감을 물들인다. –물들인 실을 도화지 위에 올린다. –도화지를 반으로 접고 두꺼운 책이나 손으로 누르고 실을 잡아 뺀다. –실을 잡아 뺀 후 도화지를 말리고 추가로 그림을 그린다.
활동결과물	

주제	마블링
학습목표	–기름과 물감의 반발 작용을 이해한다. –기름과 물감이 만들어 낸 아름다운 무늬를 감상할 수 있다
준비물	도화지, 마블링 물감, 물, 대야, 크레파스
제작과정	–대야에 마블링 물감을 푼다. –도화지를 비스듬히 대야에 담갔다가 빼내 말린다. –말린 도화지의 무늬를 보고 무늬에 맞는 그림을 그려 완성한다.
활동결과물	

주제	지문그림
학습목표	–자신의 손에 지문을 관찰할 수 있다. –여러 가지 지문으로 아름답게 표현할 수 있다.
준비물	물감, 팔레트, 사인펜, 물티슈, 도화지
제작과정	–여러 가지 물감을 팔레트에 따라 놓는다. –지문에 물감을 찍어 도화지에 찍어 놓는다. –사인펜을 이용해 그림을 연결하여 형태를 만든다. (주의사항) 색이 섞이지 않게 한 가지 색을 쓴 다음 손을 닦고 다른 물감을 찍는다.
활동결과물	

주제	도형색종이 그림
학습목표	–도형을 이용하여 형태를 아름답게 만들 수 있다. –모든 물체는 도형이 결합해서 이루어짐을 이해한다.
준비물	동그라미, 세모, 네모 색종이, 풀, 크레파스
제작과정	–자신이 표현하고자 하는 동식물을 생각한다. –여러 가지 크기의 도형으로 색종이를 이용해 표현하고자 하는 동식물을 표현하여 풀로 붙인다. –크레파스로 주변을 꾸민다.
활동결과물	

주제	나무 콜라주 그림
학습목표	–나무의 잎이 나는 곳과 가지가 나오는 부분을 관찰할 수 있다. –잎 모양과 크기가 여러 가지 있음을 알고 잘 표현할 수 있다.
준비물	검정 도화지, 오공본드, 풀, 색종이, 크레파스
제작과정	–나무줄기를 검정 도화지에 붙인다. –색종이를 오려 가지 위에 붙인다. –배경을 크레파스로 그린 후 완성한다.
활동결과물	

주제	포일을 붙이고 나무 표현하기(콜라주 기법)
학습목표	-포일의 촉감과 특성을 안다. -나무의 가지모양을 탐색하고 표현해 본다.
준비물	포일, 오공본드, 크레파스
제작과정	-포일을 구겨 나무줄기 모양으로 만든다. -나무줄기 모양으로 만든 포일을 도화지에 붙인다. -나무의 배경을 크레파스로 그려본다.
활동결과물	 

주제	먹물 불어 표현하기
학습목표	-먹물 불기를 활용해서 먹물이 퍼져나가는 모양을 관찰하고 꾸며본다. -화선지의 번짐을 관찰하여 화선지의 속성을 안다.
준비물	먹물, 화선지, 빨대, 종이컵, 색종이, 한지, 풀
제작과정	-빨대로 화선지에 먹물을 떨어트리고 바람을 넣어 분다. -번진 먹물을 잘 말린 후 색종이를 찢거나 오려 표현하고자 하는 것을 표현한다.
활동결과물	  

Ⅱ. 만들기와 꾸미기

1) 만들기

주제	종이죽으로 그릇 만들기
학습목표	–종이죽의 촉감을 느껴본다. –여러 가지 형태의 그릇을 만들어 보고 생활에 활용할 수 있는 방법을 알아본다.
준비물	신문지 또는 종이 계란판, 한지, 녹말풀, 그릇
제작과정	–신문지나 종이 계란판을 찢어 물에 불린다. –불린 신문지나 종이 계란판을 꼭 짜서 그릇에 놓고 잘게 부순 다음 녹말풀을 섞어 놓는다. –녹말풀을 섞어 놓은 신문지나 종이 계란판이 조금 꾸덕꾸덕해지면 만들고 싶은 그릇의 모양을 만든다. –만든 그릇을 그늘에서 말린다. –말린 그릇에 한지로 꾸민다.
활동결과물	

주제	색종이로 접기
학습목표	–자신이 접고 싶은 모양에 관심을 가진다. –소근육 및 눈과 손의 협응력을 기른다.
준비물	색종이, 가위, 풀, 다양한 꾸미기 재료
제작과정	–색종이로 무엇을 접을 것인가 생각해 본다. –접은 색종이에 여러 가지 재료를 붙이거나 꾸민다.
활동결과물	 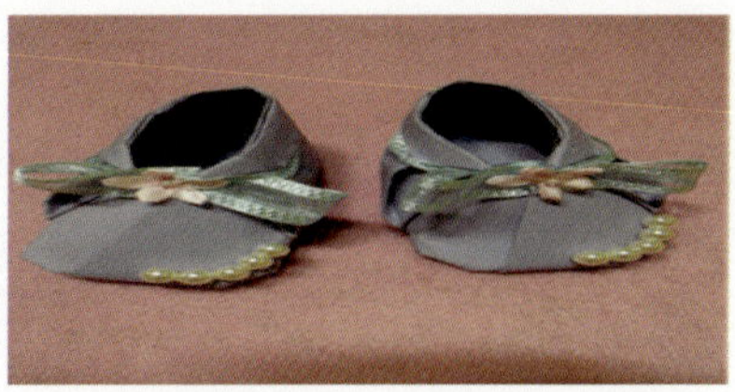

주제	클레이로 만들기
학습목표	–클레이의 촉감을 손으로 만져보며 느껴본다. –클레이의 색깔을 서로 합쳐보고 다른 색을 만들 수 있음을 터득한다.
준비물	클레이, 모양주걱, 각종 꾸밈재료
제작과정	–클레이를 조금씩 떼어서 동글동글하게 만든 다음 원하는 모양을 만든다. –모양주걱으로 섬세한 부분은 다듬으면서 원하는 형태를 만든다. –두 가지 이상의 색깔을 섞어가며 새로운 색깔을 만들어서도 사용해 본다. –만든 형태를 원하는 재료로 아름답게 꾸며본다.
활동결과물	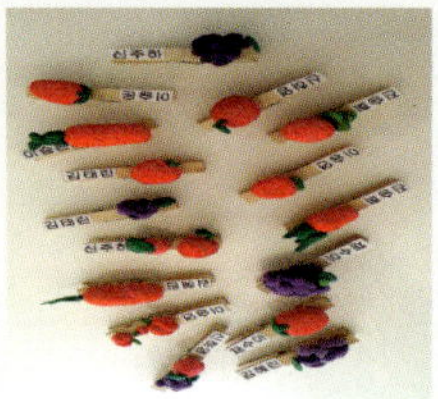   

주제	종이컵 인형
학습목표	–종이컵을 이용해서 움직이는 인형을 만들어 본다. –만든 종이컵 인형을 가지고 인형극을 할 수 있다.
준비물	종이컵, 색종이, 나무젓가락, 테이프, 칼, 접착펠트지
제작과정	–4개의 종이컵을 색종이로 예쁘게 감싸준다. –감싼 종이컵에 입을 만들 부분을 칼로 잘라준다. –4개의 종이컵을 색종이로 꾸며준다. –손잡이 부분을 종이컵 안에 나무젓가락을 이용하여 테이프로 고정시켜 준다. –접착 펠트지로 입을 움직일 수 있도록 종이컵 뒤에 붙여준다.
활동결과물	

주제	종이컵 동물
학습목표	–종이컵을 이용해서 동물을 만들어 본다. –동물들의 특징을 잘 파악하여 표현할 수 있다.
준비물	종이컵, 색종이, 인형눈, 풀, 모루, 뽕뽕이
제작과정	–만들고 싶은 동물을 생각해 본다. –종이컵을 색종이로 예쁘게 감싸준다. –감싼 종이컵으로 자신이 만들고 싶은 동물의 특징을 살려 여러 가지 재료를 이용해 꾸며 본다. –인형 눈을 붙이고 완성한다.
활동결과물	   

주제	휴지심으로 모빌 만들기
학습목표	–휴지심을 이용해서 모빌을 만들어 본다. –여러 가지 색상의 한지를 사용하여 아름답게 꾸밀 수 있다
준비물	휴지심, 풀, 인형 눈, 한지, 흰 종이. 가위, 낚싯줄, 오공본드
제작과정	–휴지심을 준비하여 흰 종이로 감싼다. –한지를 동그라미 모양으로 잘라 휴지심에 붙인다. –한지를 길게 잘라 꼬리지느러미를 표현한다. –꼬리지느러미 반대쪽에 인형눈을 붙인다. –완성된 물고기를 낚싯줄로 묶어 매단다.
활동결과물	

주제	휴지심으로 망원경 만들기
학습목표	–휴지심을 이용해서 망원경을 만들어 본다. –색 셀로판 종이를 붙여 색 변화를 느낄 수 있다.
준비물	휴지심 2개, 끈, 색 셀로판 종이, 색종이, 얇은 리본이나 끈, 풀, 송곳, 오공본드
제작과정	–휴지심 2개를 색종이로 감싼다. –감싼 색종이 위에 표현하고자 하는 모양을 오려 붙인다. –색 셀로판 종이로 휴지심 한쪽의 동그라미 면을 붙인다. –휴지심 2개를 붙이고 구멍을 뚫어 끈을 묶는다.
활동결과물	 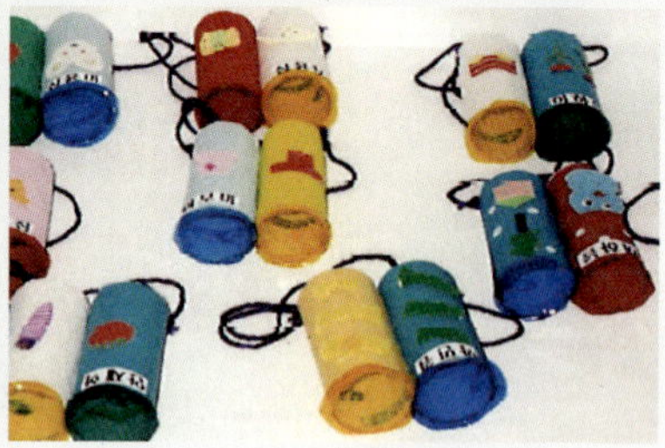

주제	휴지심으로 노래하는 개구리 만들기
학습목표	–휴지심을 이용해서 개구리를 만들어 본다. –개구리 입의 구조와 얼굴 형태에 대해 알아본다.
준비물	휴지심, 두꺼운 종이, 색종이, 빵끈, 인형눈, 가위, 풀
제작과정	–휴지심에 색종이를 붙이고 마른 다음 비스듬히 자른다. –두꺼운 종이에 개구리 얼굴을 그린 다음 색종이를 붙여 오린다. –인형 눈과 빵끈을 위치에 붙인다. –음표를 가위로 오려 빵끈에 붙인다.
활동결과물	

주제	휴지심으로 양 만들기
학습목표	–휴지심을 이용해서 양을 만들어 본다. –휴지를 말아 붙이며 촉감을 느낄 수 있다. –균형을 잘 잡을 수 있도록 다리 간격과 화장지 양을 조절할 수 있다.
준비물	휴지심, 화장지, 두꺼운 종이, 연필, 풀, 가위, 오공본드
제작과정	–휴지심에 휴지를 말아 붙인다. –두꺼운 종이에 양의 얼굴과 다리를 그려 휴지심 몸통에 붙인다. –다리 간격과 잘 조절하여 양이 설 수 있도록 한다.
활동결과물	

주제	파스텔 소금인형
학습목표	–소금을 파스텔 가루에 문지르는 활동과정을 통해 아이들이 손으로 소금을 비빌 때의 손의 감촉을 느껴볼 수 있다. –평상시에 식재료로 많이 쓰이는 소금을 만들기 재료로 응용해보는 활동을 접해봄으로써 아이들로 하여금 발상의 전환을 꾀할 수 있다. –일반적으로 사용해오던 파스텔 사용방법이 아니라 파스텔을 갈아서 소금에 색을 입힌다는 점에서 재료를 여러 가지 방법으로 활용할 수 있는 것도 알 수 있다. –층층이 소금 색깔 탑을 쌓는 과정을 통해 색깔 소금의 양을 조절함으로써 나타나는 결과가 어떤지 관찰할 수 있다.
준비물	소금, 파스텔, 인형눈, 털실, 유리병, 스티로폼 볼, 여러 가지 재료.
제작과정	–원하는 색의 파스텔을 갈아 가루로 만든다. –갈아놓은 파스텔 위에 소금을 부어 파스텔의 색을 소금에 입힌다. –이와 같은 방법으로 만들어진 색깔 소금을 차례대로 유리병에 차례차례 쌓일 수 있도록 조금씩 넣는다(이때, 중간 확인 과정을 통해 아이들이 색깔소금의 양에 따라 유리병에 담아지는 색깔소금의 높이가 달라진다는 점을 확인할 수 있도록 알려준다.) –유리병의 뚜껑을 닫는다. –스티로폼 볼을 입구에 붙이고 준비한 여러 가지 재료로 얼굴과 옷을 자기만의 방식으로 꾸민다.
활동결과물	 

주제	솔방울 인형
학습목표	-솔방울을 만져보고 촉감을 느낄 수 있다. -표현하고자 하는 동물의 형태를 파악할 수 있다.
준비물	솔방울, 이쑤시개, 리본, 인형눈
제작과정	-표현하고자 하는 동물을 생각하고 형태를 파악한다. -솔방울의 크기를 골라 형태에 맞게 붙인다. -목이나 다리에 이쑤시개를 붙여 표현한다. -얼굴 부분에 인형 눈을 붙인다. -리본을 목에 붙이고 완성한다.
활동결과물	

주제	골판지 마라카스
학습목표	-아이들의 좋아하는 마라카스를 골판지로 만들어 흔들어 보고 소리를 구별함으로써 청각발달에 도움이 될 수 있다. -다양한 소리를 경험해 보고 관심을 갖게 할 수 있다.
준비물	-바나나 우유병, 골판지, 팥, 콩(또는 쌀이나 여러 곡식도 가능), 글루건, 목공 풀, 유성사인펜
제작과정	-골판지를 잘 말아서 마라카스의 손잡이를 만듭니다. -바나나 우유병에 꾸밀 디자인을 생각해 보고 골판지를 오려 글루건으로 붙이거나 유성사인펜으로 꾸민다. -바나나 우유병에 팥 또는 콩을 넣는다. -바나나 우유병 입구에 처음에 만든 손잡이를 끼워 넣은 다음 글루건으로 고정시킨다. -병 입구 주위를 골판지로 보이지 않게 말아서 움직이지 않도록 고정시켜 완성한다.
활동결과물	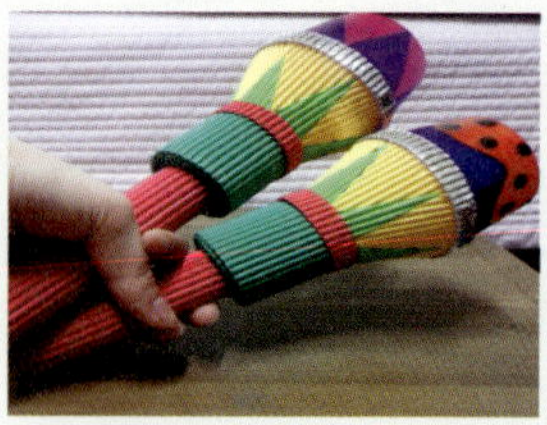

주제	골판지 리스 만들기
학습목표	–골판지를 마는 과정에서 손의 힘을 기를 수 있다. –골판지도 자르는 방향에 따라 다양한 표현을 할 수 있다는 것을 알 수 있다.
준비물	나무줄기, 골판지, 지끈, 가위, 오공본드
제작과정	–나무줄기를 엮어 동그랗게 만든다. –동그랗게 만든 나무에 지끈을 어슷하게 감는다. –골판지를 말아 여러 개의 꽃을 만든다. –골판지를 길게 잘라 꽃을 여러 개 만든다. –골판지로 만든 꽃을 조화롭게 잘 배치하여 나무에 붙이고 완성한다.
활동결과물	

주제	골판지 거울
학습목표	–골판지를 이용해 생활에 필요한 용품을 만들어 사용할 수 있다. –골판지의 촉감을 느낄 수 있다.
준비물	골판지, 거울, 오공본드
제작과정	–먼저 거울을 붙일 자리보다 크게 골판지를 동그랗고 넓게 붙인다. –골판지 2개를 길쭉한 동그라미로 만들어 손잡이를 만들어 붙인다. –거울을 붙이고 거울 붙인 가장자리를 골판지로 동그랗게 작게 만들어 붙이고 완성한다.
활동결과물	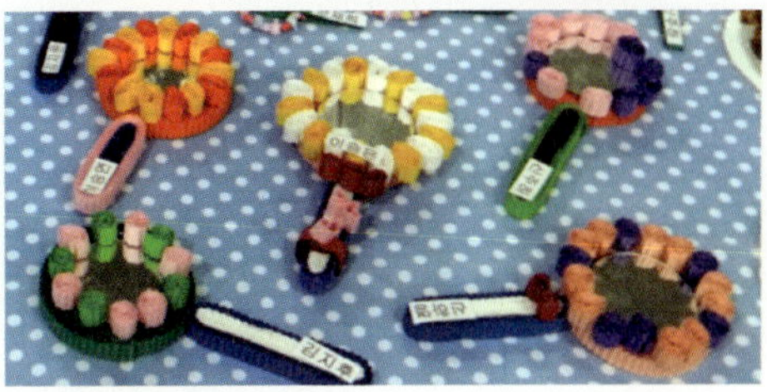

주제	골판지 나무
학습목표	-골판지의 오돌토돌한 촉감을 느낄 수 있다. -골판지로도 아름답게 꾸밀 수 있다.
준비물	골판지, 오공본드, 여러 색깔의 리본
제작과정	-인당 한 개의 골판지와 반 개의 골판지를 돌돌 말아 붙여 여러 개 만든다. -밑기둥은 두껍게 3개를 말아 만든다. -두 번째 밑기둥은 2개를 만든다. -밑기둥 두 개를 붙인 다음 나무줄기를 반 개의 골판지로 말아 만든 동그라미 5개를 붙인다. -나머지 여러 가지 두께와 여러 가지 색깔의 골판지를 비정형으로 붙여 나무 모양을 만든다. -여러 개의 리본을 접어 나무 중간중간에 붙여 아름답게 꾸민다.
활동결과물	

주제	한지 고무신 만들기
학습목표	-화선지의 촉감을 느낄 수 있다. -한지의 아름다움을 표현할 수 있다.
준비물	작은 고무신, 한지, 화선지, 녹말 풀, 붓, 가위
제작과정	-작은 고무신에 화선지를 잘게 잘라 여러 겹으로 붙인다. -여러 겹으로 붙인 고무신을 말린 후에 고무신을 빼내어 형태를 다듬는다. -형태를 다듬은 화선지 신 모양에 한지를 붙여 아름답게 꾸민다.
활동결과물	

주제	무지개 물고기 만들기
학습목표	–무지개 물고기를 읽고 물고기를 아름답게 표현할 수 있다. –무지개 물고기를 관찰하여 지느러미의 위치를 잘 표현할 수 있다.
준비물	비닐 주머니, 색종이, 빵끈, 색습지, 오공본드, 풀, 가위
제작과정	–비닐 주머니에 여러 종류의 색습지를 구겨 넣는다. –색종이로 물고기 비늘과 지느러미를 오려 붙인다. –빵끈으로 꼬리지느러미를 묶는다. –색종이로 눈을 오려 붙여 완성한다.
활동결과물	

주제	토피어리 꾸미기
학습목표	–식물이 성장하는 데는 물이 필요하다는 것을 알 수 있다. –토끼의 형태를 만들어 봄으로써 토끼의 구조를 알 수 있다.
준비물	–수태, 토끼 형태 와이어, 식물, 리본, 인형 눈, 인형 코, 아크릴 물감(빨강), 붓, 낚싯줄, 바늘
제작과정	–토끼 형태의 와이어에 수태를 걸치며 낚싯줄로 감으며 식물을 심을 곳을 남기고 형태를 만든다. –어느 정도 형태를 만들면 바느질을 하며 형태를 보완한다. –토끼 얼굴에 구멍을 천천히 뚫으며 눈과 코를 수태 안으로 넣는다. –목 부분에 리본을 묶어 꽂는다. –귀와 볼에 아크릴 물감 빨간색으로 그린다.
활동결과물	

2) 꾸미기

주제	한지 붙여 꾸미기
학습목표	-한지를 오려 꾸며 아름답게 표현한다. -한지의 촉감과 색감의 아름다움을 느낄 수 있다.
준비물	여러 가지 색의 한지, 풀, 가위
제작과정	-한지를 이용해서 무엇을 만들 것인지 생각해 본다. -모양을 오려 붙이고 잘라 실생활에 필요한 것을 만든다.
활동결과물	 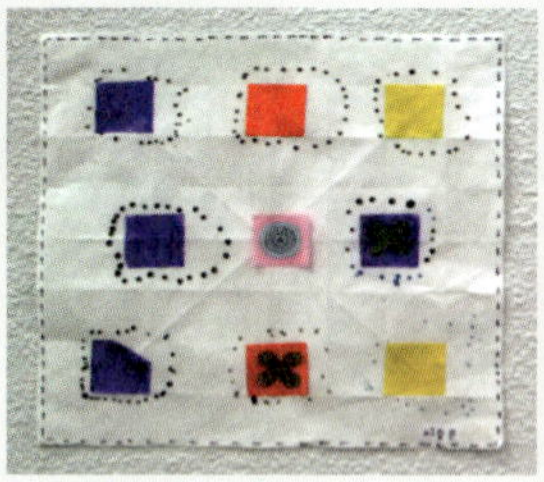 

주제	모자이크
학습목표	-표현하고자 하는 동물의 형태를 파악하고 표현할 수 있다. -색종이를 찢어 붙임으로 눈과 손의 협응력을 기른다. -힘은 들지만 표현하고 나면 성취감은 느낄 수 있다.
준비물	색종이, 도화지, 풀, 연필, 연필, 지우개
제작과정	-표현하고자 하는 동물을 정하고 동물의 형태를 관찰한다. -도화지에 연필로 표현하고자 하는 동물을 그린다. -그린 동물 위에 색종이를 찢어 붙인다.
활동결과물	

주제	얼굴 표현하기(콜라주 기법)
학습목표	–털실의 만져보고 털실의 느낌을 탐색해 본다. –얼굴의 눈, 코, 입, 귀의 위치를 파악한다.
준비물	색 접시, 여러 가지 털실, 오공본드, 인형눈알, 크레파스
제작과정	–색 접시를 준비하여 얼굴의 눈, 코, 입 자리를 정한다. –눈 위치에 인형 눈을 붙인다. –코와 입 위치에 코와 입을 그린다. –귀 위치에 귀를 그려 붙인다. –머리 부분에 털실을 붙이고 완성한다.
활동결과물	

주제	잡지 이용해 얼굴 표현하기(콜라주 기법)
학습목표	–주위에 있는 잡지를 이용해 그림을 표현해 볼 수 있다. –얼굴의 눈, 코, 입, 귀의 위치를 알고 조화롭게 표현한다.
준비물	잡지, 풀, 도화지
제작과정	–도화지에 얼굴 밑그림을 그린다. –잡지를 찢어 밑그림에 붙이며 얼굴 형태를 표현해본다.
활동결과물	

주제	색 접시 걸이(콜라주 기법)
학습목표	–색 접시에 여러 가지 재료를 붙여 꾸며 장식품을 만든다. –여러 가지 재료의 특성을 알고 아름답게 꾸밀 수 있다.
준비물	얇은 지끈, 굵은 지끈, 리본, 단추, 곡식 껍질, 빨대, 오공본드
제작과정	–색 접시에 여러 가지 재료를 조화롭게 모양을 만들어 올려놓은 후 자리가 정해지면 오공본드로 붙인다. –색 접시 가장자리를 지끈 2개를 풀어 꼬아 엮은 후 붙인다. –지끈으로 리본을 접어 붙인 후 그 위에 리본을 접어 붙인다. –접시 뒤쪽에 걸을 수 있게 얇은 지끈으로 고리를 만들어 붙인다.
활동결과물	 

주제	휴지심 모자이크 나무
학습목표	–휴지심을 이용해서 모자이크를 할 수 있다. –찢어 붙이고 말아 붙이고 하는 과정에서 손의 힘을 기를 수 있다.
준비물	휴지심, 색종이, 한지, 풀, 수채화 물감, 붓, 팔레트, 가위, 오공본드, 도화지
제작과정	–휴지심을 반으로 자른 다음 색종이를 찢어 몸통에 붙인다. –색종이를 붙인 휴지심을 도화지에 붙여 나무기둥을 만든다. –나무 기둥 위에 한지를 말아 붙여 잎을 만든다. –풀이 다 마른 다음 수채화 물감으로 주변을 색칠하고 꾸민다.
활동결과물	

주제	냅킨아트(천)
학습목표	–냅킨을 이용하여 생활에 필요한 물건을 예쁘게 꾸밀 수 있다. –내가 꾸민 생활용품을 사용하므로 자신감을 느낄 수 있다.
준비물	천으로 만든 생활용품, 냅킨, 천 전용 접착제, 아크릴물감, 스펀지, 바니시, 드라이기
제작과정	–천 제품에 아크릴 물감(미색이나 흰색)을 발라 말린다. –냅킨을 잘라 천 전용 접착제를 바른 후 스펀지로 두드리며 냅킨을 붙인다. –드라이기로 말린다. –위에 접착제를 전체적으로 바른 후 완성한다.
활동결과물	 

주제	냅킨아트(나무)
학습목표	–냅킨을 이용하여 생활에 필요한 물건을 예쁘게 꾸밀 수 있다. –내가 꾸민 생활용품을 사용하므로 자신감을 느낄 수 있다.
준비물	나무로 만든 생활용품, 냅킨, 냅킨 접착제, 초벌제, 아크릴물감, 사포, 스펀지, 바니시, 드라이기
제작과정	–나무에 초벌제를 발라 말린 후 사포로 문지른다. –아크릴 물감(미색이나 흰색)을 발라 말린 후 사포한다. –냅킨을 잘라 접착제를 바른 후 스펀지로 두드리며 냅킨을 붙인다. –드라이기로 말린다. –바니시를 바르고 말린다(2~3번 반복).
활동결과물	 

Ⅲ. 조소, 판화, 직조, 염색

1) 조소

주제	지점토 공예
학습목표	-점토 활동을 통해 감각을 발달시킨다. -부분적인 작품의 섬세함을 표현함으로써 관찰력을 향상시킨다.
준비물	지점토, 물감, 붓, 팔레트, 물통, 바니시
제작과정	-지점토를 이용해 만들고 싶은 작품을 생각해 본다. -지점토를 사용하여 생각했던 작품의 형태를 만들어 완성한다. -점토를 그늘에 건조시킨다. -물감을 사용해서 지점토의 전체적인 부분들을 색칠한다. -물감이 마르면 그 위에 세부적인 묘사를 그려 넣는다. -물감이 마른 후 바니시를 바른다.
활동결과물	  

2) 판화

주제	신문지 말아 찍기
학습목표	–신문지의 재질을 만져보고 신문지의 어떻게 활용할 것인가를 생각해 본다. –판화에 대해 알아본다.
준비물	도화지, 신문지, 그림물감, 크레파스, 접시, 물
제작과정	–신문지를 돌돌 말아 나타내고자 하는 모양을 만든다(예: 장미꽃). –물감에 물을 조금 넣고 섞은 다음 모양을 만든 신문지에 물감을 찍는다. –물감을 찍은 신문지를 도화지에 찍는다. –도화지에 찍은 모양을 이용해 그림을 그려 완성한다.
활동결과물	

주제	나뭇잎 찍기
학습목표	–나뭇잎을 여러 가지 색깔로 표현해 계절의 변화를 알 수 있다. –나뭇잎의 잎맥을 잘 살펴 잎맥의 모양을 알 수 있다.
준비물	여러 가지 나뭇잎, 팔레트, 물감, 붓, 도화지
제작과정	–여러 가지 나뭇잎을 주워 물로 씻어 조심히 물기를 닦는다. –물기를 닦은 나뭇잎에 물감을 묻혀 도화지에 찍는다. –물감이 잘 마르도록 말리고 쓴 나뭇잎은 휴지통에 버린다.
활동결과물	

주제	나뭇잎 안개그림
학습목표	–나뭇잎을 이용해 아름답게 표현하는 방법을 알 수 있다. –나뭇잎의 종류와 모양을 알 수 있다.
준비물	도화지, 나뭇잎, 물감, 칫솔, 철망체
제작과정	–도화지 위에 나뭇잎을 올려놓고 철망체 위에 칫솔에 물감을 묻혀 철망체에 비빈다. –나뭇잎을 치우고 물감을 말린다. –다시 도화지 위에 다른 위치에 나뭇잎을 올려놓고 칫솔에 다른 물감을 묻혀 철망체에 비빈다(물감을 말린 후 여러 번 반복한다).
활동결과물	 

주제	병뚜껑 그림
학습목표	–병뚜껑에 찍어 그림을 표현할 수 있다. –나무의 형태를 파악할 수 있다.
준비물	병뚜껑, 물감, 팔레트, 색종이, 사인펜, 도화지
제작과정	–도화지 위에 색종이를 찢어 나무줄기를 표현한다. –병뚜껑을 여러 가지 물감을 찍어 나뭇잎을 표현한다. –물감을 말린 후 배경에 사인펜으로 그림을 그린다.
활동결과물	

주제	손바닥 선인장
학습목표	–자신의 손바닥을 찍어보고 손모양을 탐색해 본다. –선인장 모양을 관찰해 볼 수 있다.
준비물	물감, 초록색 계통 색지, 검정 도화지, 크레파스, 물감, 접시, 흰색 도화지, 가위, 풀
제작과정	–물감을 접시에 덜고 물을 부어 섞어 놓는다. –손바닥에 물감을 찍어 흰색 도화지 위에 찍어 말린다. –말린 손바닥을 가위로 자른다. –검정 도화지 위에 초록색 계통 색지를 선인장 모양으로 찢어 붙인다. –선인장 모양 색지 위에 자신의 오려 놓은 손바닥을 붙인다. –크레파스로 가시를 표현한다.
활동결과물	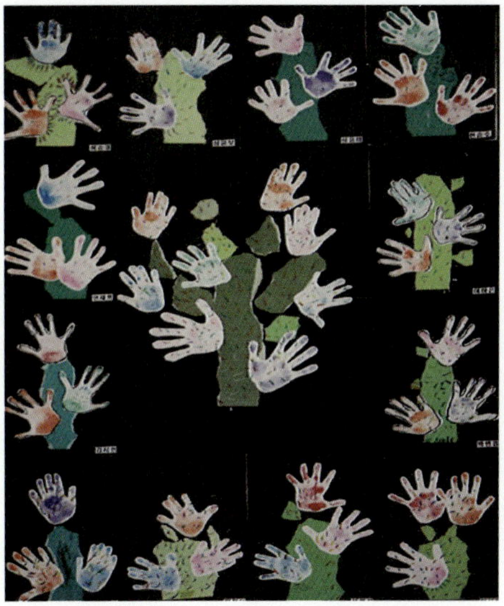

3) 직조

주제	골판지 직조
학습목표	–골판지를 탐색해 봄으로써 골판지의 특성을 알아본다. –골판지와 일반종이의 다른 점을 찾아본다. –골판지를 엮어서 생활에 필요한 물건을 만들어 보고 색상의 조화를 알아본다.
준비물	골판지, 오공본드
제작과정	–골판지 두 가지 색을 정해 가로와 세로로 엮어 준다. –다 엮은 골판지를 둥글게 말아서 끝을 오공본드로 붙여준다. –연필꽂이의 안쪽과 밑판을 때가 타지 않게 검은색 골판지로 붙여준다. –위쪽을 흰색 골판지로 마무리 해 준다.
활동결과물	

4) 염색

주제	염색 색종이로 염색하기
학습목표	–세상에서 하나밖에 없는 내가 만든 나만의 옷 · 가방 · 양말 등을 만들어 보고 자존감을 향상시킨다. –염색 색종이를 이용하여 아동들이 창의적으로 표현할 수 있도록 한다. –염색을 할 때, 종이의 좌우가 뒤집힌다는 것을 안다.
준비물	염색 색종이, 연필, 가위, 풀, 흰색종이, 다리미, 천 혹은 가방
제작과정	–염색 색종이에 원하는 도안을 마음대로 그려 오린다. –오린 도안 염색 색종이를 흰색종이에 풀로 붙여 고정한다. –천이나 가방 위에 흰색종이에 붙인 염색 색종이를 뒤집어 올려놓는다. –예열된 다리미로 염색이 될 수 있도록 수 초간 다림질한다. –다림질한 열이 식으면 염색 색종이를 떼어 낸다.
활동결과물	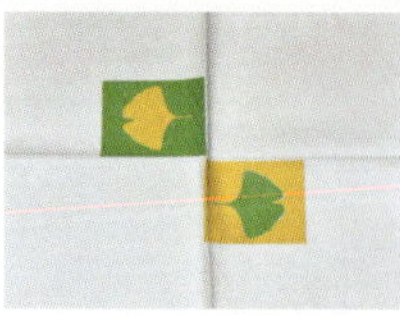   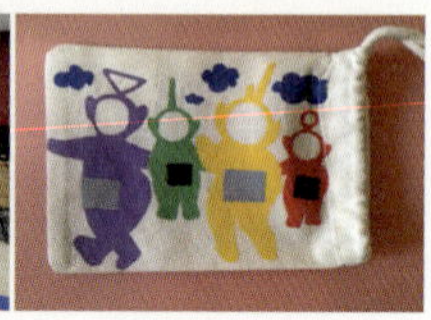

Ⅳ. 영유아의 환경

1) 날짜판 & 날씨판

2) 출석판

3) 하루일과표

등 원 및
자유놀이
화장실다녀오기
오전 간식
자유놀이
실외활동
화장실다녀오기
점심식사
낮잠 및 휴식
화장실다녀오기
오후 간식
자유놀이
통합보육및귀가

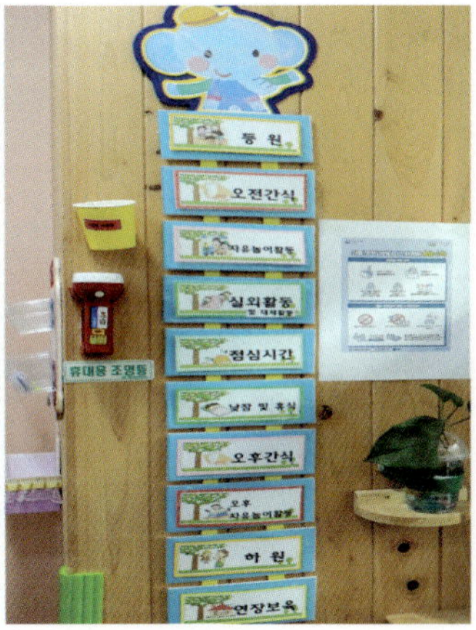
등 원
오전간식
실외활동
점심시간
낮잠 및 휴식
오후간식
하 원
연장보육

4) 생일판

생 일 축 하 해 요!

생 일 축 하 해 요!

5) 축제 초대장 및 전시회 현장모습

초대장 및 일정표	전시장 주제

부모님 초대장	체험활동 도장 찍기

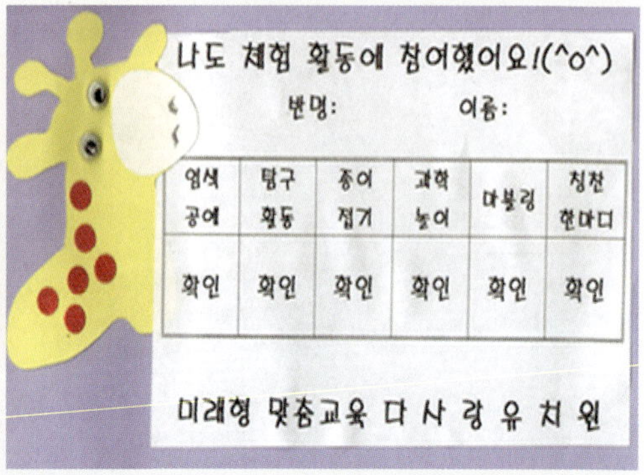

전시회장 입구	압화 꾸미기(기념선물)

6) 환경판

입학 초기 환경판

교사와 영유아가 꾸민 환경판

피터팬 주제환경

바닷속 이야기

개구리 연못 환경판

여름환경 꾸미기

아기병아리 환경판

동물원 환경판

봄 풍경 환경판

Ⅴ. 행사

1) 예술제 및 전시회

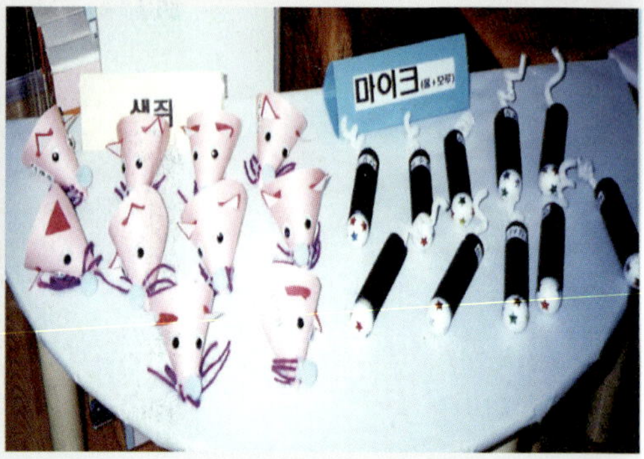

튜울립

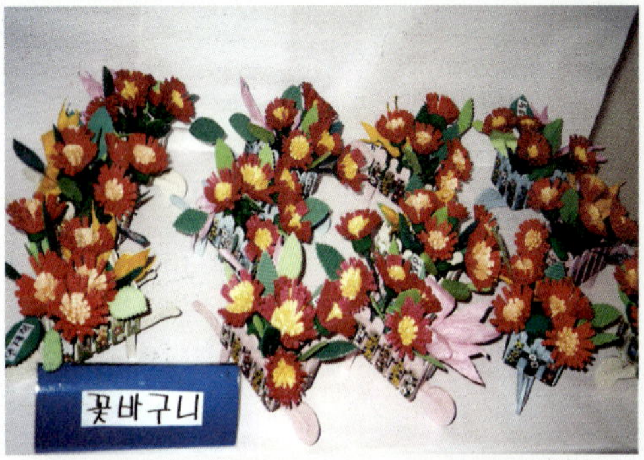
꽃바구니

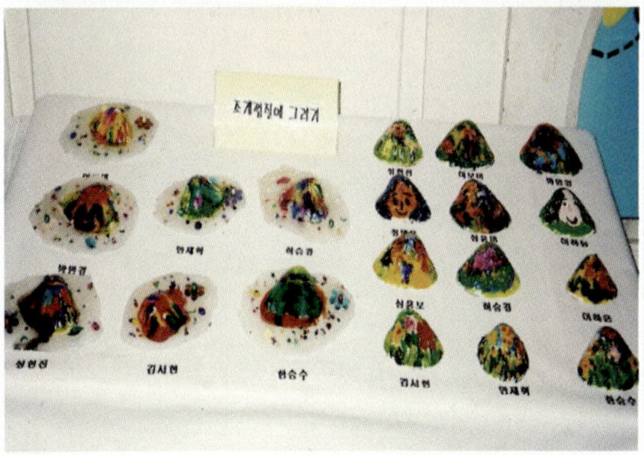

도자기 공예

2) 부모교육 및 부모참여수업

3) 수료 및 졸업식

포토존	감사카드 만들기

참고문헌

강주희(2005). 창의성 중심 미술교육에 대한 치젝과 로웬펠드의 어린이 미술교육 사상 연구. 중앙대학교 교육대학원 석사학위논문.

고선옥, 국은순, 신리행, 백연희(2021). **아동문학교육**. 서울: 학지사.

고선옥, 김경신, 임경례, 한성민(2018). **놀이지도**. 경기: 정민사.

교육과학기술부, 보건복지부(2013). 누리과정 해설서.

교육부, 보건복지부(2019). 2019 개정 누리과정 해설서.

김경중, 고선옥, 국은순, 신리행(2013). **아동문학**. 서울: 학지사.

김선희(2019). 입체구성 표현을 통한 아동미술교육에 대한 지도방법연구. 조선대학교 대학원 석사학위논문.

김수경, 김은화, 박경화, 신재균, 이미나, 정선희(2019). **임상미술치료 이론과 실제**. 경기: 공동체.

김연숙(1996). 아동미술에 있어서 조형표현의 특성과 현대미술에 수용된 경향 고찰. 제주대학교 교육대학원 석사학위논문.

김정규 외(1983). **유아미술활동**. 서울: 동문사.

김정희, 이용주, 김정열, 송영(2021). **유아미술교육**. 동문사

김중기(2017). 유치원에서의 유아미술교육 실태 및 교사의 인식과 효능감. 호서대학교 대학원 박사학위논문.

김희엽(2020). 한국 근대 초등도화교과서에 수용된 서양 근대미술교육 요소 -제1~2차 조선교육령기를 중심으로-. 서울대학교 대학원 석사학위논문.

김희진, 김현주, 김은영, 최명희(2011). **현장학습 바로 알기**. 서울: 창지사.

문정희, 이혜숙(2021). 미술놀이가 유아의 창의력에 미치는 효과에 대한 신경학적 고찰. **미술과 교육**, 22(3), 115-134.

박윤조(2019). 1970년대 이후의 미술에 나타난 생태학적 세계관의 구현 -생태미술(Eco-Art)의 전개 과정을 중심으로-. 이화여자대학교 대학원 박사학위논문.

박정아(2004). **유아미술활동지: 연간 미술교육 프로그램에 의한**. 서울: 창지사.

박정애(2016). 미술사 교육의 패러다임 변화: 감상자 중심 교육. **미술사학**, 31, 211-237.

박정화(2019). 유아 미술교육 연구의 동향 분석: 2009년~2018년 학술지 논문을 중심으로. 세종대학교 교육대학원 석사학위논문.

박주연(2015). 미적 인식 발달단계에 따른 감상교육 워크시트 개발 연구: 가드너 발달단계를 중심으로. 단국대학교 교육대학원 석사학위논문.

박진희(2016). 초등 5·6학년과 중등 미술교육의 연계성을 위한 방법 연구: 미술표현 발달단계 중심으로. 공주대학교 교육대학원 석사학위논문.

박현일(2012). **아동미술용어사전**. 경기: 이담북스.

배희정(2021). 글 없는 그림책을 활용한 미술활동이 영아의 자기조절능력과 창의성에 미치는 영향. 광주대학교 대학원 석사학위논문.

보건복지부(2020). 제4차 어린이집 표준보육과정 해설서.

보건복지부, 한국보육진흥원(2020). 표준교과개요.

서경혜(2005). 2세 영아의 구성놀이에 관한 사례연구: 블록활동과 그리기활동을 중심으로. 중앙대학교 대학원 석사학위논문.

서울교대미술교육연구회(2008). **미술교육학(제3판)**. 경기: 교육과학사.

서울대학교미술교육연구회 역(1998). **인간을 위한 미술교육**. 서울: 미진사.

서윤희(2017). 유아교육과정에서 미술 매체의 사용 실태와 매체의 물질성 탐색 연구. 숙명여자대학교 대학원 박사학위논문.

서혜정, 고지민(2020). **유아미술교육**. 경기: 공동체.

양은희(2013). **자연과 친구되는 생태미술놀이**. 서울: 북센스.

오새니, 장은미, 홍성숙, 허진, 한경애, 박유순(2021). **영유아미술교육**. 경기: 양성원.

오정현(1989). **부모 · 교사를 위한 아동미술**. 경기: 형설출판사.

오현숙, 백중열, 이하나, 안정은(2019). **아동미술의 이론과 실제**. 서울: 학지사.

우수경, 이성희, 이현정, 최미화, 김현자, 김기예(2016). 유아미술교육. 경기: 공동체.

원영미(2018). 미술교육에서 예술경험의 가치와 수행인성의 관계 탐구. 한국교원대학교 대학원. 박사학위논문.

유승연(2006). 가드너의 다중지능이론을 활용한 아동미술 프로그램의 방향모색에 관한 연구. **미술교육논총**, 20, 74~76.

유희정(2007). 유아 미술교육에 대한 교사의 인식 및 실태: 광주·전남지역을 중심으로. **열린유아교육연구**, 12(3), 211-245.

이향(2008). 연령별 미술실기지도: 0세아에서 13세까지. 경기: 양서원.

이기숙(2000). **유아교육과정**. 서울: 교문사.

이동건(2020). **유아교육각론Ⅱ(제2판)**. 경기: 정민사.

이민지(2021). 미술놀이가 유아의 자아탄력성에 미치는 영향. 대구교육대학교 교육대학원 석사학위논문.

이봉재(2020). 아동의 입체 조형활동 프로그램 개발에 관한 연구-만 4~5세 대상으로 정육면체를 이용한 표현기법을 중심으로-. 수원대학교 대학원 석사학위논문.

이숙재, 이봉선, 김경란(2002). **유아미술교육**. 서울: 창지사.

이원영, 임경애, 김정미, 강유진(2019). **자유표현과 심미감 중심의 유아미술교육**. 서울: 학지사.

이은적(2017). 교육과정 및 교과서의 시각문화교육 내용 분석. **학습자중심교과교육연구**, 17(2), 471-490.

이은주(2020). 매체변화에 따른 한국현대미술 연구: 한국 미디어아트(1960-1970) 연구. 홍익대학교 대학원 박사학위논문.

이찬미(2016). 영아 미술교육에 대한 교사의 인식 및 실태. 원광대학교 교육대학원 석사학위논문.

임경례(2007). 명화감상을 통한 협동미술활동이 유아의 친사회적 행동 및 공간능력과 미술능력에 미치는 영향. 원광대학교 대학원 박사학위논문.

장동호(2004). 1920년대에 있어서 한국인 교사들의 미술교육의 연구 활동과 내용. **미술교육논총**, 15(1), 161-180.

전치정(2008). 아동미술의 발달단계에 따른 지도방안 연구: 도식기 아동을 중심으로. 계명대학교 교육대학원 석사학위논문.

정은주, 김정훈(2015). **색채심리**. 서울: 학지사.

조은희(2007). 오감을 활용한 아동미술교육 방안 연구-다중지능이론을 바탕으로. 숙명여자대학교 교육대학원 석사학위논문.

한경애, 이영미(2016). **유아미술교육**. 경기: 정민사.

한국보육교사교육연합회(2011). **보육교사교육원 교재총서 14 아동미술**. 경기: 형설출판사.

한국보육교사교육연합회(2011). **영유아 교육 아동미술**. 경기: 형설출판사.

한국조형교육학회(2016). **미술교육의 기초**. 경기: 교육과학사.

한주현(2015). 초등학교 5, 6학년 미술 교과서 감상단원 비교분석. 제주대학교 교육대학원 석사학위논문.

함영숙(2011). 포스트모더니즘의 이해를 통한 미술교육 방향에 대한 탐구. 한국교원대학교 대학원, 석사학위논문.

황현영(2007). 아동의 창의성 향상을 위한 미술지도 연구. 제주대학교 교육대학원 석사학위논문.

Frost, J. L.(1992). *Play and playscapes*. Albany, NY: Delmar.

Frost, J. L., & Klein, B. L.(1979). *Children's play and playground*. Boston: Ally & Bacon.

Kellogg, R.(1970). *Analyzing children's art*. Palo Alto, California: Mayfield Publishing

Company.
Lowenfeld, Viktor & Brittain, W. Lambert(1975). *Creative and Mental Growth*(6th Ed.). New York: Macmillan Publishing Co., Inc.
Russell, D. L.(1991). *Literature for Children: a short introduction*. New York: Longman.

동화책 참고자료

까만 크레파스(2002). 글/그림 나카야 미와. 웅진닷컴.
나의 원피스(2020). 글/그림 니시마키 가야코. 한솔수북.
문제가 생겼어요(2010). 이보나 흐미엘레프스카. 논장.
사각형 아저씨와 원 아줌마가 만나면?(2015). 멜리사 피구아. 살림어린이.
생각연필(2011). 이보나 흐미엘레프스카. 논장.
신기한 붓(2012). 권사우, 홍쉰타오. 사계절.
아씨방 일곱동무(2009). 이영경. 비룡소.
점(2003). 피터 H. 레이놀즈. 문학동네어린이.
점과 선이 만나면(2014). 글 베로니크 코시, 그림 로랑 시몽. 국민서관.
쪽빛을 찾아서(2005). 유애로. 보림.
파랑이와 노랑이(2003). 레오 리오니. 물구나무.
하양깜장 색깔 공장(2020). 글 에릭 텔친, 그림 디에고 펑크. 에듀앤테크.

찾아보기

ㅈ

ㅊ

ㅋ

ㅌ

저자 소개

고선옥
우석대학교 아동사회복지학부 겸임교수

고진옥
다함께 돌봄 아란놀이터 센터장

박주희
초록나무어린이집 원장

백연희
선음률놀이교육심리연구원 수석연구원

임경례
창의교육연구원장

아동미술

초판 1쇄 인쇄 / 2022년 3월 21일
초판 1쇄 발행 / 2022년 3월 25일

공저자 / 고선옥 · 고진옥 · 박주희 · 백연희 · 임경례
발행인 / 이 중 수
발행처 / **동 문 사**

서울특별시 서대문구 홍제원 1길 12
(홍제동 137-8)
Tel : 02)736-3718(대), 736-3710, 3720
Fax : 02)736-3719
등록번호 : 1974.04.27. 제9-17호
가격 : 24,000원

ISBN : 979-11-6328-419-2(93370)
E-mail : dong736@naver.com
www.dongmunsa.com